Busche

Waffensachkunde

Die vor den waffen- und beschussrechtlichen Kapiteln abgedruckten Vorschauen bieten einen schnellen Überblick zu den Inhalten und Lernzielen der nachfolgenden Seiten. Sie fassen die wesentlichen Inhalte der behandelten Thematiken kompakt zusammen und geben Hinweise auf zusätzlichen Lernstoff zur Vertiefung.

Vor einigen Kapiteln des Buches wird die jeweils behandelte **Thematik** kompakt dargestellt. Dazu werden die Bedeutung des Themas, das jeweilige Lernziel und die wichtigsten Fakten übersichtlich zusammengefasst.

Welche **Bedeutung** ein Thema für den Umgang mit Waffen und Munition und damit für den jeweiligen Erwerber oder Besitzer hat, ist Gegenstand des zweiten Teils der Kapitelübersicht. Insbesondere erfolgt eine Verortung des Themas im Gesamtzusammenhang des Waffenrechts.

Das jeweilige **Lernziel** wird im dritten Teil der Kapitelübersicht beschrieben. So kann der Leser schon beim ersten Lesen der nachfolgenden Seiten bewusst solche Fakten als wichtig identifizieren, die für das Bestehen der Prüfung auf jeden Fall beherrscht werden müssen.

Teil vier fasst die entscheidenden **Fakten des Kapitels** übersichtlich und kompakt zusammen. So kann der Leser sich die „big points" leichter einprägen, hat aber auch die Möglichkeit, das eigene Verstehen der jeweiligen Aussage zu hinterfragen. Etwaige Wissenslücken können dann durch ein gezieltes Nachlesen der betreffenden Stelle im Buchtext schnell geschlossen werden.

Der fünfte und letzte Teil der Kapitelübersicht verweist auf die betreffenden Textstellen im Gesetzes- oder Verordnungstext. Es handelt sich dabei um eine **Empfehlung der Lektüre** der Vorschrift im Original, die oftmals zu einem tieferen Verständnis beiträgt.

Haben Sie ein vollständig durchgearbeitet, können Sie mit einem Blick auf die Lernziele und die zu lernenden Fakten schnell erkennen, ob Sie die vermittelten Inhalte verstanden haben.

André Busche

Vorbereitung auf die Waffensachkundeprüfung

Waffenrecht • Waffentechnik

Munitionskunde • Beschussrecht

Seenotsignalmittel • Handhabung

Bildtafeln

Bibliografische Information der Deutschen Nationalbibliothek

Die Deutsche Nationalbibliothek verzeichnet diese Publikation in der Deutschen Nationalbibliografie; detaillierte bibliografische Daten sind im Internet über http://dnb.d-nb.de abrufbar.

Verlag: Juristischer Fachverlag André Busche
Gneisenaustraße 1, 24105 Kiel
Tel. 0431 5301000 e-Mail: verlag@abmc.de

Alle Hinweise und Angaben in diesem Buch wurden vom Autor sorgfältig recherchiert. Trotzdem kann keine Gewähr für die Richtigkeit der Angaben gegeben werden.

Die Informationen zu Recht und verwandten Themen dienen der allgemeinen Information und nicht der Beratung im Falle eines individuellen rechtlichen Anliegens. Verwenden Sie daher die hier bereitgestellten Informationen niemals als alleinige Quelle für rechtsbezogene Entscheidungen und ziehen Sie weitere Informationsquellen hinzu.

Die Verwendung männlicher Substantive intendiert bei möglicher abweichender weiblicher oder diverser Form deren Inklusion.

ISBN-13: 978-3-940723-52-9 14. Auflage

www.juristischer-fachverlag.de

Inhaltsverzeichnis

Die Abbildungen erfolgen mit frdl. Genehmigung von Brenneke GmbH, Langenhagen, BRUGGER + THOMET, Thun, C. G. HAENEL GmbH, Suhl, C. J. Herbertz GmbH, Solingen, CARL WALTHER, Arnsberg, Carl Zeiss Sports Optics GmbH, Wetzlar, Chemring Defence Germ., Bremerhaven, HECKLER & KOCH, Oberndorf, IGB Austria, Ebenthal, RUAG AMMOTEC, Fürth, SIG SAUER, Eckernförde und Technisches Büro Conrad, Jellenbek, sowie im Textverlauf genannten Unternehmen. Dank gilt der Bundesdruckerei und dem Bundesministerium des Innern für die Abdruckgenehmigung sowie der id pool GmbH, Stuttgart.

Vorwort

Die neue Auflage meines Lehrbuches zur Vorbereitung auf die Waffensachkundeprüfung liegt vor Ihnen. Viele Leserinnen und Leser haben sich vor Ihnen durch den hier aufbereiteten Stoff gearbeitet, um die anspruchsvolle Prüfung zu bestehen. Und ob Sportschütze, Bootsführer, Brauchtumsschütze, Waffensammler oder Mitarbeiter im Bewachungsgewerbe – Sie werden umfangreiches Wissen erwerben, nicht nur über die Technik von Waffen, sondern auch über gesetzliche Regelungen zum Umgang mit Schusswaffen.

Die Lektüre des Gesetzes im Original ist manchem Lernenden eine Hilfe. Sehen Sie darum die Hinweise auf einzelne Paragraphen, ob im laufenden Text oder in Endnoten (anders als bei Fußnoten finden sich die Verweise der Endnoten am Buchende), stets als ergänzenden Hinweis, nicht aber als Verpflichtung, die betreffende Textstelle im Gesetz auf jeden Fall lesen oder kennen zu müssen. Gleiches gilt für Hinweise auf Gerichtsurteile – auch diese sind kein Lernstoff.

Ich danke meinen geschätzten Kollegen EPHK **Olaf Weddern**, Waffensachverständiger PHK **Gerhard Schorner**, KHK **Olaf März** und PD **Eberhard Becker** sowie Waffensachverständiger Dipl.-Ing. **Matthias Conrad**, Munitionssachverständiger **Michael Schmidt**, **Horst Rieger**, **Peter Eggers**, **Mike Albrecht** und Oberstaatsanwalt **Bernd Winterfeldt** für ihre wertvollen Anregungen sowie den Hörerinnen und Hörer meiner Lehrveranstaltungen für ihre stets zum Nachdenken anregenden Fragen – viele Antworten finden sich auch in diesem Buch.

Und nun: Viel Erfolg!

Im Buch verwendete Abkürzungen:

A	-	*Abschnitt*
AWaffV	-	*Allgemeine Waffengesetz-Verordnung*
BeschG	-	*Beschussgesetz*
BeschussV	-	*Beschussverordnung*
BR-Drs.	-	*Bundesrats-Drucksache*
BT-Drs.	-	*Bundestags-Drucksache*
idR	-	*in der Regel*
iVm	-	*in Verbindung mit*
UA	-	*Unterabschnitt*
VG, OVG	-	*Verwaltungsgericht, Oberverwaltungsgericht*
WaffG	-	*Waffengesetz*
WaffVwV	-	*Verwaltungsvorschrift zum Waffengesetz*
zB	-	*zum Beispiel*

Im ersten Kapitel des Buches werden **Aufbau und Zweck des Waffengesetzes** beschrieben. Zudem werden die grundlegenden Begriffe des Waffenrechts, nämlich Waffe, Schusswaffe, Munition und Umgang erläutert.

Die Kenntnis der **Grundlagen des Waffengesetzes** ist für jeden Besitzer einer Schusswaffe von Bedeutung – ohne ein solides Wissen um die Fachbegriffe sind die teils sehr komplizierten Regelungen des Waffengesetzes nur schwer nachvollziehbar. Da aber schon vermeintlich geringfügige Verstöße gegen waffengesetzliche Regelungen zum Entzug einer Erlaubnis führen können, sollten diese Grundlagen gelernt und auch verstanden werden.

Das **Lernziel** ist das Verstehen der grundlegenden Begriffe und die Fähigkeit, eine Waffe einer bestimmten Waffenart sicher zuzuordnen und auch die Umgangsart zu benennen.

Die **wichtigsten Fakten** in diesem Kapitel:

- **Waffen** sind **Schusswaffen** und ihnen **gleichgestellte Gegenstände** sowie **tragbare Gegenstände**, die entweder **dazu bestimmt** sind, Menschen zu verletzen, oder, wenn sie nicht dazu bestimmt sind, zumindest **dazu geeignet** sind **und** in der **Anlage 1 des Waffengesetzes genannt** sind.
- Die **Begriffe der Waffen und Munition** sind in der **Anlage 1** des Gesetzes verzeichnet. Die **Anlage 2** enthält konkrete Angaben zu **Verboten**, **Erlaubnispflichten** und **Freistellungen**.
- **Wesentliche Teile** von Schusswaffen und **Schalldämpfer** sind den Schusswaffen gleichgestellt, für die sie bestimmt sind, wenn das Gesetz nicht etwas anderes bestimmt.
- Zu den wesentlichen Teilen zählen insbesondere der **Lauf**, der **Verschluss** und das **Gehäuse** (bei Kurzwaffe: **Griffstück**).
- **Umgang** mit einer Waffe hat insbesondere, wer diese Waffe **erwirbt**, **besitzt**, **überlässt**, **führt** oder mit ihr **schießt**.
- Es **schießt** insbesondere, wer mit einer Schusswaffe Geschosse durch einen Lauf verschießt.
- Grundsätzlich dürfen **nur Volljährige** mit Waffen umgehen; Ausnahmen sind möglich auf genehmigten Schießstätten.
- **Langwaffen** sind in der kürzesten bestimmungsgemäß verwendbaren Gesamtlänge länger als 60 cm und ihr Lauf und ihr Verschluss sind in geschlossener Stellung über 30 cm lang; andere Waffen werden als **Kurzwaffen** bezeichnet.

Als erweiterter **Lernstoff** bietet sich die Lektüre der Anlage 1 des Waffengesetzes an. Hier sind die Begriffe der verschiedenen Arten von Waffen übersichtlich aufgelistet.

1 Das Waffengesetz (WaffG)

Das Waffengesetz und die **Allgemeine Waffengesetz-Verordnung** (AWaffV) regeln den Umgang mit Waffen und Munition. Ergänzt wird das Waffengesetz durch das **Beschussgesetz** nebst Verordnung. Das Waffengesetz ist nicht anzuwenden auf Kriegswaffen (diese unterliegen dem **Kriegswaffenkontrollgesetz**) und Böller (diese unterliegen dem **Beschussgesetz**).

1.1 Zielsetzung des Gesetzes

Das Waffengesetz reguliert die Nutzung von Waffen oder Munition, je nach Art oder Verwendung, durch Freistellung, Verbot oder Erlaubnisvorbehalt. Dabei spielt der Begriff „Bedürfnis" eine zentrale Rolle – wer ein besonders anzuerkennendes Interesse in wirtschaftlicher oder persönlicher Hinsicht glaubhaft machen kann, erhält in der Regel die Erlaubnis zum Umgang – die höchstrichterlich[1] regelmäßig bestätigte Absicht, „so wenig Waffen wie möglich ins Volk" gelangen zu lassen, wird damit allerdings nicht unterlaufen. Die Erteilung der Erlaubnis ist an weitere Voraussetzungen geknüpft, die sich auf körperlich-geistige Eigenschaften wie auch auf das Sozialverhalten des Erlaubnisinhabers beziehen. So soll sichergestellt werden, dass dieser (legale) Waffenbesitz keine Gefahr für die Allgemeinheit darstellt. Entfällt das Bedürfnis oder eine der weiteren Voraussetzungen, etwa die persönliche Eignung durch geistigen Verfall, ist die Erlaubnis zu entziehen.

1.2 Systematik des Gesetzes

§ 1 WaffG enthält die wesentlichen Gedanken zur Struktur des Gesetzes:

- **Zweckbestimmungen**
  - Regelung des Umgangs mit Waffen oder Munition
  - Berücksichtigung von Sicherheitsbelangen
- **Begriffsbestimmungen**
  - Waffe
  - Umgang

Anlage 1 WaffG enthält **Definitionen** zu waffengesetzlichen Begriffen.

§ 2 WaffG ergänzt die Ausführungen zur Struktur in § 1 WaffG durch Regelungen zum dort definierten Begriff des Umgangs, indem

- Mindestalter,
- Erlaubnisvorbehalte,
- Verbote sowie
- Ausnahmen von den vorgenannten Regelungen

beschrieben werden, die sich aus dem Gesetzestext (zum Mindestalter etwa §§ 3, 12, 27 WaffG), aber auch aus der **Waffenliste Anlage 2** ergeben.

Einige Waffenarten unterliegen nicht der Erlaubnispflicht – doch kann persönlich ungeeigneten Personen, in deren Hand diese Gegenstände Schaden anrichten können, jeglicher Umgang mit Waffen untersagt werden.

Das Waffengesetz ist gemäß §§ 55, 56 WaffG nicht anzuwenden auf Angehörige von Polizei, Bundespolizei, Zoll und Bundeswehr sowie Staatsgäste.

1.3 Waffenbegriff und Munitionsbegriff (§ 1 Abs. 2, 4)

Waffen sind

- **Schusswaffen** und ihnen **gleichgestellte Gegenstände** (zum Beispiel SRS-Waffe, Armbrust, Pfeilabschussgerät, Schalldämpfer, wesentliche Teile, sonstige Vorrichtungen wie etwa Magazine) sowie
- **tragbare Gegenstände**, die **geeignet** sind, die Angriffs- oder Abwehrfähigkeit von **Menschen** zu beseitigen oder herabzusetzen, und
  - die **ihrem Wesen nach dazu bestimmt** sind, eine **Waffe zu sein** (etwa Hieb- und Stoßwaffen wie Schlagstock oder Kampfmesser), oder
  - die zwar **nicht dazu bestimmt sind, Waffe zu sein**, aber durch ihre Beschaffenheit, Handhabung oder Wirkungsweise **als Waffe dienen können** und **im Waffengesetz in der Anlage 1 ausdrücklich genannt** werden (etwa das **Faustmesser**, siehe Anlage 1 WaffG).

Die **Bestimmungstafeln** ab Seite 58 vermitteln Definitionen und Verbote.

1.3.1 Schusswaffen und ihnen gleichgestellte Gegenstände

Schusswaffen sind Gegenstände, die zum Angriff oder zur **Verteidigung**, zur **Signalgebung**, zur **Jagd**, zur **Distanzinjektion**, zur **Markierung**, zum **Sport** oder zum **Spiel** bestimmt sind und bei denen **Geschosse** durch einen **Lauf** getrieben werden. Es müssen keine „heißen Gase“ das Geschoss „durch den Lauf treiben“ – auch Federdruck- oder Druckluftwaffen fallen unter den Begriff der Schusswaffe und damit unter die Regelungen des Waffengesetzes. Selbst nicht für den scharfen Schuss verwendbare **Salutwaffen** oder **unbrauchbar gemachte Schusswaffen**, sogenannte **Dekorationswaffen**, fallen rechtlich unter den Begriff der Schusswaffe im weiteren Sinne, für sie gelten aber besondere Regelungen.

Einzelne Gegenstände, die die Definition der Schusswaffe erfüllen, zum Beispiel **Blasrohre**, werden durch die Anlage 2 WaffG aus den Regelungen des WaffG fast vollständig entlassen. Blasrohre sind Schusswaffen im Sinne des Gesetzes, aber die meisten Vorschriften des Gesetzes, etwa zur sicheren Aufbewahrung oder zum Mindestalter, sind nicht auf sie anzuwenden.

Werkzeuge sind keine Schusswaffen, weil sie **nicht** zu den in der Definition der Schusswaffe in der Anlage 1 WaffG genannten Zwecken **bestimmt** sind, selbst dann nicht, wenn ein fester Körper durch ein ausreichend festes Rohr getrieben wird, etwa bei einem **Bolzensetzgerät**. Sie können aber Schusswaffen gleichgestellt und damit Waffe sein.

Mit dem Begriff „**Handfeuerwaffen**" bezeichnet man Lang- als auch Kurzwaffen. **Handfeuerwaffen** sind alle **tragbaren**[2] **Schusswaffen**, also solche Schusswaffen, die von einer Person aus der Hand bedienbar sind. Als **Faustfeuerwaffen** werden einhändig verwendbare Schusswaffen bezeichnet.

Der Begriff der **Feuerwaffe** wird durch das **Waffengesetz** definiert als Schusswaffe, bei der ein Geschoss mittels heißer Gase durch einen Lauf oder aus einem Lauf getrieben wird.[3]

Das **Beschussgesetz** (BeschG) erweitert den Begriff der Feuerwaffe um Geräte zum Abschießen von Munition oder hülsenlosen Treibladungen, bei denen kein Geschoss durch den Lauf getrieben wird.[4] Dadurch fallen beschussrechtlich auch **SRS-Waffen** (**S**chreckschuss-, **R**eizstoff-, **S**ignalwaffen) unter den Begriff der Feuerwaffe; waffenrechtlich gelten sie als der Schusswaffe gleichgestellte tragbare Gegenstände, die zwar zum Abschießen von Munition bestimmt sind, in denen aber eben kein Geschoss durch einen Lauf getrieben wird.[5]

Die Definitionen der Begriffe Langwaffe und Kurzwaffe finden sich in der Anlage 1 des WaffG. Danach sind **Langwaffen** Schusswaffen, deren **Lauf und Verschluss** in geschlossener Stellung insgesamt **länger als 30 cm** sind und deren kürzeste bestimmungsgemäß verwendbare **Gesamtlänge 60 cm überschreitet**. **Kurzwaffen** sind alle anderen Schusswaffen, somit also Waffen, die **höchstens 60 cm** lang sind oder deren **Lauf und Verschluss** eine Gesamtlänge von **höchstens 30 cm** haben. Entscheidend ist das Wort „und" in der Definition der Langwaffe – nur wenn beide Bedingungen, Gesamtlänge der Waffe über 60 cm und Gesamtlänge von Lauf und Verschluss über 30 cm, erfüllt sind, handelt es sich um eine Langwaffe. Schusswaffen mit glattem Lauf werden als **Flinten** bezeichnet, solche mit gezogenem Lauf oder Polygonlauf als **Büchsen**. **Pistolen** sind Kurzwaffen, bei denen Patronenlager und Lauf in der Regel eine Einheit bilden. Bei einem **Revolver** sind Patronenlager und Lauf dagegen einzelne, nicht direkt miteinander verbundene Teile einer Waffe. Die Trommel des Revolvers hat die Funktion des Patronenlagers, ist aber zugleich, wie ein Magazin, der Patronenvorrat.

Schusswaffen gleichgestellt ist neben **SRS-Waffen** und bestimmten tragbaren **Schussapparaten** die **Armbrust**. Sie ist keine Schusswaffe, da sie nicht über einen Lauf verfügt. Sie ist wie eine Schusswaffe zu behandeln, aber von Erlaubnispflichten weitgehend freigestellt.

Pfeilabschussgeräte unterliegen der unbedingten Gleichstellung mit Schusswaffen. **Die Erlaubnisbefreiungen für Armbrüste** (Erwerb, Besitz und Führen der Armbrust sind von der Erlaubnispflicht befreit) **gelten nicht für Pfeilabschussgeräte**. Sie unterfallen allen Vorschriften für Schusswaffen vollumfänglich. Für **Erwerb und Besitz** benötigt man eine **Waffenbesitzkarte**, zum **Führen** einen **Waffenschein.** Dabei sind alle Voraussetzungen, auch der Nachweis der **Sachkunde** und eines **Bedürfnisses**, zu erfüllen.

Ein **Bogen** ist keine Waffe und damit nicht den Vorschriften des WaffG unterworfen, da er mangels eines Laufs oder der Möglichkeit, durch Muskelkraft eingebrachte Energie zu speichern, keine der erforderlichen Definition erfüllt, es sei denn, dass er hergestellt wurde, die Angriffs- oder Abwehrfähigkeit von Menschen herabzusetzen, womit er durch seine Bestimmung zur Waffe würde (siehe § 1 Abs. 2 Nr. 2 Buchst. a WaffG).

Magazine sind Waffen im Sinne des WaffG, nicht aber wesentliche Teile. Sie unterliegen nicht der Erlaubnispflicht, so dass nur Regelungen für Waffen zu beachten sind, die grundsätzlich gelten, etwa zum Mindestalter oder zur Aufbewahrung. Bestimmte Wechselmagazine unterfallen einem Verbot, wenn sie mehr als die gesetzlich festgelegten Höchstmengen an Patronen aufnehmen können.

Den Schusswaffen gleichgestellt, für die sie bestimmt sind, sind **wesentliche Teile**, soweit das Gesetz im Einzelfall keine anderen Vorschriften enthält. Es handelt sich also um eine bedingte Gleichstellung. So gilt für den Erwerb und Besitz eines Laufes für eine erlaubnispflichtige Kurzwaffe die Erlaubnispflicht grundsätzlich in vollem Umfang – zu den **Ausnahmen** für bestimmte Austausch- und Wechselläufe beachten Sie bitte das entsprechende Kapitel 1.3.1.5 dieses Buches. Ist beispielsweise der Erwerb und Besitz einer Waffe erlaubnisfrei (zB Druckluftwaffe mit Kennzeichen „F im Fünfeck"), kann ein Lauf für diese Waffe erlaubnisfrei erworben werden.

Wesentliche Teile sind **Lauf** oder **Gaslauf**, **Verschluss, Verbrennungskammer** (bei Antrieb durch Gasgemische), fest mit der Waffe verbundene **Antriebsvorrichtungen, Patronen- bzw. Kartuschenlager** sowie **Gehäuse**

einer Waffe. Die **Trommel** ist als **Patronen- bzw. Kartuschenlager** ebenfalls **wesentliches Teil im Sinne des WaffG**.

Das **Gehäuse** ist das Bauteil, das den Lauf, die Abzugsmechanik und den Verschluss aufnimmt im Sinne einer Verbindung durch Kraft oder Form; setzt sich das Gehäuse aus einem Ober- und einem Unterteil zusammen, sind beide Teile wesentliche Teile; das Gehäuseoberteil nimmt den Lauf und den Verschluss auf, das Unterteil die Abzugsmechanik. Ist die Abzugsmechanik komplett als **Rahmen** entnehmbar, ist sie das Unterteil.

Das „**führende Teil**" der Waffe ist beispielsweise bei der Registrierung einer Waffe bedeutsam. Dabei kommt es auf die Konstruktion der Waffe an, welches wesentliche Teil das führende Teil ist. Bei Waffen, die ein Gehäuse haben, ist das Gehäuse führendes Teil; handelt es sich um ein teilbares Gehäuse mit Ober- und Unterteil, ist das Unterteil führendes Teil; bei Kurzwaffen ist das Griffstück das führende Teil. Handelt es sich um eine Waffe ohne Gehäuse, ist der Verschluss das führende Teil. Hat die Waffe weder Gehäuse noch Verschluss, ist der Lauf das führende Teil.

Ein **Schalldämpfer** ist **kein wesentliches Teil einer Schusswaffe** und auch **grundsätzlich kein verbotener Gegenstand**. Da Schalldämpfer nach Anlage 1 A1 UA1 Nr. 1.3 WaffG der **Schusswaffe**, für die sie bestimmt sind, **gleichgestellt** sind, sind die Vorschriften für diese Schusswaffe auch auf Schalldämpfer anzuwenden, sofern das Gesetz nichts anderes bestimmt. Wird also ein Bedürfnis für den Erwerb und Besitz eines Schalldämpfers nachgewiesen, kann die zuständige Behörde eine entsprechende Erlaubnis erteilen. Schalldämpfer zählen nach § 2 Abs. 2 BeschG (Beschussgesetz) nicht zu den höchstbeanspruchten Teilen einer Schusswaffe und unterliegen nicht der **Beschusspflicht** nach § 3 BeschG. Damit ist auch die Anbringung von **Prüfzeichen** nicht vorgeschrieben, ebenso wenig die **Kennzeichnung** nach § 24 WaffG mit einer Seriennummer oder Herstellerangabe. Gleichwohl sollte auf freiwilliger Basis vor Eintragung eines Schalldämpfers in eine WBK eine dauerhafte Kennzeichnung (Gravur, Laser etc.) vorgenommen werden, um die Eintragung mit einem eindeutigen Kennzeichen (Seriennummer, Besitzerkürzel o.ä.) vornehmen zu können.

Ist fraglich, wie ein Gegenstand rechtlich einzuordnen ist, entscheidet das **Bundeskriminalamt** (BKA). Dabei ist allerdings zu beachten, dass die Entscheidungen des BKA keinen Gesetzesrang haben, sondern lediglich zur **Klärung von Zweifelsfällen** dienen sollen. Eine durch das Waffengesetz bestimmte Regelung kann also nicht durch das BKA aufgehoben oder verändert werden. Ebenso ist zu beachten, dass sich solche Entscheidungen in der Regel auf einen konkreten Einzelfall beziehen müssen.

Die Entscheidungen des BKA ergehen in Form von **Feststellungsbescheiden**, die öffentlich bekannt gemacht werden. Sie sind auf der Website des BKA einsehbar.

1.3.1.1 Salutwaffe

Eine Salutwaffe ist eine veränderte Langwaffe. Sie ist nicht *unbrauchbar gemacht*, denn mit Salutwaffen kann Kartuschenmunition („Platzpatrone") abgeschossen werden. Salutwaffen dienen in erster Linie zur Darstellung echter Schusswaffen in Film und Fernsehen oder auf der Theaterbühne. Salutwaffen sind **keine Anscheinswaffen** im Sinne des § 42a WaffG.

Um als Salutwaffe zu gelten, müssen an einer Langwaffe verschiedene Änderungen vorgenommen werden, insbesondere am Patronenlager – es muss dauerhaft so verändert worden sein, dass nur Kartuschenmunition („Platzpatronen") darin geladen und gezündet werden kann. Der Lauf ist zu blockieren und mit Löchern zu versehen, so dass weder ein Geschoss durch den Lauf getrieben werden kann noch sich ein ausreichender Gasdruck im Lauf aufbauen kann. Außerdem muss der Lauf fest mit dem Gehäuse der Waffe verbunden werden, etwa durch Verschweißen.

Die Durchführung der Umbaumaßnahmen ist behördlich (Beschussamt) zu überprüfen. Die bestandene Prüfung wird durch Anbringen eines Kennzeichens auf dem **Verschluss** der Salutwaffe nachgewiesen.

Erwerb und **Besitz** wie auch das **Führen** von Salutwaffen und der **Handel** mit ihnen unterliegen der **Erlaubnispflicht**. Die Erteilung der Erlaubnis in Form einer **WBK** bedarf eines **Bedürfnisnachweises**. Nicht erforderlich sind Nachweise der Sachkunde oder der sicheren Aufbewahrung.

Ist eine Salutwaffe aus einer Schusswaffe entstanden, die nach Anlage 2 A1 WaffG verboten ist (zum Beispiel aus einer vollautomatischen Waffe oder aus einer „Pumpgun" mit einer Gesamtlänge unter 95 cm) ist auch diese Salutwaffe verbotene Waffe.

Für die **Aufbewahrung von Salutwaffen** sind lediglich Mindestanforderungen zu erfüllen; sie sind vor dem Zugriff Unbefugter in einem verschlossenen Behältnis aufzubewahren, eine besondere Konstruktion, Eigengewicht oder Qualität des Behältnisses wird nicht gefordert.

1.3.1.2 Unbrauchbar gemachte Schusswaffe

Unbrauchbar gemachte Schusswaffen sind aus Schusswaffen entstanden, haben aber nur noch die äußere Gestalt mit diesen gemeinsam. Während nach den bislang geltenden Vorschriften der Waffengesetze unbrauchbar gemachte Schusswaffen als sogenannte „**Dekorationswaffen**" von den Vorschriften des Waffengesetzes weitestgehend ausgenommen waren, ausgenommen etwa das Führen in der Öffentlichkeit ab 2008, sind mit Inkrafttreten der Änderungen des WaffG am 1. September 2020 die unbrauchbar gemachten Schusswaffen neuen besonderen Regelungen unterworfen.

Zu unterscheiden ist dabei zwischen zwei Kategorien, die zur Vereinfachung mit den Begriffen „EU-Deko" und „Alt-Deko" bezeichnet werden:

EU DE 2017	Schusswaffen, die unbrauchbar gemacht wurden („EU-Deko") o nach den Vorschriften der EU-Deaktivierungsrichtlinie, was o durch eine entsprechende Bescheinigung dokumentiert ist und durch das am Gegenstand angebrachte Deaktivierungszeichen (hier am Beispiel Beschussamt Köln)
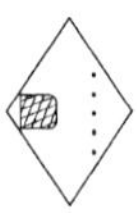	Schusswaffen, die unbrauchbar gemacht wurden („Alt-Deko") o vor dem 1. April 2003 nach den Regeln der 1. Verordnung (VO) zum WaffG 1976 (kein Zulassungszeichen) **oder** o vor dem 8. April 2016 nach den Vorschriften des WaffG 2003 (mit Zulassungszeichen nach Beschussverordnung 2006, wie nebenstehend die *„Abbildung 11 der Anlage II der BeschussV"*, gestempelt erst ab Mitte 2006)

Der wesentliche **technische** Unterschied ist, dass „Alt-Deko"-Waffen teilweise noch bewegliche Teile besitzen, während bei „EU-Deko" alle beweglichen Teile einschließlich des Abzugs unbeweglich gemacht wurden und auch das Magazin fest mit dem Gehäuse verbunden ist.

Rechtlich sind Vorschriften, die unbrauchbar gemachte Schusswaffen betreffen, grundsätzlich nur auf die „EU-Deko"-Waffen anzuwenden, während die „Alt-Deko"-Waffen besonderen Regeln der AWaffV unterfallen und von Freistellungen für „EU-Deko"-Waffen nicht erfasst werden.

Unbrauchbar gemachte Schusswaffen sind **Anscheinswaffen**. Sie unterfallen dem Führverbot nach § 42a WaffG.

„Alt-Deko":

- Nur Besitz und Überlassung sind erlaubnisfrei; eine Überlassung erfordert aber eine Anzeige bei der Waffenbehörde.
- Der Erwerb einer solchen Waffe und der Handel damit sind nur mit Erlaubnis möglich.
- Die unbrauchbar gemachte Schusswaffe ist in einem verschlossenen Behältnis aufzubewahren.
- Für den Umgang mit unbrauchbar gemachten Schusswaffen ist ein Mindestalter von 18 Jahren erforderlich.

„EU-Deko":

- Erwerb, Besitz und Überlassung sind erlaubnisfrei, ebenso das Führen und der Handel.
- Die unbrauchbar gemachte Schusswaffe ist in einem verschlossenen Behältnis aufzubewahren.
- Für den Umgang mit unbrauchbar gemachten Schusswaffen ist ein Mindestalter von 18 Jahren erforderlich.

1.3.1.3 Anscheinswaffe (Anlage 1)

Der durch die Änderung des Waffengesetzes 2008 wieder eingeführte Begriff der **Anscheinswaffe** entspricht nicht der ursprünglichen Bedeutung aus den Jahren vor 2003. Bis zum 1. April 2003 wurden als Anscheinswaffen solche Schusswaffen bezeichnet, die nach „ihrer äußeren Form ... den Anschein einer vollautomatischen Selbstladewaffe hervorrufen, die Kriegswaffe im Sinne des Gesetzes über die Kontrolle von Kriegswaffen ist" (§ 37 Abs. 1 WaffG aF). Solche Schusswaffen unterlagen einem umfassenden Verbot. Diese in der Praxis unscharfe Regelung wurde bei der umfassenden Neuregelung des Waffenrechts 2003 ersatzlos gestrichen.

Die Diskussion über sogenannte **Softair Waffen** im Vorfeld der Überarbeitung des Waffengesetzes 2008 führte zunächst dazu, dass der alte Begriff der Anscheinswaffe in dem Entwurf des neuen Waffengesetzes erneut verwendet wurde, aber mit abweichender Bedeutung. Zusammen mit Hieb- und Stoßwaffen sowie bestimmten Messern, die keine Waffen im Sinne des Waffengesetzes sind, unterliegen Anscheinswaffen einem Führverbot (§ 42a WaffG). Dabei beschränkt sich der Begriff der Anscheinswaffe nicht allein auf Schusswaffen, sondern erstreckt sich auch auf Gegenstände, die nicht als Schusswaffen hergestellt wurden, aber einer Schusswaffe nachgebildet sind, und auf Spielzeug. Ausdrücklich ausgenommen von der Definition „Anscheinswaffe" sind solche Schusswaffen und gleichgestellten

Gegenstände, die mit einem Waffenschein nach § 10 Abs. 4 WaffG geführt werden dürfen, also „scharfe" Schusswaffen ebenso wie Signal-, Reizstoff- und Schreckschusswaffen. Auch erkennbar zum Spiel bestimmte Gegenstände, die deutlich kleiner oder größer sind als das Original oder grell gefärbt, deren Drohpotential also gering ist, fallen nicht unter das Verbot des § 42a WaffG. Beachten Sie zum **Verbot des Führens von Anscheinswaffen** die Hinweise in Kapitel 3.6.4 dieses Buches.

1.3.1.4 Nachbildung, Spielzeug, Softair, Gotcha

Nachbildungen sind Gegenstände, die nie schussfähig waren und die äußere Form einer Schusswaffe haben. Sie sind Anscheinswaffen, wenn sie wie Feuerwaffen aussehen. Nachbildungen sind vom Waffengesetz mit Ausnahme des Führverbots nach § 42a WaffG ausgenommen. Typische Vertreter dieser Gattung sind Modelle aus Zinkspritzguss – hier sind die Läufe meist vergossen. Nur wenn solche Nachbildungen mit allgemein gebräuchlichen Werkzeugen so verändert werden, dass aus ihnen Munition, Ladungen oder Geschosse verschossen werden können, unterliegen sie als Schusswaffen dem Waffengesetz.

Softair-Waffen unterliegen den Vorschriften des Waffengesetzes. Nur **zum Spiel bestimmte Schusswaffen**, die lediglich Geschosse mit nicht mehr als 0,5 Joule (J) Bewegungsenergie verschießen können, und **Spielzeugwaffen** sind vom Gesetz mit Ausnahme von § 42a WaffG (Verbot des Führens von Anscheinswaffen) ausgenommen. Bei Überschreitung des Grenzwertes muss eine Softair-Waffe das Zeichen „F im Fünfeck" tragen – sonst ist eine Erlaubnis erforderlich. Über 0,5 Joule gilt ein Mindestalter von 18 Jahren, das Führen ohne Waffenschein ist verboten.

Für Softair- wie Paintball-Waffen gilt das **Verbot von Vollautomaten** – das entsprechende Verbot der Anlage 2 WaffG ist nicht auf Feuerwaffen beschränkt, sondern bezieht sich auf alle Arten von Schusswaffen. Für **Spielzeugwaffen** (siehe oben) gilt das „Vollautomatenverbot" dagegen nicht, da diese Gegenstände mit Ausnahme von § 42a WaffG nicht dem Waffengesetz und damit nicht dem Vollautomatenverbot unterliegen.

Paintball-Waffen (**Gotcha-Waffen**) verschießen mit Farbstoff gefüllte Kugeln im Kaliber .68, die von Federkraft oder Gasdruck durch den Lauf getrieben werden. Für die Einordnung als Druckluft-, Federdruck- oder Kaltgaswaffe, die einen erlaubnisfreien Erwerb ermöglicht, ist es erforderlich, dass die Bewegungsenergie der Geschosse 7,5 J nicht übersteigt und die Einhaltung dieser Vorschrift bei einem geprüften Serienmodell durch das Kennzeichen „F im Fünfeck" auf der jeweiligen Waffe nachgewiesen wird.

Damit sind Erwerb und Besitz ab 18 Jahren erlaubnisfrei, das Führen aber nur mit **Waffenschein** gestattet.

Erlaubnisfreies Führen einer Paintball-Waffe mit „F im Fünfeck" ist möglich, wenn es auf dem **befriedeten Besitztum**, in der Wohnung oder in den Geschäftsräumen eines Dritten erfolgt und es sich bei dieser Waffe nicht um eine Anscheinswaffe im Sinne des WaffG handelt. Sofern das Führen der Waffen an diesem Ort mit Einverständnis des Zustimmungsberechtigten geschieht, bedarf es keines Waffenscheins. Befriedetes Besitztum ist ein etwa durch Einzäunung vom öffentlichen Raum abgetrenntes Gelände.

Ist sichergestellt, dass die Geschosse das Gelände nicht verlassen können, darf mit einer solchen Waffe hier auch geschossen werden, **ohne** dass es einer **Schießerlaubnis** oder einer Zulassung des Bereiches als Schießstätte bedarf, wenn der Inhaber des Hausrechts zustimmt oder selbst schießt.[6] Dies gilt für Schusswaffen, deren Geschossen eine Bewegungsenergie nicht über 7,5 J erteilt wird oder deren Bauart nach § 7 BeschG zugelassen ist.

Hallen für das Ausüben von **Paintball-Spielen** fallen nicht unter den Begriff der Schießstätte, da es an Schießanlage-typischen Vorrichtungen fehlt[7]. Die Rechtsprechung sieht zudem einen **Verstoß** gegen die **Menschenwürde** durch Paintball oder Reball mittlerweile **nicht** mehr **gegeben**[8].

1.3.1.5 Wechsel- und Austauschläufe / Wechselsysteme

Anstelle des bei Auslieferung verwendeten Laufs kann ein **Austauschlauf** verwendet werden. Dies kann zum Beispiel sinnvoll sein, wenn man mit einem Revolvermodell, den man mit einem kurzen Lauf zur Selbstverteidigung trägt, mit einem langen Lauf an einem Scheibenschießen teilnehmen will. Gleiches gilt für Austauschläufe kleineren Kalibers, die das Verschießen von Munition kleinerer und damit oftmals preisgünstigerer Patronen ermöglicht.

Austauschläufe können ohne Anpassungsarbeiten in die Waffe eingesetzt werden – sie können durch den Waffenbesitzer gegen den vorhandenen Lauf ausgetauscht werden, ohne dass dafür besondere Werkzeuge oder Anpassungsarbeiten erforderlich sind. Soll dagegen ein **Wechsellauf** verwendet werden, bedarf es immer der Montage durch einen Büchsenmacher, da Wechselläufe, anders als Austauschläufe, in die Waffe eingepasst werden müssen.

Als **wesentliche Teile** unterliegen **Läufe**, **Verschlüsse** und **Trommeln** den Vorschriften, die für die Waffe gelten, für die sie bestimmt sind. Für **Inhaber einer WBK** ist der **Erwerb** eines Austausch- oder Wechsellaufes nebst notwendiger Verschlüsse (in Gesamtheit: **Wechselsystem**) für eine bereits eingetragene Waffe **erlaubnisfrei** (Anlage 2 A2 UA2 Nr. 2 WaffG). Dies gilt für Läufe und Systeme gleicher und kleinerer Kaliber sowie für **Wechseltrommeln** – bei Trommeln wird aber auf gleiches oder kleineres Kaliber und Gasdruck abgestellt. Die **Besitzberechtigung** wird **durch Eintragung** des erworbenen Waffenteils in die WBK erteilt.

Wenn Sie ein Wechselsystem bzw. einen Lauf eines größeren Kalibers verwenden möchten, ist ein Voreintrag erforderlich.

Erwerb und **Überlassung** sind binnen zwei Wochen der zuständigen Behörde unter Vorlage der WBK **anzuzeigen** (§§ 37a, 37g WaffG).

1.3.1.6 Einstecklaufe, Einstecksysteme, Einsätze

Einsteckläufe werden in den Lauf eingeführt, um Geschosse eines geringeren Kalibers ohne weitere Veränderungen an der Waffe aus dieser verschießen zu können. Sie benötigen in der Regel keinen eigenen Verschluss. Als „**Einstecksystem**" gelten Einsteckläufe einschließlich des für sie bestimmten Verschlusses.

Einsätze (Reduzierpatronen) sind an die Innenabmessungen des Patronenlagers angepasst, um daraus Munition eines kleineren Kalibers verschießen zu können.

Eine **Erlaubnispflicht** für den **Erwerb und Besitz** besteht **nicht** (beachten Sie den Unterschied der Regelung in Anlage 2 A2 UA2 Nr. 2 und Nr. 2a WaffG in Bezug auf Austausch-/Wechselläufe einerseits und Einsteckläufe und Einsätze andererseits) und **keine Pflicht zur Eintragung** in eine WBK oder zur Anzeige (auch nicht im Falle der Überlassung). Die Eintragung in die WBK ist aber in der Praxis empfehlenswert, da ansonsten der Munitionserwerb aufgrund fehlender Erlaubnis für diesen Lauf nicht möglich ist.

1.3.2 Tragbare Gegenstände

1.3.2.1 Waffe durch Herstellerbestimmung

Ist ein Gegenstand dazu bestimmt, die Angriffs- oder Abwehrfähigkeit eines Menschen herabzusetzen oder zu beseitigen, ist er Waffe im Sinne des WaffG. Die Bestimmung ergibt sich in der Regel aus der Bezeichnung oder Werbung des Herstellers, zB in Katalogen. Die offenkundig bezweckte Art der Wirkung des Gegenstandes zu Angriffs- und Verteidigungszwecken gegen Menschen, kann zu einer Einstufung als Waffe führen, wenn die behauptete Zweckbestimmung offensichtlich unzutreffend ist.

Der Gesetzgeber nennt beispielhaft **Hieb- und Stoßwaffen**. Anlage 1 A1 UA2 Nr. 1.1 WaffG definiert diese als Gegenstände, die nach ihrem Wesen dazu bestimmt sind, unter unmittelbarer Ausnutzung der Muskelkraft durch Hieb, Stoß, Stich, Schlag oder Wurf Verletzungen beizubringen, zB **Kampfmesser**, **Dolch** oder **Schlagstock**, aber auch **Schlagring** und **Wurfstern**.

Das **Nunchaku** oder **Würgeholz** wird als Gegenstand zum Erdrosseln von Menschen in der Anlage 1 A1 UA2 Nr. 1.2.6 WaffG dem Waffenbegriff unterworfen. Unbeachtet bleibt dabei die ursprüngliche Verwendung des Dreschflegel-ähnlichen Nunchaku auf Okinawa, die enorme Schlagkraft des nicht gehaltenen, stark beschleunigten Holzes zum Angriff zu nutzen.

Weitere Waffen nach § 1 Abs. 2 Nr. 2 Buchst. a WaffG sind insbesondere

- Elektroimpulsgeräte
- Reizstoffsprühgeräte (kein Lauf, somit keine Schusswaffe)
- Flammenwerfer (Flamme länger als 20 cm)
- Brandsätze („Molotow-Cocktail“, Hülle mit Brennstoff und Zündvorrichtung)
- Schleudern mit Armstütze (Präzisionsschleuder); besteht die Möglichkeit einer Montage mittels einer Aufnahmevorrichtung oder Halterung an der Schleuder, greift das Verbot auch ohne montierte Armstütze
- Armstützen für vorgenannte Schleudern

Beachten Sie, dass diese **Aufzählung nicht abschließend** ist.

1.3.2.2 Waffe durch gesetzliche Einordnung

Ist ein Gegenstand ursprünglich nach dem Willen des Herstellers oder Erfinders nicht zu Angriffs- oder Verteidigungszwecken gegen Menschen bestimmt, würden zahlreiche Gegenstände nicht unter den Waffenbegriff fallen, die aus polizeilicher Sicht „beliebte“ Waffen bestimmter Tätergruppen sind, insbesondere aufgrund ihrer Effektivität. Darum ist neben den zu Angriffs- oder Verteidigungszwecken bestimmten und hergestellten Gegenständen auch eine abschließende Aufzählung bestimmter Gegenstände in der Anlage 1 A1 UA2 Nr. 2 WaffG aufgeführt, die Waffen im Sinne des WaffG sind, ohne dass es eine herstellerseitige Bestimmung gibt.

Nach § 1 Abs. 4 WaffG unterfallen § 1 Abs. 2 Nr. 2 Buchst. b WaffG solche Gegenstände, die in Anlage 1 A1 UA2 Nr. 2 WaffG aufgenommen sind (trifft abschließend zu auf **Springmesser**, **Fallmesser**, **Faustmesser** und **Butterflymesser** sowie nicht-mechanisch Schmerzen-auslösende Geräte für den Einsatz am Tier, **außer für Tierhaltung und -ausbildung bestimmte** Gegenstände wie **Viehtreiber**). Nicht erfasst werden **Baseballschläger**.

Beachten Sie, dass die **Einstufung als Waffe** durch Anlage 1 A1 UA2 Nr. 1 WaffG **nicht gleichzusetzen** ist **mit einem Verbot** dieses Gegenstandes nach § 2 Abs. 3 WaffG iVm Anlage 2 A1 WaffG. Zwar sind die Aufzählungen, was eine Waffe (Anlage 1) und was verboten (Anlage 2) ist, auf den ersten Blick ähnlich, doch unterfallen nicht alle der in Anlage 1 A1 UA2 Nr. 2 WaffG bestimmten Waffen dem Verbot nach Anlage 2 A1 WaffG.

Einige sog. „milieutypische" Gegenstände wie das **Balisong**-Messer (**Butterfly**, **Faltmesser**) wurden ursprünglich als Werkzeuge entwickelt und genutzt (im Falle des Balisong nach überwiegender Meinung auf den Philippinen für Fischer als Arbeitsmesser, möglicherweise auch in Frankreich). Ein **Balisong-Trainer** (stumpfes, vorher nicht scharf geschliffenes Metallteil anstelle einer Klinge, mit der das Öffnen und Schleudern des Balisong („Flippen") gefahrlos geübt wird) ist mangels Klinge **keine Waffe** im Sinne des WaffG.

1.3.3 Munition

Der Munitionsbegriff wird durch die Anlage 1 des WaffG definiert. Danach ist **Munition** zum Verschießen aus Schusswaffen bestimmte

- **Patronenmunition** (auch Geschosse mit Eigenantrieb)
- **Kartuschenmunition** (Hülse mit Ladung, aber ohne Geschoss)
- **hülsenlose Munition**
- **pyrotechnische Munition** (siehe dazu auch Kapitel 11 des Buches)

Vertiefende Informationen zur Munitionsthematik enthält Kapitel 9. Beachten Sie auch die ergänzenden rechtlichen Informationen auf Seite 227.

Geschosse sind keine Munition im Sinne des WaffG.

1.4 Umgang (§ 1 Abs. 3, Anlage 1 Abschnitt 2)

„Umgang" mit einer Waffe oder Munition hat, wer diese erwirbt, besitzt, überlässt, führt, verbringt, mitnimmt, damit schießt, diese herstellt, bearbeitet, instand setzt oder damit Handel treibt sowie eine Waffe unbrauchbar macht. Betrachten wir die im Alltag relevanten **Umgangsarten** im Sinne des Waffengesetzes – zur Vereinfachung beschränkt auf „Waffen".

„**Tatsächliche Gewalt**" bedeutet, dass der Inhaber der tatsächlichen Gewalt nach seinem Willen über die Waffe verfügen kann.

Erwerb: Es erwirbt, wer die tatsächliche Gewalt über eine Waffe erlangt, sie also an sich nimmt oder auch findet. Der **Kauf** einer Waffe ist dagegen **kein Erwerb**, da die Zahlung des Kaufpreises nur das Eigentumsrecht überträgt, nicht aber die tatsächliche Gewalt.

Besitz: Es besitzt, wer die tatsächliche Gewalt über die Waffe ausübt, sie beispielsweise bei sich trägt oder im Safe aufbewahrt.

Überlassen: Es überlässt, wer anderen die tatsächliche Gewalt über die Waffe einräumt, sie also schlicht weitergibt.

Führen ist jedes Ausüben der tatsächlichen Gewalt über eine **Waffe** (nicht aber über **Munition**, hier ist allein ein Besitzen möglich) außerhalb der eigenen Wohnung oder Geschäftsräume, des eigenen befriedeten Besitztums oder einer Schießstätte. Zu beachten ist das **erlaubnisfreie Führen** nach § 12 Abs. 3 WaffG, auch „**Transport**" genannt – auch wenn es hier um eine Waffe geht, auf die der Besitzer nicht sofort zugreifen kann, so handelt es sich um ein Führen im Sinne des Waffengesetzes. Beachten Sie zum **Verbot des Führens von Anscheinswaffen** die Hinweise in Kapitel 3.6.4.

Eine Waffe **verbringt**, wer diese „über die Grenze zum dortigen Verbleib oder mit dem Ziel des Besitzwechsels in den, durch den oder aus dem Geltungsbereich des Gesetzes zu einer anderen Person oder zu sich selbst transportieren lässt oder selbst transportiert." Verbringen setzt immer einen Grenzübertritt voraus, bezieht sich also nicht auf den Transport im Inland.

Dagegen **nimmt** eine Waffe **mit**, wer diese Waffe ohne Aufgabe des Besitzes und zur Verwendung (zB Wettkampf) vorübergehend auf einer Reise über die Grenze einführt, ausführt oder durch Deutschland bringt.

Für das „**Bearbeiten**" und „**Instandsetzen**" ist eine besondere Erlaubnis erforderlich - nur geringfügige Änderungen, zB am Schaft oder an der Visierung, dürfen „in Heimarbeit" durchgeführt werden. Auch das **Brünieren** (Behandlung einer metallischen Oberfläche mit einer Salzlösung sauer oder basisch, um einen Rostschutz zu erzeugen) einer schadhaften Stelle an der Oberfläche gilt als „geringfügig". Andere Arbeiten, die Funktionsweise, Abmessungen oder Sicherheit der Waffe verändern, fallen unter den Begriff „Bearbeiten". Wenn für die Einpassung eines „wesentlichen Teils" Nacharbeiten notwendig sind, handelt es sich ebenfalls um ein „Bearbeiten".

Eine Schusswaffe wird **unbrauchbar gemacht**, wenn die Maßnahmen an ihr durchgeführt werden, die erforderlich sind, um die gesetzlichen Vorschriften zur Unbrauchbarmachung zu erfüllen. Nur in diesem Falle ist es keine Bearbeitung, sondern eine Unbrauchbarmachung.

Beim „**Handel**" stellt der Gesetzgeber auf eine wirtschaftliche Unternehmung ab – doch **Vorsicht**: Je nach Umfang der Tätigkeit kann auch ein Privatmann schnell als „Händler" gelten.[9] Und dann wäre der Verkauf eines erlaubnisfrei zu erwerbenden Gasrevolvers über eine Internet-Börse kein

Privatverkauf mehr, sondern Handel im Sinne des § 21 WaffG. So können auch Jäger, die Waffen regelmäßig oder in kurzen Zeitabständen erwerben und überlassen (etwa durch Ankauf von Nachlässen), rasch den **Tatbestand des unerlaubten Handelns** mit Schusswaffen erfüllen.

Es **schießt**, wer mit einer Schusswaffe Geschosse aus einem Lauf verschießt, Kartuschenmunition („Platzpatrone") abschießt, Wirkstoffe (zB Tränengas) mit Patronen- oder Kartuschenmunition verschießt oder pyrotechnische Munition verschießt. Eine **Armbrust** ist keine Schusswaffe, aber den Schusswaffen gleichgestellt[10]; darum sind alle Regelungen, die sich auf das Schießen beziehen, auch auf den Gebrauch von Armbrüsten anzuwenden (zB § 27 WaffG über Schießstätten oder die Erlaubnispflicht für das Schießen). Auch das Abschießen von Kartuschenmunition mit einem den Schusswaffen **gleichgestellten Abschussgerät**, etwa einer **SRS-Waffe**, ist Schießen im Sinne des WaffG.

Kein Schießen ist mangels ihrer Gleichstellung mit Schusswaffen die Verwendung von **Bögen**. Das Abfeuern („Abtun") von **Böllern** (pyrotechnische Munition, zB Kartusche bei Verwendung von Böllerkanonen, Pulverladung von Hand- und Standböllern) gilt ebenfalls nicht als Schießen und bedarf keiner waffenrechtlichen Erlaubnis (Böller fallen nicht unter den Begriff der Waffe und somit nicht unter die Regelungen des Waffengesetzes).

Umgang mit Waffen und Munition dürfen nach § 2 WaffG nur Personen haben, die das 18. Lebensjahr vollendet haben. Für **Kinder und Jugendliche** eröffnet § 3 WaffG Ausnahmemöglichkeiten, beispielsweise Jugendlichen für den Umgang mit Waffen oder Munition im Rahmen der beruflichen Ausbildung oder beruflichen Tätigkeit unter Aufsicht eines weisungsberechtigten Erlaubnisinhabers, nicht aber im privaten Bereich. Kindern und Jugendlichen kann der Umgang mit Waffen und Munition in Form einer behördlichen Ausnahmegenehmigung erlaubt werden. In der Regel gilt für diese Altersgruppen (Kinder: bis 14 Jahre; Jugendliche: mindestens 14, aber noch nicht 18) aber ein **absolutes Umgangsverbot mit Waffen und Munition**. Eine **Ausnahme** bildet hier das **Schießen**, insbesondere Sportschießen, **unter Aufsicht** nach § 27 Abs. 3 bis Abs. 6 WaffG in Vereinen, an „Schießbuden" auf Jahrmärkten oder in der Jagdausbildung.

Der Umgang mit **geprüften Reizstoffsprühgeräten** („CS-Gas") ist bereits **ab 14 Jahren ohne weitere Erlaubnis gestattet**. **Tierabwehrsprays** („Pfefferöl") unterliegen nicht dem Waffengesetz, da sie **nicht zum Einsatz gegen Menschen bestimmt** und nicht im Waffengesetz genannt werden, obwohl die Eignung vorhanden ist.

Im zweiten Kapitel des Buches geht es um die **Voraussetzungen für den Umgang mit Waffen und Munition**. Insbesondere geht es hier um die Zuverlässigkeit als zentrale Forderung des Gesetzgebers an Personen, die Waffen und Munition besitzen wollen.

Die Anforderungen an Personen, die eine waffenrechtliche Erlaubnis erhalten oder behalten möchten, sind aus guten Gründen hoch. Es handelt sich dabei um juristisch bewertbare Eigenschaften wie etwa begangene Straftaten oder zu erwartende Handlungen aufgrund vorangegangenen Fehlverhaltens, aber auch um persönliche Voraussetzungen wie körperliche und geistige Eignung sowie den Nachweis des Bedürfnisses als Zweck des Waffenbesitzes.

Das **Lernziel** ist das Wissen um die Anforderungen und die Bedeutung der einzelnen Kriterien, die zwingend vorausgesetzt werden.

Die **wichtigsten Fakten** in diesem Kapitel:

- Als Voraussetzungen für den Umgang werden geprüft:
  Bedürfnis (der Grund, warum die Waffe benötigt wird)
  Eignung (persönliche Eignung, körperlich wie geistig)
  Sachkunde (die Sie durch Bestehen der Prüfung nachweisen)
  18 Jahre (als Mindestalter)
  Tresor (als Behältnis zur sicheren Aufbewahrung)
  Zuverlässigkeit (Ihr Waffenbesitz ist keine Gefahr für Dritte)
  (Hinweis: Wenn Sie die fett gedruckten Buchstaben von oben nach unten lesen und in Gedanken an Stelle der 1 ein I setzen, haben Sie ein Merkwort für die Voraussetzungen: BES1TZ)
- **Zuverlässigkeit** und persönliche **Eignung** (alle drei Jahre) sowie das **Bedürfnis** (alle fünf Jahre) sind **durch** die **Behörde regelmäßig zu prüfen** (Ausnahmen gibt es zB für Sportschützen)
- Für die **Aufbewahrung von <u>erlaubnispflichtigen</u> Waffen** ist mindestens ein Behältnis des Widerstandsgrads 0 nach DIN EN 1143-1 erforderlich. Darin dürfen bis zu zehn Kurzwaffen (bei Schrankgewicht unter 200 kg: bis zu fünf Kurzwaffen) und eine beliebige Anzahl von Langwaffen aufbewahrt werden. Eine unbeschränkte Zahl von erlaubnispflichtigen Waffen darf in einem Behältnis des Widerstandsgrads I (römisch 1) aufbewahrt werden.
- Für die **Aufbewahrung von Munition** ist ein Stahlblechbehältnis mit Schwenkriegelschloss ausreichend.

Als erweiterter **Lernstoff** bietet sich die Lektüre des Waffengesetzes im Original an, insbesondere die Paragraphen 4 bis 9, 13, 14, 16 und 28.

2 Voraussetzungen für den Umgang mit Waffen und Munition

2.1 Mindestalter und Überprüfungen (§ 4)

Der Umgang mit Waffen oder Munition, die der Erlaubnispflicht unterliegen (Anlage 2 A2 UA1 WaffG), bedarf der Erlaubnis der zuständigen Behörde. Das ist nach § 3 VwVfG jene Behörde, in deren Bezirk der Antragsteller seinen **gewöhnlichen Aufenthaltsort** hat - in der Regel der Erstwohnsitz, in begründeten Fällen aber auch der Zweitwohnsitz, etwa bei Studierenden.

Zentrale Vorschrift für waffenrechtliche Erlaubnisse ist § 4 WaffG. Er fordert für die Erteilung einer waffenrechtlichen Erlaubnis:

- **Mindestalter**; Antragsteller hat das 18. Lebensjahr vollendet (nach § 14 Abs. 1 WaffG für Sportschützen: 21. Lebensjahr)
- **Zuverlässigkeit** (Seite 29) und **persönliche Eignung** (Seite 31)
- Nachweis von **Sachkunde** (Seite 33) und **Bedürfnis** (Seite 34)

Eine weitere, nicht in § 4 WaffG genannte **Voraussetzung** für die Erteilung einer Erwerbserlaubnis ist der in § 36 Abs. 3 WaffG geforderte **Nachweis der sicheren Aufbewahrung** für die beantragte Waffe.

Bei Beantragung eines **Waffenscheines** oder einer **Schießerlaubnis** wird zudem der Nachweis einer bestehenden **Haftpflichtversicherung** für Personen- und Sachschäden in Höhe von einer Million Euro gefordert.

Die **Prüfung der Zuverlässigkeit und der persönlichen Eignung** soll nach mindestens **drei Jahren** von der Behörde wiederholt werden, danach in regelmäßigen Abständen **(Regelüberprüfung)**. Gleiches gilt für das Bestehen der Haftpflichtversicherung für Inhaber eines Waffenscheines oder einer Schießerlaubnis. Die zuständige Behörde kann den Erlaubnisinhaber mit den **Kosten** der Regelüberprüfung belasten.[11]

Das **Fortbestehen des Bedürfnisses** ist fortlaufend **alle fünf Jahre** durch die Waffenbehörde zu **prüfen**.

Für die Prüfung des **Bedürfnisses** zum Erwerb und Besitz sowie das Führen von Schusswaffen ist § 8 WaffG eine zentrale Vorschrift und der Paragraph, auf dem die Regelung spezieller Bedürfnisse beruht. Er enthält eine **Aufzählung bestimmter Bedürfnisgruppen**, die aber **nicht abschließend** ist.

Regelt das Waffengesetz ein Bedürfnis nicht weitergehend, wie etwa bei den Jägern (§ 13) oder Sportschützen (§ 14), die in § 8 WaffG ausdrücklich genannt werden, aber speziellen Regelungen des Gesetzes unterworfen werden, ist bei der Bewertung eines vermeintlichen Bedürfnisses durch Auslegung zu erforschen, ob ein Bedürfnis im Sinne des § 8 WaffG gegeben ist (Beispiele: Tierarzt, Schießstandbetreiber, Theaterbetreiber u. ä.).

Zentrale Forderung des Gesetzes ist, dass die Belange der öffentlichen Sicherheit und Ordnung bei Erteilung einer waffenrechtlichen Erlaubnis als schützenswertes Gut berücksichtigt werden. Es erfolgt eine Abwägung zwischen dem Interesse des Einzelnen an der Erlaubnis zum Umgang mit Waffen und dem Bedürfnis der Allgemeinheit nach Schutz vor Gewalt.

2.2 Zuverlässigkeit (§ 5)

Bezüglich der **Zuverlässigkeit** des Waffenbesitzers gibt es einen ganzen Kanon von Versagungsgründen, die sich in § 5 WaffG finden – lesen Sie den Wortlaut der Vorschrift im Gesetz nach.

Absatz 1 nennt die Gründe, die **in jedem Falle** der Erteilung einer waffenrechtlichen Erlaubnis entgegenstehen oder zu einem Widerruf bereits erteilter Erlaubnisse führen. Dazu zählen sowohl rechtskräftige Verurteilungen als auch festgestellte *„Tatsachen, die die Annahme rechtfertigen"*, dass die erforderliche Zuverlässigkeit nicht vorliegt, etwa wenn Waffen nicht vorschriftsmäßig aufbewahrt oder missbräuchlich verwendet wurden. Ein abschließender Katalog von Straftaten, die in Absatz 1 aufgeführt sind und mit einer Mindeststrafe von 90 Tagessätzen geahndet werden, führt ebenfalls zur Unzuverlässigkeit.

Absatz 2 dagegen stellt auf die Formulierung **„in der Regel"** ab – hier wäre also durch die Behörde eine zusätzliche Abwägung notwendig, wobei hier „im Zweifel gegen den Antragsteller" zu entscheiden ist. Drei Arten von Handlungen sind zu unterscheiden:

- Vorsätzliche Straftaten (Delikt<u>art</u> unerheblich)
- Fahrlässige Straftaten (mit Waffen, Munition oder explosionsgefährlichen Stoffen, gemeingefährliche Delikte)
- Straftaten nach dem Waffengesetz, Kriegswaffenkontrollgesetz, Sprengstoffgesetz oder Bundesjagdgesetz

Entscheidend ist hier, dass eine Freiheitsstrafe, Jugendstrafe, Geldstrafe von mindestens 60 Tagessätzen oder mindestens zweimal eine Geldstrafe <u>rechtskräftig</u> verhängt worden ist.

Ebenso ist in der Regel unzuverlässig, wer in bestimmten Zeiträumen

- Mitglied eines verbotenen Vereins oder als verfassungswidrig eingestuften Partei gewesen ist,
- staatsfeindliche Bestrebungen verfolgt hat,
- mehr als einmal wegen Gewalttätigkeit in Vorbeugegewahrsam genommen wurde,
- wiederholt oder gröblich gegen Vorschriften des KrWaffKontrG oder des Waffen-, Sprengstoff- oder Bundesjagdgesetzes verstoßen hat oder
- bei dem Tatsachen die Annahme rechtfertigen, dass er einzeln oder als Mitglied einer Vereinigung Bestrebungen verfolgt oder unterstützt oder in den letzten fünf Jahren verfolgt oder unterstützt hat, die
    - gegen die verfassungsmäßige Ordnung oder
    - gegen den Gedanken der Völkerverständigung, insbesondere gegen das friedliche Zusammenleben der Völker, gerichtet sind, oder
    - durch Anwendung von Gewalt oder darauf gerichtete Vorbereitungshandlungen auswärtige Belange der Bundesrepublik Deutschland gefährden.

Zur Prüfung der Zuverlässigkeit holt die Waffenbehörde neben der unbeschränkten Auskunft aus dem Bundeszentralregister auch Informationen bei der Staatsanwaltschaft sowie zahlreichen weiteren Behörden ein, darunter die Polizei und der Zoll.

(Hinweis: der nachfolgend **kursiv** gedruckte Text ist kein Lernstoff, sondern dient nur der Verdeutlichung, welche Folgen derartige Verstöße für den Waffenbesitzer haben können.)

*Der **Verlust einer Schusswaffe**[12] kann ausreichend für die Annahme der Unzuverlässigkeit durch die zuständige Waffenbehörde sein – bereits ein einmaliges Fehlverhalten dieser Art führt zu einer negativen Prognose und rechtfertigt den Widerruf einer waffenrechtlichen Erlaubnis, da von Waffen und Munition eine große Gefahr für Leib und Leben Dritter und damit für höherrangige Rechtsgüter ausgeht, wenn diese in die Hände Unbefugter kommen.[13] [14] Gleiches gilt für **missbräuchlichen oder leichtfertigen Umgang mit Schusswaffen** oder Munition, etwa durch einen Schuss mit dem Schrotgewehr in die Luft, um damit auf den Lärm einer Party in der Nachbarschaft „zu antworten",[15] oder durch **Befestigen einer Lampe** an einer Jagdwaffe.[16] Insbesondere Delikte, die Dritte gefährden, sind bei einer Überprüfung zu beachten – so kann eine Verurteilung wegen **Trunkenheit***

im Straßenverkehr *ein Anhaltspunkt für eine Regelunzuverlässigkeit im Umgang mit Waffen sein.*

2.3 Persönliche Eignung (§ 6)

Die erforderliche **persönliche Eignung** besitzen nach § 6 WaffG Personen nicht, die geschäftsunfähig sind oder abhängig von Alkohol oder anderen Rauschmitteln, die psychisch krank oder debil sind. Auch Zweifel an der Fähigkeit, sorgfältig mit Waffen und Munition umzugehen, stehen der Erteilung einer Erlaubnis entgegen bzw. begründen den Widerruf der Erlaubnis und auch die Sicherstellung von Waffen.[17] Um diesbezüglich den Antragsteller zu überprüfen, befragt die Waffenbehörde verschiedene Behörden über Erkenntnisse zum Antragsteller, wobei der Kreis der Befragten weitestgehend der Zuverlässigkeitsüberprüfung entspricht. Auch der subjektive Eindruck beim Kontakt mit dem Antragsteller kann Zweifel an dessen persönlicher Eignung aufkommen lassen.

Die persönliche Eignung bezieht sich nicht nur auf geistige, sondern auch auf körperliche Eigenschaften des Antragstellers.

Die körperliche Gesundheit bezieht sich auf die Fähigkeit, eine Schusswaffe sicher zu beherrschen. Im Falle einer chronischen Erkrankung, die diese Fähigkeit vorübergehend einschränken kann (zB Epilepsie, Diabetes Mellitus), ist sicherzustellen, dass eventuelle Symptomatiken wie etwa Ausfallerscheinungen, Bewusstlosigkeit, Krämpfe o. ä. durch Einnahme geeigneter Medikamente unterdrückt werden können. Es ist in diesem Falle durch ein amts- oder fachärztliches Gutachten (§ 4 AWaffV) nachzuweisen, dass sich der Antragsteller in ärztlicher Behandlung befindet und aus fachkundiger Sicht keine Bedenken bestehen, die gegen einen Umgang mit Schusswaffen sprechen, bei dem jederzeit eine vollständige Kontrolle des Körpers gewährleistet sein muss.

Die in § 6 Abs. 1 WaffG festgelegten Versagungsgründe, speziell die „Abhängigkeit“, müssen nicht durch rechtskräftiges Gerichtsurteil festgestellt worden sein. Wenn Tatsachen die Annahme rechtfertigen, dass der Antragsteller beispielsweise alkoholabhängig ist, hat die Behörde die Möglichkeit, den Antragsteller zur Vorlage eines amts- oder fachärztlichen oder fachpsychologischen Gutachtens nach § 4 AWaffV zu verpflichten. Diese Forderung kann nicht angefochten werden und ist durch den Antragsteller zu erfüllen. Weigert sich der Antragsteller, darf die Behörde nach § 4 Abs. 6 AWaffV auf **Nichteignung** schließen.

Der Antragsteller hat die **Kosten** des Gutachtens zu tragen (§ 6 Abs. 2 WaffG). Er hat die Behörde darüber zu **informieren**, wen er mit der Erstellung des Gutachtens beauftragt hat (§ 4 Abs. 3 AWaffV) – damit soll verhindert werden, dass im Falle eines negativen Gutachtens ein weiterer Gutachter beauftragt wird („Gutachter-Hopping").

Antragsteller unter 25 Jahren haben vor Erteilung ihrer ersten waffenrechtlichen Erlaubnis ein Gutachten über ihre geistige Eignung vorzulegen. Dies gilt nicht für Anträge von **Sportschützen** für den Erwerb und Besitz von Kleinkaliberwaffen bis 200 Joule oder Einzellader-Flinten Kaliber 12 oder kleiner. **Jäger** sind nach § 13 Abs. 2 WaffG von der generellen Pflicht zur Begutachtung für Antragsteller unter 25 Jahren ausgenommen. Hier geht der Gesetzgeber davon aus, dass die Zeit der Ausbildung zum Jäger den Ausbildern und Prüfern ausreichend Gelegenheit gibt, geistig oder körperlich ungeeignete Personen zu erkennen und durch deren Ausschluss aus der Ausbildung zu verhindern, dass diese Personen als Jäger Waffen erwerben können.

Ist der Antragsteller **Dienstwaffenträger**, etwa Polizeivollzugs- oder Zollbeamter mit Laufbahnprüfung, **entfällt** bei Personen unter 25 Jahren die **Begutachtung**. Voraussetzung dafür ist eine Bescheinigung des Dienstherrn des Antragstellers, dass eine Begutachtung der geistigen Eignung bereits stattgefunden hat, etwa im Rahmen der Ausbildung. Aus der Bescheinigung muss hervorgehen, dass der Antragsteller ohne Einschränkung zum Umgang mit Dienstwaffen berechtigt ist.

Als **Gutachter** kommen nach § 4 Abs. 2 AWaffV in Betracht Amtsärzte, Psychiater, approbierte Psychotherapeuten, Fachärzte für psychotherapeutische Medizin und Fachpsychologen. **Zwischen** dem **Gutachter** und dem **Antragsteller** darf in den fünf Jahren vor Begutachtung **kein Behandlungsverhältnis** bestanden haben. Dies hat der Gutachter zu bestätigen. Er darf allerdings Kontakt mit dem behandelnden Arzt (also Hausarzt oder Facharzt) des Antragstellers aufnehmen, um sich ein umfassendes Bild zu verschaffen.

Zentrale Frage des Gutachtens ist, ob der Antragsteller die **nötige geistige und emotionale Reife** besitzt, um **verantwortungsvoll** mit Schusswaffen umzugehen. Sieht der Gutachter diese Anforderung nicht vollständig erfüllt, ist es möglich, dass die Waffenbehörde weitergehende Untersuchungen des Antragstellers anordnet.

2.4 Sachkunde (§ 7)

Umfang und Inhalt der **Sachkundeprüfung** sind in § 1 der Allgemeinen Waffengesetz-Verordnung (AWaffV) geregelt. Die in der Prüfung nachzuweisende Sachkunde umfasst danach **ausreichende Kenntnisse**

- **über** die beim Umgang mit Waffen und Munition zu beachtenden **Rechtsvorschriften** des Waffenrechts, des Beschussrechts sowie der Notwehr und des Notstands,
- **auf waffentechnischem Gebiet** über Schusswaffen (Langwaffen, Kurzwaffen und Munition) hinsichtlich Funktionsweise, sowie Innen- und Außenballistik, Reichweite und Wirkungsweise des Geschosses, bei verbotenen Gegenständen, die keine Schusswaffen sind, über die Funktions- und Wirkungsweise sowie die Reichweite,
- über die **sichere Handhabung** von Waffen oder Munition einschließlich ausreichender Fertigkeiten im Schießen mit Schusswaffen.

Anstelle einer **Sachkundeprüfung** kann der Nachweis der Sachkunde auch durch **Ausbildung** oder **Tätigkeit** geführt werden, zum Beispiel als Waffen-Ingenieur oder Büchsenmacher. Die Tätigkeit als Polizist oder Soldat allein ersetzt dagegen nicht die Sachkundeprüfung, es sei denn, es wird seitens der Dienststelle bestätigt, dass eine Ausbildung stattgefunden hat, die eine entsprechende Sachkunde vermittelt hat. Der Nachweis der Sachkunde muss sich auf den **aktuellen Stand** des Umfanges und Inhalts einer Sachkundeprüfung beziehen. Insofern kann bei Antragstellern, deren Prüfung der Sachkunde vor Inkrafttreten des geltenden Waffengesetzes erfolgte, durch den Sachbearbeiter eine erneute Überprüfung der Sachkunde verlangt werden.

Beachten Sie, dass einzelne Sachkundenachweise nur **für bestimmte Waffen- oder Munitionsarten** ausgestellt werden. Insofern ist bei Beantragung einer Schusswaffe zu prüfen, ob die Sachkunde für die beantragte Waffen- bzw. Munitionsart nachgewiesen werden kann.

Die Anforderungen an die Sachkunde unterscheiden sich auch nach dem Profil des Antragstellers. So ist eine von einem Sportschützen erworbene Sachkunde nicht ausreichend, um als Nachweis der Sachkunde für Mitarbeiter im Bewachungsgewerbe durch die zuständige Behörde anerkannt zu werden. Entsprechende Auflagen werden schon mit der Erteilung der Erlaubnis für Ausbildungsträger erteilt, um etwa eine Mindeststundenzahl für die Ausbildung festzulegen.

2.5 Bedürfnis (§ 8)

In waffenrechtlicher Hinsicht handelt es sich bei dem Bedürfnis um den **Nachweis** des Antragstellers, dass er die beantragte Waffe oder Munition **benötigt**, um etwa seinem Sport oder Hobby, seinem Beruf oder der Jagd nachzugehen. § 8 WaffG stellt Gruppen heraus, deren Bedürfnis besonders anzuerkennen ist, vor allem Jäger, Sportschützen, Brauchtumsschützen, Sammler, Sachverständige, gefährdete Personen, Hersteller, Händler oder Bewachungsunternehmer.

Die Erlaubnisbehörde muss abwägen, ob dem Interesse des Antragstellers das Interesse der Bevölkerung entgegensteht, die Zahl der Waffen in privater Hand gering zu halten. Das Bedürfnis kann sowohl privater, also persönlicher, als auch wirtschaftlicher Art sein.

Zudem muss die beantragte Waffe oder Munition **geeignet** und **erforderlich** sein, den **Bedürfniszweck** zu **erfüllen**. So muss eine **gefährdete Person** eine **konkrete und erhebliche Gefahr** benennen, die durch Schusswaffe **verringert** werden kann. Ein **Sportschütze** muss eine Bescheinigung beibringen, dass er die Waffe zur Ausübung seines Sports benötigt.

Das **Fortbestehen des Bedürfnisses** ist **alle fünf Jahre** behördlich zu überprüfen. Entfällt das Bedürfnis, ist in der Regel die Erlaubnis zu widerrufen. So kann ein **Sportschütze**, der den Schießsport nicht mehr regelmäßig betreibt, kein Bedürfnis mehr geltend machen. Wie schon bei Erteilung der waffenrechtlichen Erlaubnis ist der Nachweis der regelmäßigen Ausübung des Schießsports auch danach der zuständigen Behörde auf Verlangen zu erbringen.

Gleiches gilt für den **Jäger**, dessen Bedürfnis bei Aufgabe der Jagd entfällt.

2.6 Aufbewahrung von Waffen und Munition (§ 36)

Erlaubnisfreie Waffen, etwa Schlagstöcke oder Reizstoffsprühgeräte, müssen gegen unbefugte Wegnahme gesichert werden.

Waffen, die von der Erlaubnispflicht freigestellt sind, etwa **SRS-Waffen** mit entsprechender Kennzeichnung (zum Beispiel „PTB im Kreis“), oder **Druckluftwaffen** mit „F im Fünfeck“, sind in einem verschlossenen Behältnis aufzubewahren. Eine besondere Sicherheitsstufe ist nicht vorgeschrieben. Gleiches gilt für **Salutwaffen** und **unbrauchbar gemachte Schusswaffen**.

Für **erlaubnispflichtige** Waffen und verbotene Waffen (etwa in der Hand von Gutachtern, aber auch von Altbesitzern im Falle von Magazinen hoher

Kapazität) sieht § 13 AWaffV die Aufbewahrung in besonders klassifizierten Behältnissen, sogenannten **Waffenschränken**, oder in **Waffenräumen** vor.

Zur **sicheren Aufbewahrung von erlaubnispflichtigen und verbotenen Waffen** dürfen grundsätzlich Behälter folgender Qualitäten unter Berücksichtigung einschränkender Eigenschaften verwendet werden:

- DIN EN 1143-1 **Widerstandsgrad 0 (Null)**, mit einem Eigengewicht **unter 200 kg**: Bis zu fünf Kurzwaffen und bestimmte verbotene Waffen, Langwaffen ohne zahlenmäßige Begrenzung; Munition darf gemeinsam mit den Waffen aufbewahrt werden;

- DIN EN 1143-1 **Widerstandsgrad 0 (Null)**, mit einem Eigengewicht **von mindestens 200 kg**: Bis zu zehn Kurzwaffen und bestimmte verbotene Waffen, Langwaffen ohne zahlenmäßige Begrenzung; Munition darf gemeinsam mit den Waffen aufbewahrt werden;

- DIN EN 1143-1 **Widerstandsgrad I (römisch 1)**, Eigengewicht gesetzlich nicht festgelegt: Aufbewahrung einer unbegrenzten Zahl von Lang- und Kurzwaffen sowie verbotener Waffen und Munition.

Für die **sichere Aufbewahrung von Munition** ist keine Sicherheitsstufe vorgeschrieben. Sie muss in der Wohnung gegen unbefugten Zugriff qualifiziert aufbewahrt werden, mindestens in einem **Stahlblechbehältnis** mit **Schwenkriegelschloss**, zB in einer Geldkassette oder einem gleichwertigen Behältnis. Ein **Schwenkriegelschloss** ist ein Metallriegel oder Haken, der am Schließzylinder befestigt ist und um dessen Achse gedreht wird.

Inhaber einer waffenrechtlichen Erlaubnis, die vor Inkrafttreten der Waffengesetzänderung 2017 erteilt wurde, dürfen Waffenschränke älterer Bauart auch weiterhin nutzen, wenn diese bereits vor dem Zeitpunkt des Inkrafttretens des Gesetzes am 6. Juli 2017 von ihnen genutzt wurden. Es handelt sich dabei vornehmlich um Behältnisse der Stufen A und B nach VDMA 24992 Stand Mai 1995; beachten Sie: Nur Altbesitzer dürfen Schränke dieser Sicherheitsstufen verwenden.

Der **„A-Schrank"** – Behältnis der Sicherheitsstufe A nach VDMA 24992 – darf zur Aufbewahrung von **bis zu zehn Langwaffen** eingesetzt werden. Der **„B-Schrank"** – Behältnis der Sicherheitsstufe B nach VDMA 24992 – darf zur Aufbewahrung einer **unbegrenzten Zahl von Langwaffen** und **bis zu zehn Kurzwaffen** (Schrank-Eigengewicht oder Abrisslast durch Verankerung unter 200 kg: bis zu fünf **Kurzwaffen**) eingesetzt werden.

In einem A-Schrank mit Innen**schrank** der Sicherheitsstufe B (sog. **„Jägerschrank"**) ist die Lagerung von bis zu zehn Langwaffen sowie von **bis zu fünf Kurzwaffen im Innenschrank** gestattet sowie passender Munition für die Lang- und Kurzwaffen im Innenschrank.

Für A- und B-Schrank gilt, dass Munition, die aus den aufbewahrten Waffen verschossen werden kann, **nicht mit den Waffen** in einem Schrank aufbewahrt werden darf, wenn Waffen und Munition nicht durch eine verschließbare Tür voneinander getrennt werden. Auch ein zur Aufbewahrung von Munition zugelassenes Behältnis darf im Schrank aufgestellt sein.

Fortsetzung oder Beginn einer **gemeinschaftlichen Aufbewahrung** von Altbesitzern mit anderen Erlaubnisinhabern, die selbst einen solchen Behälter nicht verwenden dürften, **ist zulässig**, aber der zuständigen Behörde auf Verlangen nachzuweisen.[18]

In **„nicht dauernd bewohnten Gebäuden"**, unter diesen Begriff fallen beispielsweise **Jagdhütten**, dürfen **höchstens drei Langwaffen** aufbewahrt werden, aber **keine Kurzwaffen oder Munition**. Dabei ist zwingend ein Behältnis des Widerstandsgrades I nach DIN EN 1143-1 zu verwenden. Durch die ausdrückliche Beschränkung auf Langwaffen ist eine Aufbewahrung von **Schalldämpfern** in einem nicht dauernd bewohnten Gebäude nicht gestattet. Während des Aufenthalts, also im **Zeitraum zwischen An- und Abreise** des Hüttennutzers, ist die Jagdhütte für diesen Zeitraum als **dauernd bewohntes Gebäude** anzusehen. Damit würden während der Dauer des gesamten Aufenthalts die allgemeinen Vorschriften zur Aufbewahrung von Schusswaffen und Munition gelten, selbst wenn der Jäger die Hütte zur Jagdausübung oder zu einer Besorgung verlässt.

Die **Aufbewahrung geladener Schusswaffen** ist unzulässig. Das gilt auch für die Aufbewahrung von **SRS-Waffen** und **Druckluftwaffen**.

Die **gemeinsame Aufbewahrung von Waffen und Munition** ist **nur dann unzulässig**, wenn erlaubnispflichtige Schusswaffen mit Munition in einem A- oder B-Schrank aufgrund der Altbesitzregelung aufbewahrt werden.

In einem Schrank dürfen die Schlüssel anderer Behältnisse aufbewahrt werden. Das ist zulässig, solange die Zahl der Waffen in jenen Behältnissen zusammen nicht größer ist als die Anzahl von Waffen, die in diesem einen Behältnis aufbewahrt werden darf. Zahlenschlösser sind Schlüsselschlössern unter praktischen Gesichtspunkten immer vorzuziehen.

Wesentliche Teile von Schusswaffen und Schalldämpfer sind aufzubewahren wie die Schusswaffen, für die sie bestimmt sind. Dabei werden sie nicht angerechnet auf die Anzahl der aufbewahrten Waffen im Behältnis.

Bestimmte **verbotene Waffen** (Anlage 2 A1 Nr. 1.1 bis 1.2.3 und 1.2.5 WaffG) sind wie Kurzwaffen zu lagern und werden auf die Zahl der maximal aufzubewahrenden Kurzwaffen angerechnet. Das **Faustmesser** im Besitz eines Jägers ist beispielsweise nicht auf die Anzahl der aufbewahrten Waffen anzurechnen, sondern lediglich in einem B- oder WG-0-Schrank aufzubewahren; gleiches gilt für **verbotene Nachtsichttechnik**.

Werden Waffen und Munition im **Bewachungsgewerbe** aufbewahrt, sind diesbezügliche Regelungen in **Unfallverhütungsvorschriften** zu beachten.

Eine ausdrückliche **Pflicht zur Verankerung** eines Behältnisses zur Aufbewahrung von Waffen oder Munition ergibt sich nicht aus den speziellen Vorschriften des § 13 AWaffV. Allerdings ist die generelle Vorgabe in § 36 Abs. 1 WaffG zu beachten, wonach die **erforderlichen Vorkehrungen** zu treffen sind, um **zu verhindern**, dass diese Gegenstände **abhanden**kommen.

Im Falle eines Behälters, dessen Gewicht einschließlich Füllung unter 30 kg liegt, kann dieser ohne größeren Aufwand aus der Wohnung getragen werden. Darum ist bei der **behördlichen Überprüfung der sicheren Aufbewahrung** zu beachten, dass Behältnisse, deren Gesamtgewicht (Behältnis plus Inhalt) unter 100 kg (Richtwert) liegt, gegen Wegnahme zu sichern sind, etwa durch Verankerung in der Wand oder im Boden, um die Wegnahme zu verhindern. In einem solchen Falle ist unter Würdigung der Gesamtsituation die Erteilung eine **Anordnung** nach § 36 Abs. 6 WaffG zu prüfen, die den Waffenbesitzer zur Verankerung des Behälters mit einer ausreichenden und festzusetzenden Abrisslast verpflichtet.

Möbeltresore, in der Norm VDMA 24992 Stand Mai 1995 bezeichnet als „**Einsatzschrank**, nicht zur freien Aufstellung", sind **in Möbel oder hinter Wandverkleidungen einzubauen**, ansonsten gelten sie nicht als A- oder B-Behältnis. Die Vorgaben des Herstellers zur Verankerung, die in den meisten Fällen dem gelieferten Behältnis beiliegen, sind einzuhalten.

Einmauertresore sind nach den Vorgaben des Herstellers und den einschlägigen Richtlinien der VdS in ein Mauerwerk oder eine Betonwand einzulassen und mit Beton von mindestens 100 mm Stärke zu umgeben.

Bei der Einstufung wird das **Eigengewicht** des einzelnen Schrankes gewertet, nicht ein Verbund mehrerer miteinander verschraubter Schränke.

Kapitel 3 behandelt die **Erlaubnispflichten und Verbote** für den Umgang mit Waffen und Munition. Besonderes Augenmerk gilt dabei den gesetzlichen Ausnahmen von Erlaubnispflichten, etwa für die Leihe oder die Verwahrung und den Transport von Waffen.

Das Waffengesetz regelt den Zugang zu Waffen insbesondere durch Erlaubnisvorbehalte. Dazu kommen einige Waffen- und Munitionstypen, die durch den Gesetzgeber als derart gefährlich angesehen werden, dass jeglicher Umgang mit ihnen grundsätzlich verboten wird. Andererseits entfällt die Erlaubnispflicht für einige Arten von Schusswaffen. Die *tragbaren Gegenstände* unterfallen grundsätzlich nicht der Erlaubnispflicht.

Das **Lernziel** in diesem Kapitel ist insbesondere das Wissen um die Ausnahmen von den Erlaubnispflichten aus § 12 WaffG und der Anlage 2 WaffG sowie die Voraussetzungen dieser Ausnahmen.

Die **wichtigsten Fakten** in diesem Kapitel:

- WBK-Inhaber dürfen sich für bis zu einem Monat eine Waffe **leihen** und während dieser Zeit diese Waffe auch benutzen, wenn sie diese Waffe auch regulär im Rahmen ihres Bedürfnisses (zB ein Sportschütze solche Waffen, die schießsportlich verwendet werden dürfen) erwerben könnten.
- Soll eine Waffe durch einen Dritten nur **verwahrt** oder privat **transportiert** werden, darf dies ohne zeitliche Begrenzung erfolgen durch einen WBK-Inhaber, und zwar unabhängig vom Bedürfnis – eine Verwendung der Waffe ist dabei nicht gestattet.
- Ebenso wie eine Waffe darf auch Munition geliehen, verwahrt oder transportiert durch einen WBK-Inhaber werden.
- Ohne Waffenschein darf eine Waffe geführt werden (**Transport**), wenn sie **nicht zugriffsbereit** (zB verschlossener Waffenkoffer) und **nicht schussbereit** (keine Munition in der Waffe) ist und der **Zweck des Bedürfnisses** diesen Transport umfasst, zB bei einem Sportschützen auf dem direkten Weg von zuhause zum Schießstand und zurück.
- **Munition** darf **zum sofortigen Verbrauch ohne eigene waffenrechtliche Erlaubnis auf dem Schießstand** erworben werden.
- Erwerb und Besitz von **Druckluftgewehren** mit „F im Fünfeck" und **SRS-Waffen** mit „PTB im Kreis ist **erlaubnisfrei.**
- Beim **Waffentransport** muss man **WBK und Ausweis** mitführen.
- Auf genehmigten **Schießstätten** ist das **Schießen erlaubnisfrei**.

Als erweiterter **Lernstoff** dienen § 12 WaffG und die Anlage 2 des Waffengesetzes – keine Sorge, die Anlage ist „relativ lesbar" formuliert.

3 Erlaubnispflichten, Freistellungen, Verbote

3.1 Erlaubnispflichtige Waffen und Munition

Nach Anlage 2 A2 **UA1** WaffG **bedarf** der **Umgang** (Erwerb, Besitz, Führen, Verbringen, Mitnehmen, Schießen, Herstellung, Bearbeitung, Instandsetzung, Handel, Unbrauchbarmachung) mit Waffen nach Anlage 1 A1 UA1 Nrn. 1 – 4.3 WaffG oder Munition grundsätzlich einer **Erlaubnis**, **ausgenommen** das **Überlassen**. Betroffen sind Schusswaffen und ihnen gleichgestellte Gegenstände, die aber teilweise durch Regelungen der Anlage 2 A2 UA2 und 3 WaffG wieder von der Erlaubnispflicht oder fast vollständig von den Regelungen des Waffengesetzes befreit werden. Die folgenden Kapitel geben einen Überblick über die Regelungen für verschiedene Waffen und Umgangsarten.

Beachten Sie beim Lesen der Anlage 2 im Original die Unterschiede, die bezüglich der unterschiedlichen Arten des Umgangs gemacht werden. Ist eine Waffe nach Anlage 1 A1 UA1 Nrn. 1 bis 4.3 WaffG oder Munition weder in Unterabschnitt 2 noch im Abschnitt 3 („Vom Gesetz ganz oder teilweise ausgenommene Waffen") der Anlage 2 WaffG geführt, bedarf es zum Umgang einer Erlaubnis.

Erlaubnispflichtig ist auch der Umgang mit Kartuschenmunition, die aus scharfen Waffen verschossen werden kann (**Manöverpatronen**).

Auf **funktionsfähige** Schusswaffen, die durch **Umbau** einer erlaubnispflichtigen Schusswaffe hergestellt wurden (4 mm M20, LEP), sind die Vorschriften für Erwerb und Besitz der Ursprungswaffe anzuwenden (Anlage 2 A2 UA1 Satz 3 WaffG).

3.2 Erteilung der Erlaubnis

Die **Erlaubnis zum Erwerb und Besitz** von **Waffen** wird durch eine **Waffenbesitzkarte** (WBK) erteilt. Neben der grünen (Standard-) WBK existiert eine gelbe „WBK für Sportschützen" und eine rote „WBK für Sammler und Sachverständige". Neben dem Inhaber der WBK können **weitere Personen** als Berechtigte eingetragen werden, wenn sie ebenfalls alle Voraussetzungen erfüllen, die tatsächliche Gewalt über die eingetragenen Waffen ausüben können und das gleiche Bedürfnis nachgewiesen haben.

Die Erlaubnis zum Erwerb und Besitz von **Munition** kann entweder durch eine **WBK** oder durch **Eintragung in die WBK** erteilt werden. Auch die Ausstellung eines **Munitionserwerbscheins** (Farbe hellbraun) ist möglich.

Die **Erlaubnis zum Führen** einer **Waffe** wird durch den blauen **Waffenschein** erteilt.

Eintragungen in diese Dokumente dürfen nur durch die zuständige Behörde vorgenommen werden.

Waffenbesitzkarten sind **binnen zwei Wochen nach Erwerb oder Überlassung** einer Schusswaffe der Behörde zur Berichtigung vorzulegen.

Eine weitergehende Erläuterung der unterschiedlichen Arten und Erteilungsvoraussetzungen von Erlaubnissen, insbesondere von Waffenbesitzkarte und Waffenschein, finden Sie ab Seite 105.

3.3 Ausnahmen von Erlaubnispflichten

Ausnahmen von den gesetzlichen Erlaubnispflichten sind hauptsächlich in drei Bereichen des Waffengesetzes zu finden:

- § 12 WaffG
  - Ausnahmen für bestimmte Situationen und Umgangsarten
  - Ohne Berücksichtigung der Art der Waffe oder Munition
- Anlage 2 Abschnitt 2
  - Ausnahmen für bestimmte Umgangsarten
  - Mit Beschränkung auf bestimmte Arten von Waffen
- Anlage 2 Abschnitt 3
  - Fast vollständige Freistellung von den Regeln des WaffG
  - Mit Beschränkung auf bestimmte Arten von Waffen

Nachfolgend werden die wesentlichen Ausnahmen der vorgenannten Regelungen dargestellt. Aus Gründen der Übersichtlichkeit beschränkt sich die Darstellung auf die im Alltag wesentlichen Freistellungen; das Nachlesen der Normen im Gesetzestext wird ausdrücklich empfohlen.

3.3.1 Die Ausnahmen nach § 12 WaffG

Die Ausnahmeregelungen nach § 12 WaffG können als „Anpassung an die Erfordernisse der Lebenswirklichkeit" angesehen werden, da sie solche Situationen von Erlaubnispflichten ausnehmen, in denen der Umgang mit Waffen entweder aus organisatorischen Gründen kaum gesondert erlaubt werden könnte oder aus Gründen der Praktikabilität Ausnahmen der eng gefassten waffenrechtlichen Tatbestände erforderlich sind. Beispiele dafür wären der Paketzusteller, der ohne waffenrechtliche Erlaubnis im Besitz einer Schusswaffe ist, die sich in einem Paket befindet, oder der Sportschütze, der mangels eines Waffenscheins seine Waffe nicht zum Schießstand transportieren dürfte, weil auch dieser Transport in einem verschlossenen Koffer ein Führen im Sinne des Waffengesetzes darstellt. In solchen Fällen leisten die Regelungen des § 12 WaffG recht umfassend Abhilfe.

Zu beachten ist, dass gemäß § 12 Abs. 5 WaffG die zuständige Behörde, in der Regel die örtlich zuständige Waffenbehörde, über die in der Norm genannten Tatbestände hinaus für den konkreten Einzelfall weitere Ausnahmen von den Erlaubnispflichten genehmigen kann, wenn besondere Gründe vorliegen und die Belange der öffentlichen Sicherheit und Ordnung dem nicht entgegenstehen, was bedeutet, dass sich durch die konkrete Ausnahme keine negativen Folgen für die Sicherheit der Bevölkerung ergeben.

Die in der Praxis wichtigsten Ausnahmen nach § 12 WaffG sind:

- **Leihe**: Bis zu einem Monat, nur Inhaber einer WBK
- **Verwahrung** und **Transport**: Vorübergehend, privat nur durch Inhaber einer WBK, gewerblich ohne WBK möglich
- **Gewerblicher Erwerb und vorübergehender Besitz**: Keine Vorgabe
- **Erwerb und vorübergehender Besitz im Auftrag** eines Vereins: Umgang nur im Rahmen erteilter Weisungen
- **Führen** (Transport): Bedürfniszweckbindung, nicht zugriffsbereit, nicht schussbereit
- **Erwerb Munition**: Zum sofortigen Verbrauch auf der **Schießstätte**

3.3.1.1 Erlaubnisfreier Erwerb und Besitz (§ 12 Abs. 1, 2)

Der Regelungsumfang umfasst insbesondere Fragen des Erwerbs und des vorübergehenden Besitzes von Waffen im Zuge der privaten Leihe oder Verwahrung, aber auch den gewerblichen Umgang mit Waffen im Zuge des Transports durch Logistikunternehmen oder den Umgang durch Beschäftigte von Erlaubnisinhabern.

Zu beachten ist bei der Anwendung der Norm, dass nicht die Überlassung, sondern der Erwerb und der Besitz erlaubnisfrei gestellt werden. Der Grund dafür ist, dass die Überlassung von Waffen oder Munition grundsätzlich keiner Erlaubnis bedarf, sondern vollumfänglich in der Verantwortung des Überlassenden liegt, der seinerseits prüfen muss, ob der Erwerber die erforderliche Erlaubnis zum Erwerb besitzt, bevor die Überlassung erfolgt.[19]

3.3.1.1.1 Verwahrung, Leihe (§ 12 Abs. 1 Nr. 1)

Der Inhaber einer waffenrechtlichen Erlaubnis kann seine Waffe zur sicheren **Verwahrung**, etwa bei längerer Abwesenheit oder während eines Umzuges, einem Berechtigten zur sicheren Verwahrung vorübergehend überlassen, ihm also die tatsächliche Gewalt über seine Waffen einräumen. Der Verwahrende muss im Besitz einer waffenrechtlichen Erlaubnis sein, wodurch gewährleistet ist, dass er sachkundig, zuverlässig und persönlich geeignet ist. Eine Frist für die Dauer der Verwahrung ist nicht vorgesehen. Gleiches gilt für den **nicht gewerblichen Transport** von Waffen und Munition, also im privaten Bereich. Eine **Überlassung von Schlüsseln** für einen Behälter, in dem Waffen aufbewahrt werden, an einen anderen WBK-Inhaber ist davon **nicht gedeckt** und bedeutet eine Überlassung an einen Unberechtigten, was zur **Unzuverlässigkeit** des Überlassenden führt.

Anders die **Leihe** einer Waffe von einer anderen Person – da die Waffe *zum Zwecke der Benutzung* verliehen wird, muss der Entleiher (Erwerber und vorübergehender Besitzer) im Besitz einer WBK aufgrund eines Bedürfnisses sein, das den Umgang mit einer Waffe der geliehenen Art umfasst. Der Begriff „Leihe" wird im Gesetz nicht verwendet – in § 12 Abs. 1 Nr. 1 Buchstabe a WaffG ist nur von einem Erwerben und einem lediglich vorübergehenden, aber auf höchstens einen Monat begrenzten Besitzen die Rede.

Zwar darf der Inhaber einer „WBK für Sportschützen", die den Erwerb und Besitz von Halbautomaten nicht vorsieht, einen Halbautomaten mit dieser WBK nicht erwerben und dauerhaft besitzen, doch ist die Leihe möglich, wenn die genehmigte Sportordnung seines Verbandes eine Disziplin enthält, die mit einem Halbautomaten geschossen werden kann. Andere beschränkende Voraussetzungen (Mindestalter für Großkaliber, Bedürfnisbindung etc.) dürfen nicht durch Leihe umgangen werden. Die **Leihe** ist auf **einen Monat** befristet.[20] Keine Auswirkung haben Kontingentierung und Erwerbsstreckungsgebot auf die Zulässigkeit einer Leihe oder Verwahrung.

Leihe, Verwahrung und Transport sollten durch einen **datierten Beleg** mit **Namen** der Beteiligten, also überlassender Besitzer und derzeitiger Besitzer, dokumentiert werden. Dieser Beleg ist beim **Transport** mitzuführen und dient mit der WBK als Nachweis des erlaubten Besitzes.[21] Zudem ist damit bei einer Kontrolle der sicheren Aufbewahrung der Nachweis über Herkunft oder Verbleib der darin aufgeführten Schusswaffen zu führen. Dies ist aus praktischen Erwägungen nicht erforderlich bei der „Leihe in sich selbst", wenn eine Person sowohl Jäger als auch Sportschütze ist, da zB die Waffe eines Jägers, die dieser zum Zwecke des Trainings an sich selbst als Sportschütze verleiht, in einer seiner Waffenbesitzkarten eingetragen ist.

3.3.1.1.2 Gewerblicher Umgang (§ 12 Abs. 1 Nr. 2)

Freigestellt von der Erlaubnispflicht sind der Erwerb und vorübergehende Besitz von Waffen im Rahmen gewerbsmäßiger Tätigkeiten zum Zweck der

- Beförderung (Kurier, Postbote, Paketfahrer u.a.),
- Lagerung (Speditionsbetrieb, Lagereibetrieb u.a.) und
- Verschönerungen oder ähnlicher Arbeiten (Gravuren, Brünierungen etc.; auch Schäftereien fallen unter diese Regelung).

Auch wenn der vorübergehende Umgang mit der Waffe erlaubnisfrei gestellt ist, hat der betroffene Betrieb die waffenrechtlichen Regelungen, insbesondere zum sicheren Transport und zur sicheren Aufbewahrung, vollumfänglich einzuhalten. Aus diesem Grunde sollten betroffene Betriebe den Umfang erforderlicher Maßnahmen durch eine sachkundige Person regelmäßig prüfen lassen.

3.3.1.1.3 Umgang auf Weisung (§ 12 Abs. 1 Nr. 3)

Eine besonders umfassende Freistellung stellt die Regelung nach Nr. 3 dar, die allein unter Beachtung des Mindestalters nach § 2 WaffG bzw. möglicher Ausnahmen nach § 3 WaffG für Kinder und Jugendliche, aber ohne die Notwendigkeit eines persönlichen Bedürfnisses oder nachgewiesener Sachkunde Personen den Erwerb und vorübergehenden Besitz erlaubt, die auf Weisung eines Berechtigten oder im Rahmen erteilter Weisungen tätig werden. Hier ist zu beachten, dass etwaige Verstöße des vorübergehenden Besitzers immer auf den eigentlichen Berechtigten zurückfallen, weshalb eine besondere Sorgfalt bei der Auswahl beauftragter Personen empfohlen wird. Der Beauftragte ist weisungsgebunden und darf nicht nach eigenem Ermessen über die Waffe verfügen, weshalb in diesem Zusammenhang auch von einem „willenlosen Muskel" gesprochen wird, der lediglich eine klar umrissene Weisung auszuführen hat.

Die Ausnahme gilt dabei sowohl für den Erwerb von einem Berechtigten wie auch für einen Berechtigten, etwa bei Abholung einer Waffe nach einer Reparatur.

Die Ausnahme bezieht sich auf Personen, die tätig werden

- aufgrund eines **Arbeits- oder Ausbildungsverhältnisses** (zB Fahrt zu Schießstand mit Waffen einer Sicherheitsfirma, Auslieferung durch Angestellte eines Waffenhändlers etc.)

- als **Beauftragter einer schießsportlichen oder jagdlichen Vereinigung** (zB volljähriger Bruder eines jugendlichen Sportschützen, der die Vereinswaffe für den Schützen zu einem Wettkampf transportieren soll, oder Vereinsmitglied ohne eigene Waffe für Teilnahme an einem Wettkampf außerhalb des Vereins)

- als **Charterer von seegehenden Schiffen** zur Abgabe von Seenotsignalen (damit darf eine erlaubnispflichtige Signalpistole als Ausrüstung für die Dauer der Fahrt durch den Schiffsvermieter überlassen werden)

Der Besitz von Waffen ist dabei auf den tatsächlich erforderlichen Zeitraum zu beschränken. Nicht zulässig ist es, andere gesetzliche Regelungen zu umgehen, etwa die Erlaubnispflicht für den längerfristigen Besitz einer Feuerwaffe durch einen Sportschützen, indem diesem eine Vereinswaffe nicht für den Besuch einer einzelnen Veranstaltung überlassen wird, sondern etwa für das erste Jahr seiner Vereinsmitgliedschaft.

3.3.1.1.4 Erwerb auf der Schießstätte (§ 12 Abs. 1 Nr. 5)

Diese Regelung bildet in beispielhafter Form die Funktion des § 12 WaffG ab, indem sie als Ausnahme von der Erlaubnispflicht, in der Regel in Form einer Waffenbesitzkarte mit Voreintrag für die betreffende Waffe, die Möglichkeit schafft, auf der Schießstätte mit der Schusswaffe eines Dritten oder einer Vereinswaffe Schießübungen zu absolvieren, ohne während dieser Zeit durch den eigentlichen Besitzberechtigten in Eingriffsnähe begleitet zu werden. Der Übende hat vorübergehend die tatsächliche Gewalt über die Waffe, besitzt sie also - ohne diese Ausnahmeregelung könnte ein Heranführen von Anfängern im Schießsport oder auch ein Ausprobieren anderer Waffenmodelle nicht im sinnvollen Umfang erfolgen.

Zu beachten ist die Einschränkung, dass der Besitz nur vorübergehend und nur zum Schießen auf der Schießstätte gestattet ist, auf der die Waffe erworben wurde; ein Ausleihen der Waffe und nachfolgendes Ausprobieren auf einer anderen Schießstätte ist somit nicht zulässig, dies wäre nur im Zuge der Leihe und damit nur durch den Inhaber einer WBK statthaft.

3.3.1.1.5 Munition (§ 12 Abs. 2)

Die Freistellungen von der Erlaubnispflicht für Erwerb und Besitz gelten auch für die für diese Waffen erforderliche Munition, wobei die in § 12 Abs. 1 WaffG genannten Voraussetzungen umfassend vorliegen müssen.

Darüber hinaus erlaubt die Norm ohne Erlaubnis den **Erwerb** und Besitz von Munition auf einer nach § 27 WaffG zugelassenen Schießstätte für dort erworbene Munition, wenn diese Munition **zum sofortigen Verbrauch auf**

dieser Schießstätte bestimmt ist. Eventuell am Ende eines Schießtrainings noch vorhandene Munition ist einem Berechtigten zu überlassen, da durch diese Ausnahmeregelung die Besitzberechtigung nur bis zum Verlassen der Schießstätte besteht. Auch ist zu beachten, dass sich die Menge der Munition, die im Rahmen dieser Regelung auf dem Schießstand erlaubnisfrei erworben werden darf, immer an dem realistisch zu erwartenden Bedarf im Rahmen dieser aktuellen Trainingseinheit orientieren muss. Der Überlassende ist diesbezüglich verantwortlich, da er den Bedarf einschätzen muss.

3.3.1.2 Erlaubnisfreies Führen / Transport (§ 12 Abs. 3)

Auch der Transport einer Waffe von der eigenen Wohnung zum Schießstand ist Führen im Sinne des WaffG. Allerdings besagt § 12 Abs. 3 Nr. 2 WaffG, dass einer Erlaubnis zum Führen von Waffen, also eines Waffenscheins, nicht bedarf, wer die Waffe **nicht schussbereit** und **nicht zugriffsbereit** von einem Ort zu einem anderen Ort befördert, **wenn** dieser Transport **vom Bedürfnis gedeckt** ist oder **im Zusammenhang damit** erfolgt. Dabei ist die Waffe insbesondere in einem **verschlossenen Behältnis nicht zugriffsbereit. Munition** kann per Definition nicht geführt, sondern lediglich besessen werden und ist **gegen Wegnahme durch Dritte zu sichern**.

Die Rechtsprechung definiert das „**verschlossene Behältnis**" im Zusammenhang mit Delikten nach §§ 202, 243 StGB[22] als ein verschließbares Behältnis, das über eine **besondere Vorrichtung** verfügt, die **geeignet und bestimmt** ist, die **Wegnahme** einer Sache zu **erschweren**. Bedingung ist die Sicherung durch ein **Schloss**, eine sonstige **technische Schließeinrichtung** oder auf andere Weise. So wird auch das **feste Verschnüren eines Rucksacks** als „gegen einen ordnungswidrigen Zugriff von außen besonders gesichert" angesehen[23] - diese niedrigschwellige Auslegung des Begriffs „verschlossen" sollte angesichts der generellen Pflicht zur besonderen Absicherung von Schusswaffen allerdings nicht auf Transportbehältnisse für erlaubnispflichtige Schusswaffen angewandt werden. Schon die Konkretisierung der Anforderungen an den Zustand des Behältnisses durch die Änderung des WaffG 2008 zeigt, dass als Verschluss nur ein solch festes Zugriffshindernis angesehen werden darf, dessen Überwindung erst durch Einsatz eines zerstörenden Werkzeuges (etwa Messer gegen Kabelbinder), eines Schlüssels oder eines Codes (Zahlenschloss) möglich wird. Auch eine feste Verklebung kann als Verschluss eines Behälters anerkannt werden.

In der Regel werden diese Anforderungen durch den Transport in einem Waffenkoffer mit Zahlen- oder Vorhängeschloss erfüllt, womit die Waffe „nicht zugriffsbereit" ist. Nach Anlage 1 A2 Nr. 13 WaffG ist eine Waffe in einem unverschlossenen Behältnis nur dann **nicht zugriffsbereit**, wenn sie nicht **innerhalb drei Sekunden mit weniger als drei Handgriffen** unmittelbar in Anschlag gebracht werden kann; nicht zugriffsbereit ist sie insbesondere dann, wenn sie in einem verschlossenen Behältnis mitgeführt wird.

Bei Transport eines Waffenkoffers in einem PKW sollte der Koffer möglichst so gelagert werden, dass er von außen nicht erkennbar ist, um bei potentiellen Dieben keine Begehrlichkeiten zu wecken. Insbesondere bei einer notwendigen Fahrtunterbrechung, etwa einer Pause an einer Raststätte und Verlassen des Fahrzeuges, sollte durch geeignete Maßnahmen einer schnellen Wegnahme des Koffers vorgebeugt werden – zB durch eine feste Laderaumabdeckung oder Anschließen des Waffenkoffers im Laderaum.

Bei Transport von Munition muss diese getrennt von der Schusswaffe, aus der sie verschossen werden kann, transportiert werden, um die Forderung „**nicht schussbereit**" zu erfüllen. Anlage 1 A2 Nr. 12 WaffG definiert „schussbereit" als „geladen"; das befüllte und in die Waffe eingeschobene Magazin sowie eine Patrone oder ein Geschoss im Patronen– oder Geschosslager oder in der Trommel des Revolvers bedeuten „geladen". Ist die **Munition** also außerhalb der Waffe, etwa in einer Munitionsschachtel im gleichen Transportbehältnis, ist die Forderung des Gesetzes erfüllt.

Die „**Beförderung** von einem Ort zum anderen" meint hier den direkten Weg von der eigenen Wohnung zum Schießstand, da das Schießen mit der Waffe im Zusammenhang mit dem Bedürfnis des Schützen erfolgt. Es ist also nicht erlaubt, die Waffe morgens im Waffenkoffer einzupacken und erst einmal ins Büro zu fahren, um sich dann nach Dienstschluss zum Schießstand zu begeben. Allerdings stellt eine kurze Unterbrechung der Fahrt zum Schießstand, beispielsweise der Halt an einem Gasthof oder ein Tankstop, keinen Verstoß gegen das Waffengesetz dar, solange die Waffen beaufsichtigt werden oder die erforderlichen Maßnahmen zum Schutz gegen eine unbefugte Wegnahme ergriffen werden. **Grundsätzlich** gilt, dass auch dieses Führen der Waffe **im Zusammenhang mit dem Bedürfnis** stehen muss.

Von gesetzlichen Führverboten nach § 42 oder § 42b WaffG, die unter anderem ein **Führen von Schusswaffen im Nah- und Fernverkehr von Bus oder Bahn** verbieten und damit auch den Transport in einem Behältnis erfassen, sind **Personen befreit, die eine Waffe nicht zugriffsbereit von einem Ort zu einem anderen befördern**. Dies gilt nach § 42b WaffG im öffentlichen Personenfernverkehr, durch die auf Länderebene erlassenen Verordnungen nach § 42 Abs. 5 WaffG aber auch im öffentlichen Personennahverkehr.

Eine Besonderheit stellt das **Führen der Waffe auf dem befriedeten Besitztum, in der Wohnung oder in den Geschäftsräumen eines Dritten** dar. Sofern das Führen der Waffen an diesem Ort mit Einverständnis des Zustimmungsberechtigten zu einem von dem Bedürfnis umfassten Zweck geschieht, bedarf es zum Führen keiner waffenrechtlichen Erlaubnis. Auf einer **Schießstätte** wird eine Schusswaffe nicht geführt, sondern besessen.

Ebenfalls keiner Erlaubnis bedarf das Führen eines wesentlichen Teils einer Schusswaffe, wenn etwa **auf Reisen im Zusammenhang mit dem Sport oder der Jagd** eine Schusswaffe außerhalb der Wohnung aufbewahrt werden muss, beispielsweise in einem **Hotel**. Um bei einem Diebstahl der Waffe aus dem Hotelzimmer die Gefahr eines Missbrauchs zu verringern, erlaubt § 12 Abs. 3 Nr. 6 WaffG das Führen eines wesentlichen Waffenteiles, etwa des Laufes, wenn man es aus der Waffe ausgebaut hat und nun zum Beispiel im Restaurant bei sich trägt, Allerdings muss auch die „Restwaffe" im Zimmer so gut wie möglich gegen eine Wegnahme geschützt werden.

Das **Führen** der Waffe **ohne Waffenschein** muss grundsätzlich **im Zusammenhang mit dem Bedürfnis** stehen. So wird ein Sportschütze seine Waffen auch mit Zustimmung des Hausrechtsinhabers nicht im fremden befriedeten Besitztum zu Wachaufgaben führen oder zum Töten von Tieren im Rahmen einer genehmigten Tätigkeit nach der Tierschutz-Schlachtverordnung verwenden dürfen.[24] Ebenso darf ein Sammler eine Waffe seiner Sammlung nicht zum Sportschießen verwenden, wenn die Sammlung aus künstlerischem oder wissenschaftlichem Interesse oder aus Liebhaberei zusammengetragen wurde.[25] Ein **Probeschießen** mit Waffen der eigenen Sammlung ist dagegen begründbar, da eine Funktionsfähigkeit geprüft werden darf.

Auf einer Schießstätte bedarf es keiner gesonderten Erlaubnis, wenn der Schütze hier eine Waffe (im Holster) trägt, da auf einer Schießstätte per Definition Waffen nicht geführt werden. Allerdings sollte sich jeder Schütze, um Unstimmigkeiten auszuschließen, über die örtlichen Gepflogenheiten informieren, am besten beim Schießleiter oder der Aufsicht.

Wird der Waffenbesitzer durch eine befugte Person angehalten (etwa Zoll- oder **Polizeikontrolle**), können die Beamten verlangen, dass die WBK als Nachweis zum befugten Umgang mit der mitgeführten Waffe vorgelegt wird.[26] Da ein bedürfnisgedecktes Führen nur dann erlaubnisfrei ist, wenn die Waffe nicht schussbereit und nicht zugriffsbereit[27] befördert wird, darf der Transportbehälter, etwa ein Waffenkoffer, **erst auf ausdrückliche Aufforderung geöffnet werden**, da die Waffe nach Öffnung des Behälters zugriffsbereit ist. Von der Waffenscheinpflicht ist der Waffenbesitzer in diesem Falle allerdings befreit, wenn er erst auf Weisung des kontrollierenden Beamten das Transportbehältnis öffnet, um die Waffe vorzuzeigen.

3.3.1.3 Erlaubnisfreies Schießen (§ 12 Abs. 4)

Da selbst von erlaubnisfrei erwerbbaren Druckluftwaffen eine große Gefahr ausgeht, ist Schießen grundsätzlich nur auf genehmigten Schießstätten erlaubnisfrei, da hier durch spezielle Kugelfangeinrichtungen eine Gefährdung des Schützen und Dritter bei Einhaltung der Sicherheitsvorschriften weitgehend ausgeschlossen ist. Doch auch außerhalb genehmigter Schießstätten ist es in gewissen Situationen erlaubt, mit bestimmten Waffen zu schießen.

So darf außerhalb des öffentlichen Raumes („auf befriedetem Besitztum", also ein für Außenstehende erkennbar privates Grundstück oder Bauwerk) durch den Hausrechtsinhaber oder mit seiner Zustimmung geschossen werden mit Schusswaffen, aus denen nur Kartuschenmunition verschossen werden <u>kann</u> (zB Salutwaffen oder SRS-Waffen). Gleiches gilt außerdem für

- Schusswaffen mit einer Geschossenergie bis 7,5 Joule oder
- nach § 7 BeschG bauartzugelassenen Schusswaffen,

wenn die angetriebenen Geschosse das befriedete Besitztum nicht verlassen <u>können</u>. Es ist also nicht ausreichend, dass die Geschosse nicht tatsächlich das befriedete Besitztum verlassen, sondern es muss durch Aufbauten oder die schlichte Größe des Grundstücks <u>ausgeschlossen</u> sein, dass das Geschoss das Besitztum verlassen <u>kann</u>.

Biathleten, die den Regeln entsprechend an genehmigten Sportwettkämpfen teilnehmen, dürfen in diesem Rahmen ebenfalls erlaubnisfrei schießen.

Das Schießen mit Schusswaffen, aus denen nur Kartuschenmunition verschossen werden <u>kann</u> (zB Salutwaffen oder SRS-Waffen), ist darüber hinaus erlaubnisfrei für **Mitwirkende an Theateraufführungen, Filmaufnahmen** u.ä. sowie zum <u>Vertreiben von Vögeln</u> in <u>landwirtschaftlichen Betrieben</u>. Bei Not- und Rettungsübungen, etwa auf See oder in den Bergen, darf mit Signalwaffen geschossen werden.

Außerdem darf mit Schreckschuss- oder Signalwaffen bei Sportveranstaltungen geschossen werden, wenn dies im Auftrag der Veranstalter erfolgt und erforderlich ist, beispielsweise als Start- oder Beendigungszeichen bei einer Regatta.

3.3.2 Erlaubnisfreie Arten des Umgangs nach Anlage 2 A2 UA2

Abschnitt 2 Unterabschnitt 2 der Anlage 2 WaffG entbindet einzelne Formen des Umgangs für bestimmte Waffenarten von der Erlaubnispflicht. Diese Waffen verlieren nicht ihre Waffeneigenschaft, womit zB gesetzliche Verbote in anderen Vorschriften des WaffG trotzdem gelten, etwa das Führverbot von Waffen nach § 42 WaffG – das Verbot besteht auch bei Wegfall der Erlaubnispflicht für das Führen, etwa von Armbrüsten, oder bei einem berechtigten Führen von SRS-Waffen mit dem „Kleinen Waffenschein".

Die aufgelisteten Freistellungen gelten nur für die jeweilige Umgangsart.

Erlaubnisfrei ab 18 Jahren sind **Erwerb und Besitz** von

- Druckluft-, Federdruck-, Kaltgas-Waffen
    - mit Kennzeichen „F im Fünfeck", ausgenommen mehrschüssige Waffen, die Geschosse über 30 mm Länge verschießen können und deren Kennzeichnung nach dem 23.07.2025 erfolgte,

  oder

    - im Falle von Herstellung und Inverkehrbringen vor 1970 oder im Gebiet der ehemaligen DDR,
- Schreckschuss-, Reizstoff- oder Signalwaffen mit Kennzeichen „PTB im Kreis" oder anerkanntem Zeichen eines anderen Mitgliedsstaats,
- historischen Vorderladerwaffen (Modell entwickelt vor 1871, umfasst Schusswaffen mit Lunten-, Funken und Zündnadelzündung sowie einläufige Einzellader mit Zündhütchenzündung) und
- Armbrüsten
- sowie Kartuschenmunition für Schussapparate, Salutwaffen und SRS-Waffen und
- pyrotechnischer Munition der Klasse „PM I".

Erlaubnisfrei ist der <u>Erwerb</u> von **Wechsel- und Austauschläufen** (sowie der im Einzelfall notwendigen Verschlüsse, falls der Verschluss der Waffe nicht mit diesem Austauschlauf verwendet werden kann und somit ein **Wechselsystem**, bestehend aus Austauschlauf und einem für diesen Austauschlauf bestimmten Verschluss, erworben werden muss) sowie Wechseltrommeln für solche Waffen, die bereits in der WBK des Erwerbers eingetragen sind; hier ist aber der <u>Besitz</u> durch Eintragung des erworbenen Waffenteils in eine WBK durch die Waffenbehörde genehmigen zu lassen.

Für **Einsteckläufe und -systeme sowie Einsätze** bedarf es einer in die WBK eingetragenen Waffe, allerdings sind Erwerb <u>und</u> Besitz erlaubnisfrei, eine Eintragung des erworbenen Teils in die WBK also nicht vorgeschrieben.

Erlaubnisfrei ist der **Handel** mit

- Schusswaffen, die nach aktuell geltenden EU-Deaktivierungsvorschriften unbrauchbar gemacht worden sind,
- auf historischen Waffen basierenden (Modell entwickelt vor 1871)
    - Schusswaffen mit Zündnadelzündung und
    - einläufigen Einzelladerwaffen mit Zündhütchenzündung.

Erlaubnisfrei sind **Führen** und **Herstellung** von sowie **Handel** mit

- Vorderladern (Modell entwickelt vor 1871) mit Lunten- oder Funkenzündung sowie
- Armbrüsten.

3.3.3 Vom Gesetz ausgenommene Waffen nach Anlage 2 A3

Vom Waffengesetz ausgenommen (zu beachten sind nur das Mindestalter von 18 Jahren und ein mögliches Waffenverbot nach § 41 WaffG) sind **Harpunen**, die nicht mit Munition angetrieben werden.

Lediglich dem Führverbot nach § 42a WaffG unterliegen **Nachbildungen**, **Blasrohre** und **Spielzeugwaffen sowie zum Spiel bestimmte Schusswaffen**, deren Geschosse max. 0,5 Joule Bewegungsenergie erhalten – zum Beispiel die „Erbsenpistolen" – und bei denen bauseitig verhindert wird, dass sich diese Schusswaffe mit einfachem Werkzeug so verändern lässt, dass höhere Energiemengen erzeugt werden (zB durch Federwechsel).

3.4 Schießerlaubnis (§ 10) und Schießstätte (§ 27)

Schießstätten sind nach § 27 WaffG ortsfeste oder ortsveränderliche Anlagen. die ausschließlich oder neben anderen Zwecken dem Schießsport oder sonstigen Schießsportübungen mit Schusswaffen, der Erprobung von Schusswaffen oder dem Schießen mit Schusswaffen zur Belustigung dienen. Neben dem eigentlichen **Schießstand**, auf dem die Schützen die Schüsse auf die Zielscheibe abgeben, umfasst der Begriff auch zusammenhängende Räumlichkeiten wie WC-Anlage oder Aufenthaltsraum. Eine Schießstätte bedarf in der Regel einer behördlichen Genehmigung. Die Genehmigung, bis zu welcher Bewegungsenergie des Geschosses auf der betreffenden Schießstätte geschossen werden darf, zum anderen hängt die **Erteilung des waffenrechtlichen Bedürfnisses** davon ab, ob die vom Verein des Schützen benutzte Schießstätte auch für die Durchführung der angegebenen Schießübungen zugelassen ist. So wird zB ein Bedürfnis für einen Revolver im Kaliber .44 Magnum (Geschossenergie >1000 Joule) versagt werden, wenn die verfügbare Schießstätte nur für Geschossenergien unter 200 Joule zugelassen ist. Durch Trainingszeiten in einer anderen Schießstätte, wo sich der Verein stundenweise einmietet, kann dieses Problem allerdings gelöst werden. Übliche **Grenzwerte** für Schießstätten sind:

Schießstätte für Druckluft-Waffen:	7,5 Joule
Schießstätte für Kleinkaliber-Waffen:	200 Joule
Schießstätte für Großkaliber-Kurzwaffen:	bis 1.500 Joule (idR)
Schießstätte für Großkaliber-Langwaffen:	bis 7.000 Joule (idR)

Für das Schießen selbst bedarf es für den einzelnen Schützen keiner Genehmigung. Somit darf auch jeder Besucher der Schießstätte hier schießen, sogar Munition erwerben, allerdings nur zum sofortigen Verbrauch auf dieser Schießstätte und unter Beachtung der Alterserfordernisse.

Einer **Schießerlaubnis** bedarf es grundsätzlich, wenn **außerhalb einer genehmigten Schießstätte** geschossen werden soll. Diese Schießerlaubnis setzt den Nachweis eines konkreten Bedürfnisses voraus und wird in der Regel anlassbezogen erteilt. Neben dem Bedürfnis sind die nach § 4 WaffG geforderten Nachweise zu erbringen, insbesondere der Nachweis einer bestehenden Haftpflichtversicherung, die die Risiken eines Schießens außerhalb einer genehmigten Schießstätte abdeckt. **Ausnahmen** von der Erlaubnispflicht gelten beispielsweise für Sportwettkämpfe oder Signalschüsse.[28]

3.4.1 Aufsicht auf Schießstätten (§§ 10, 11 AWaffV)

Grundsätzlich darf kein Schießen ohne die erforderliche Aufsicht erfolgen. Nur das Schießen einer zur Aufsicht befähigten Person, die sich allein auf dem Schießstand aufhält, darf ohne weitere Aufsicht erfolgen.

Aufsicht beim Schießen auf einer Schießstätte kann

- der Betreiber einer Schießstätte,
- eine vom Betreiber bestellte Aufsichtsperson oder
- die Aufsicht einer schießsportlichen Vereinigung sein.

Die Aufsichtsperson muss volljährig, zuverlässig und persönlich geeignet sein. Sie muss darüber hinaus die erforderliche **Sachkunde** und im Bedarfsfall die **Eignung zur Kinder- und Jugendarbeit** besitzen. Im Sinne des Waffengesetzes sind **Kinder**[29] Personen, die noch nicht 14 Jahre alt sind, **Jugendliche** Personen, die mindestens 14, aber noch nicht 18 Jahre alt sind.

Der Begriff der Sachkunde in § 10 AWaffV ist **nicht gleichbedeutend** mit der Sachkunde nach § 7 WaffG, womit auch eine erfolgreich abgelegte Jägerprüfung nicht zur Aufsichtsführung befähigt. Die Aufsichtsperson muss in der Lage sein, die Benutzungsordnung der Schießanlage, die allgemeinen und besonderen Sicherheitsbestimmungen für den Umgang mit Waffen und Munition sowie die Einhaltung der Sport- oder Schießordnung durchzusetzen. Dies setzt zwingend den Nachweis des Erwerbs dieser Kenntnisse im Rahmen einer geeigneten Aus- und Fortbildung voraus.

Der Erlaubnisinhaber hat die Personalien der Aufsicht zwei Wochen vor dem Beginn der Tätigkeit der Behörde schriftlich anzuzeigen. Das Ausscheiden einer Aufsichtsperson und die Bestellung einer neuen Aufsichtsperson hat er unverzüglich anzuzeigen.

Wird die Aufsichtsperson durch einen schießsportlichen Verein beauftragt, hat der Verein die Aufsichtsperson zu registrieren, die vorgeschriebene Sachkunde und ggf. die Eignung zur Jugendarbeit zu prüfen. Diese Aufsicht mit der Befähigung zur Kinder- und Jugendarbeit beinhaltet eine besondere Obhutspflicht, die auch besondere Rechten und Pflichten mit sich bringt. Dazu gehört beispielsweise, dass diese Aufsicht gegenüber anderen Aufsichten weisungsberechtigt ist, wenn die besonderen Belange der Kinder und Jugendlichen berührt werden.

Der Verein hat der von ihm beauftragten Aufsichtsperson ein Nachweisdokument auszustellen, dass die Aufsichtsperson während der Wahrnehmung der Aufsicht mitzuführen und zur Kontrolle befugten Personen auf Verlangen zur Prüfung auszuhändigen hat.

3.4.2 Pflichten der Aufsichtsperson

Die verantwortliche Aufsichtsperson hat vermeidbare Gefahren durch das Verhalten der Anwesenden zu unterbinden und das Schießen ständig zu beaufsichtigen. Benutzer der Schießstätte haben die Anordnungen der Aufsicht zu befolgen. Das gilt vor allen Dingen für die unzulässige Verwendung von Schusswaffen, die vom Schießsport ausgeschlossen[30] sind.

Die Aufsichtsperson muss das Schießen mit Waffen, die vom Schießsport ausgeschlossen sind, unterbinden, es sei denn, der Schießstandbenutzer ist Sportschütze, Jäger, schießt zur Waffensachkundeausbildung, zur Jagdausbildung oder zur Ausbildung oder Übung im Verteidigungsschießen. Inhaber einer WBK dürfen im Rahmen des zugrundeliegenden Bedürfnisses schießen. Handelt es sich um einen Schützen, der ohne eigenes waffenrechtliches Bedürfnis an einem Schießen teilnimmt, etwa als Gastschütze oder bei einem *Schießen zur Belustigung*, gelten für diesen die Einschränkungen zu Waffen und Schießübungen nach §§ 6, 7 AWaffV.[31]

3.5 Ausweispflichten (§ 38 Abs. 1)

Wird eine Waffe geführt, hat der Besitzer einen Personalausweis oder Reisepass bei sich zu tragen, um sich gegenüber Kontrollberechtigten ausweisen zu können. Zudem muss er, wenn für den Erwerb der Waffe eine Erlaubnis erforderlich ist, die WBK mitführen oder ein Dokument, aus dem hervorgeht, dass er zum Umgang mit dieser Waffe berechtigt ist. Ist das Führen der Waffe im Moment der Kontrolle erlaubnispflichtig (also kein erlaubnisfreies Führen wie beim Transport im Behältnis zum Schießstand), ist an Stelle der WBK ein Waffenschein vorzulegen. **Jäger** haben, wenn sie eine Schusswaffe führen, neben der WBK ihren Jagdschein mitzuführen.

Im Falle der Leihe, Verwahrung oder des Führens der Waffe durch **Mitarbeiter eines Bewachungsunternehmens** ist neben den vorgenannten Dokumenten ein Beleg mit dem Namen des Überlassers, seiner Besitzberechtigung und des Datums der Überlassung mitzuführen.

Wurde eine Waffe ohne Eintragung in die WBK erworben (Erwerb durch Inhaber eines Jahresjagdscheins oder einer WBK für Sportschützen, aber auch zur Leihe, Verwahrung oder Beförderung), ist ersatzweise ein datierter schriftlicher Nachweis vorzulegen, aus dem sich ergibt, dass die zweiwöchige Frist zur Anmeldung des Erwerbs noch nicht verstrichen ist oder sich die Waffe nur vorübergehend im Besitz befindet.

Ein praktisches Formular mit Abfrage aller erforderlichen Angaben für Leihe, Verwahrung, Transport oder beauftragtes Mitführen finden Sie als Download auf der Website www.sv-busche.de, Suchwort „Vordruck"

Mitgeführte Waffen sind auf Verlangen dazu berechtigter Personen, beispielsweise Zoll- oder Polizeibeamten, im Rahmen dieser Kontrolle vorzulegen, um einen Abgleich mit den Erlaubnisdokumenten zu ermöglichen.

3.6 Waffenrechtliche Verbote

Das Waffenrecht kennt neben Erlaubnissen eine große Zahl von Verboten. Sie umfassen bestimmte Waffen, Munitionstypen und Gegenstände sowie bestimmte Arten des Umgangs. Die Verbote finden sich in den §§ 40 bis 42a WaffG sowie Anlage 2 A1 WaffG (Waffenliste).

3.6.1 Verbotene Waffen

Das Verbot einer Waffe, die in der Anlage 2 A1 WaffG genannt wird, ist umfassend und bezieht sich auf jegliche Art des Umgangs mit Ausnahme der Unbrauchbarmachung. Verboten sind zB nicht nur das Führen, sondern auch Erwerb, Besitz oder Herstellung dieser Waffen. Ausnahmen sind möglich, etwa bei behördlichen oder gerichtlichen Aufträgen. Verboten sind:

- Waffen (Ausnahme: halbautomatische tragbare Schusswaffen) nach **Verlust der Kriegswaffeneigenschaft**[32]
- **voll**automatische Schusswaffen
- Vorderschaftrepetierflinten („Pump-Action/Pumpgun") mit
  - einem **Kurzwaffengriff anstelle eines Hinterschafts** oder
  - einer **Gesamtlänge unter 95 cm** oder
  - einer **Lauflänge unter 45 cm**
- getarnte Schusswaffen wie **Schießkugelschreiber** oder **Stockgewehr** (Gehstock mit Lauf, Patronenlager und Abzug)
- mehr als üblich verkürzbare oder schnell zerlegbare Waffen („Wildderergewehr")
- Lichtquellen, die das Ziel beleuchten oder markieren, die an der Waffe **montiert** werden können (Laser, Lampen, Projektoren etc.)
- **Nachtsichtgeräte, Nachtzielgeräte, Nachtsichtvorsätze und Nachtsichtaufsätze für Zielhilfsmittel**, die **zur Montage** an einer Schusswaffe **bestimmt sind**[33]
- mehrschüssige Kurzwaffen Baujahr 1970 oder jünger für Zentralfeuermunition in Kalibern unter 6,3 mm, wenn der Antrieb der Geschosse nicht ausschließlich durch den Zündsatz erfolgt
- getarnte Hieb- und Stoßwaffe (zB Stockdegen)
- Stahlrute (nicht: Teleskopschlagstöcke)
- Totschläger, Schlagring, Wurfstern
- Molotow-Cocktail
- Schleuder mit Aufnahme für Armstütze sowie Armstütze selbst
- Nunchaku (auch aus Schaumstoff), Würgehölzer
- Springmesser[34] (Ausnahmen vom Verbot sind möglich bezüglich der Klingenart und -mechanik sowie der Verwendung)
- Faustmesser (Ausnahme: Jäger und Pelz- / Leder-Handwerk)

- Butterfly-Messer
- Fallmesser
- Elektro-Impulsgerät ohne Zulassung
- Distanz-Elektroimpulsgerät (Taser), bei dem mittels Flüssigkeitsstrahl oder Leitungsdraht elektrische Ladungen übertragen werden
- **Wechselmagazine**[35] **für Zentralfeuer-Munition**, die als
  - Langwaffenmagazine mehr als 10 Patronen aufnehmen oder
  - Kurzwaffenmagazine mehr als 20 Patronen aufnehmen und
  - Magazingehäuse dieser Magazine
    (Hinweis: Maßgeblich ist die Herstellerangabe zur Kapazität)
- **Halbautomatische Waffen für Zentralfeuermunition** mit **fest eingebautem Magazin**,
  - die als Langwaffe mehr als 10 Patronen aufnehmen oder
  - die als Kurzwaffe mehr als 20 Patronen aufnehmen
- **Salutwaffen**, hergestellt aus verbotenen Schusswaffen nach Anlage 2

3.6.2 Verbotene Munition

- **Reizstoffmunition** ohne amtliche Zulassung (PTB-Zeichen)
- **panzerbrechende Munition**
- Munition mit **Leuchtspursätzen, Spreng- und Brandsätzen**
- Munition mit **Hartkerngeschoss** oder **Treibspiegelgeschoss,** insbesondere mit **Nadelgeschoss** (Pfeilmunition, „Flechettes“)
- Knallpatronen oder Reizstoffmunition, die durch feste Bestandteile bis 1,5 m vor der Laufmündung Verletzungen hervorrufen können
- Bestimmte **Kleinschrotmunition** (Kartuschenmunition für das Verschießen von Schrot aus **SRS-Waffen**, sogenannte **„Grenaille“**)
- Munition, die ausschließlich in **Kriegswaffen** Verwendung findet oder zur ausschließlichen Verwendung durch staatliche Stellen nach § 55 Abs. 1 S. 1 WaffG bestimmt ist („**Behördenmunition**“)

Ausnahme: pyrotechnische Munition, zur **Gefahrenabwehr** bestimmt.

3.6.3 Verbotene Geschosse

- Geschosse mit **Betäubungsstoffen** für Angriff oder Verteidigung

- **Hartkerngeschosse**
- Geschosse aus **panzerbrechender Munition**, Munition mit **Spreng- und Brandsätzen** sowie aus Munition mit **Leuchtspursätzen**

Nicht verboten sind spezielle Geschossarten wie beispielsweise **Hohlspitz-** oder **Dum-Dum**-Geschosse.

3.6.4 Führverbote Waffen und Messer (§§ 42, 42a, 42b WaffG)

Für **öffentliche Veranstaltungen** wie Messen, Volksfeste, Märkte, kurz, für Orte, an denen sich anlässlich einer Veranstaltung viele Menschen aufhalten, gilt nach § 42 WaffG ein allgemeines **Verbot für Teilnehmer an diesen Veranstaltungen, Waffen oder Messer zu führen**. Dies gilt unabhängig von erhobenem Eintrittsgeld und auch für Theater-, Kino- und Diskothekenbesuche sowie Tanzveranstaltungen.[36] Der Betrieb einer Gaststätte, sofern dort zum betrachteten Zeitpunkt ein üblicher **Gaststättenbetrieb** stattfindet, ist **keine Veranstaltung** in diesem Sinne. Gleiches gilt für Restaurants.

Teilnehmer sind Veranstalter oder deren Mitarbeiter, zB aber auch als Gast oder Messebesucher anwesende Personen. Der Wille zur und das Wissen um die Beteiligung (*innere Zweckbindung*) sind die Abgrenzungsmerkmale zwischen schlichtem Anwesendsein, das zufällig oder notgedrungen geschieht, und der nach § 42 Abs. 1, 4a WaffG tatbestandlichen Teilnahme. Nach dem **gefahrenabwehrenden Zweck des WaffG** ist der **Teilnehmerbegriff** des § 42 Abs. 1 WaffG aber **weiter zu fassen**, um die bloße Anwesenheit bewaffneter Personen an einem Veranstaltungsort unterbinden zu können, unabhängig von deren innerer Verbundenheit zur Veranstaltung.

Das Führverbot nach § 42b WaffG erstreckt sich auf den **Öffentlichen Personenfernverkehr**, im Schwerpunkt Züge und Gleisanlagen der Deutschen Bahn. Das Verbot gilt auch in Einrichtungen des öffentlichen Personenfernverkehrs mit Kraftfahrzeugen oder Schiffen, die seitlich umschlossen sind, das heißt insbesondere in Gebäuden und Haltepunkten einschließlich der Bahnsteige sowie Unterführungen. Offene Haltestellen fallen hingegen nicht unter das Verbot, da die örtliche Reichweite des Verbots in diesen Fällen nicht rechtssicher für jedermann erkennbar ist.[37] Verbote im **Öffentlichen Personennahverkehr** werden durch Verordnungen auf Länderebene geregelt, wobei zB Verbote des Führens von Waffen oder Messern inklusive Ausnahmen für deren Transport grundsätzlich ähnlich festgelegt werden.

Zu beachten sind nach Landesrecht gemäß § 42 Abs. 5 WaffG eingerichtete **Verbotszonen**, in denen **besondere Verbote und Ausnahmen** gelten.

Grundsätzlich verboten ist nach § 42a WaffG das **Führen** von **Anscheinswaffen, Hieb- und Stoßwaffen, Einhandmessern und Messern mit einer Klingenlänge über 12 cm**, also der Besitz außerhalb der eigenen Wohnung oder Geschäftsräume, des eigenen befriedeten Besitztums oder einer Schießstätte. Damit ist auch das **Führen** dieser Objekte im fremden Wohnraum, Geschäft oder befriedeten Besitztum, zB der Wohnung eines Freundes, **verboten**. Zu beachten sind weitreichende Ausnahmen von diesem Verbot, die allerdings für Anscheinswaffen nur beschränkt gelten.

Ausnahmen von den Führverboten finden sich §§ 42 Abs. 2, 4, 4a, 5, 42a Abs. 2 und 3 WaffG. Das Verbot des Führens von Waffen im Sinne des § 1 Abs. 2 WaffG ist zB für Teilnehmer an **Theateraufführungen** aufgehoben, wenn es sich um ungeladene oder nur mit Kartuschenmunition geladene Schusswaffen oder Waffen im Sinne von § 1 Abs. 2 Nr. 2 WaffG handelt.

3.6.5 Vom Schießsport ausgeschlossene Schusswaffe (§ 6 AWaffV)

Nach § 6 AWaffV sind **Kurzwaffen** mit einer Lauflänge unter 7,62 cm (drei Zoll) und **halbautomatische Langwaffen** mit einem Magazin, das eine Kapazität von **mehr als zehn Patronen** hat, vom Schießsport ausgeschlossen

Ebenfalls vom Schießsport ausgeschlossen sind **halbautomatische Schusswaffen**, die ihrer äußeren Form nach den **Anschein** einer **vollautomatischen Kriegswaffe** hervorrufen, die Kriegswaffe im Sinne des Gesetzes über die Kontrolle von Kriegswaffen ist, wenn die **Lauflänge**[38] **weniger als 40 cm** beträgt, das **Magazin** sich **hinter der Abzugseinheit** befindet (sogenannte „Bullpup-Waffen“, wobei im Verordnungstext die **fehlerhafte Schreibweise** „Bul-Pup“ verwendet wird) **oder** die **Hülsenlänge** der verwendeten Munition **bei Langwaffen weniger als 40 mm** beträgt. Ist mindestens eine dieser drei Bedingungen erfüllt, ist die Schusswaffe nicht eintragungsfähig.

3.6.6 Verbotene Schießübung (§ 27 WaffG, § 7 AWaffV)

Nur die Teilnehmer eines **Lehrgangs im Verteidigungsschießen** dürfen auf **menschenähnliche Ziele** schießen – die Verwendung von „**Mannscheiben**“ **außerhalb einer solchen Ausbildung** ist somit **verboten**. Das gilt für jegliche Schießübung, auch solche von Jägern oder Inhabern eines Waffenscheines, durch das **Verbot des kampfmäßigen Schießens** nach § 27 Abs. 7 WaffG.

Zu beachten ist § 7 AWaffV, der im Rahmen des Schießsports die **Durchführung bestimmter Übungen** ausdrücklich untersagt. Dazu zählen unter anderem **Deutschüsse**, also Schüsse ohne genaues Anvisieren des Zieles, es sei denn, es handelt sich um das Schießen auf Wurfscheiben.

4 Bestimmungstafeln

Bezeichnung	**Automatische Waffe: Halbautomat**
Kategorie	Schusswaffe
Definition	Schusswaffen, die nach Abgabe eines Schusses selbsttätig erneut schussbereit werden und bei denen aus demselben Lauf durch einmalige Betätigung des Abzuges oder einer anderen Schussauslösevorrichtung jeweils nur ein Schuss abgegeben werden kann (Halbautomaten); als automatische Schusswaffen gelten auch Schusswaffen, die mit allgemein gebräuchlichen Werkzeugen in automatische Schusswaffen geändert werden können.
Synonym	Pistole, Selbstladeflinte (SLF), Selbstladebüchse (SLB)
Waffe nach ...	§ 1 Abs. 2 Nr. 1 WaffG
Norm Begriff	Anlage 1 A1 UA1 Nr. 2.2 WaffG
Möglicher Verstoß	§§ 42, 42b WaffG (**Führverbote**)

Bei halbautomatischen Schusswaffen sorgen in der Regel der Rückstoß oder der am Lauf abgenommene und zum Verschluss geführte Gasdruck nach Schussabgabe für die Repetierbewegung des Verschlusses (siehe Ausführungen ab Seite 192). Halbautomatische Büchsen und Flinten sind vorwiegend im militärischen und sportlichen Bereich anzutreffen.

Double-Action-Revolver sind keine halbautomatischen Waffen.

Jäger dürfen halbautomatische Langwaffen erwerben und besitzen, wenn die Jagd mit ihnen nach § 19 Abs. 1 BJagdG nicht verboten ist. Das geltende Bundesjagdgesetz untersagt lediglich den **Schuss aufs Wild** mit solchen halbautomatischen Langwaffen, die mit mehr als drei Schuss **geladen sind**. Das Einführen eines Magazins mit mehr als zwei Schuss Kapazität stellt somit keinen Verstoß gegen das WaffG dar, da der Besitz der entstehenden Waffe von der zugrundeliegenden Erwerbserlaubnis (Jagdschein) des § 13 Abs. 3 WaffG umfasst wird.

Vom **sportlichen Schießen** sind halbautomatische Langwaffen mit einer Magazinkapazität von mehr als zehn Patronen ausgeschlossen.

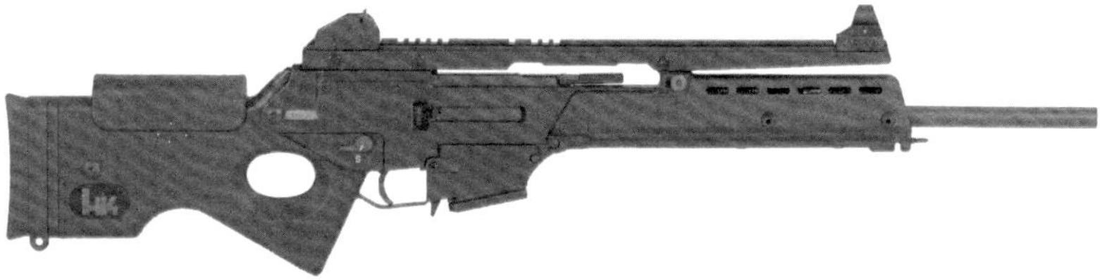

SLB 2000 LIGHT

Bezeichnung	**Repetierwaffe**
Kategorie	Schusswaffe
Definition	Schusswaffen, bei denen das Zuführen der Patrone aus einem Magazin, das Abfeuern und das Entfernen der Patrone oder Patronenhülse mit Hilfe eines nur von Hand zu betätigenden Mechanismus erfolgt
Synonym	Repetierbüchse, Unterhebelrepetierer (UHR, engl. „lever action"), Winchester, Vorderschaftrepetierer (VSR), Vorderschaftrepetierflinte (VSRF), Vorderschaftrepetierbüchse (VSRB), Repetierpistole
Waffe nach ...	§ 1 Abs. 2 Nr. 1 WaffG
Norm Begriff	Anlage 1 A1 UA1 Nr. 2.3
Möglicher Verstoß	§§ 42, 42b WaffG (**Führverbote**)

Repetierwaffen führen Munition in einem Magazin. Das Magazin ist fest in die Waffe eingebaut (auch als Trommel) oder als Wechselmagazin vorgesehen. Der Begriff „Mehrlader" für Repetierwaffen ist in der Praxis untauglich, da auch automatische Waffen Mehrlader sind.

Repetierbüchsen gelten im Vergleich zu Automaten als präziser. Zudem sind automatische Büchsen im Bereich der Jagd vielerorts nicht gern gesehen. Auch hinsichtlich der Sicherheit bieten Repetierer einen Vorteil – der Schütze entscheidet selbst, wann die Waffe wieder schussbereit ist. Beim Automaten übernimmt das die Waffe.

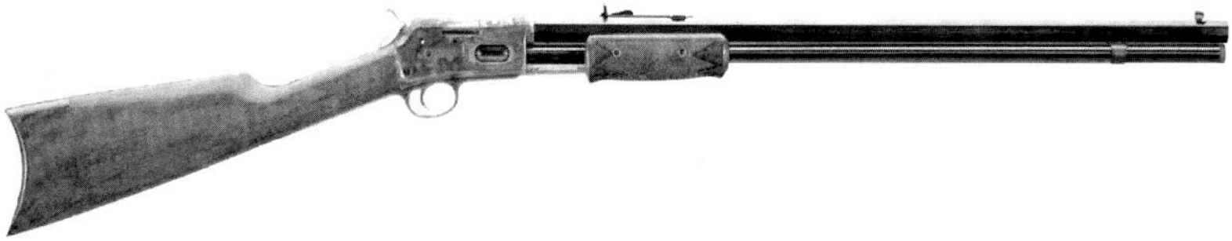
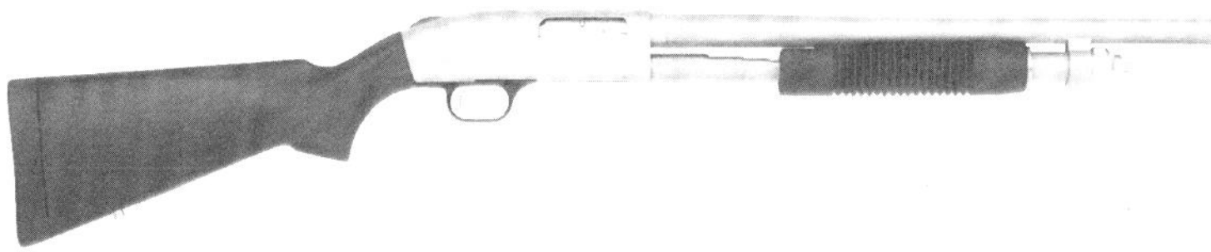

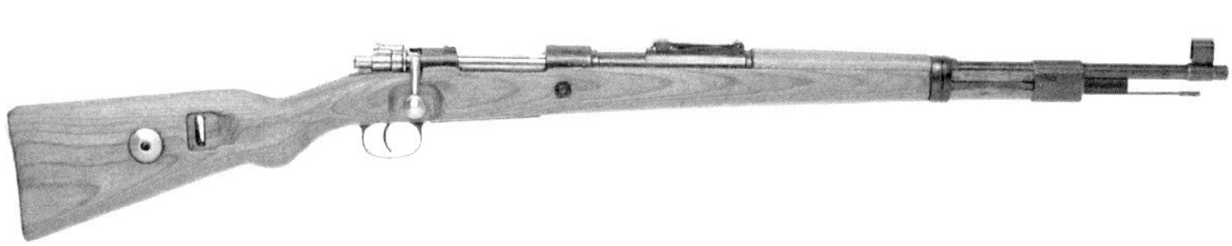

Bezeichnung	**Einzellader**
Kategorie	Schusswaffe
Definition	Schusswaffen ohne Magazin mit einem oder mehreren Läufen, die vor jedem Schuss aus demselben Lauf von Hand geladen werden
Synonym	Flinte, Büchse, Drilling, Bockbüchse, Bockflinte, siehe auch „Kombinierte Waffen", Tingle, Terzerol, Derringer, Duellpistole, Vorderlader, Perkussionspistole
Waffe nach ...	§ 1 Abs. 2 Nr. 1 WaffG
Norm Begriff	Anlage 1 A1 UA1 Nr. 2.4 WaffG
Möglicher Verstoß	§§ 42, 42b WaffG (**Führverbote**)

Einzellader verfügen nicht über eine Vorrichtung, die eine automatische Zuführung von Munition aus einem Magazin, einer Trommel oder einem Gurt in das Patronenlager ermöglicht. Der Verschluss muss händisch geöffnet werden, die Patrone eingelegt und der Verschluss wieder geschlossen werden.

Auch eine Doppelflinte oder ein Drilling sind Einzellader im Sinne des Waffengesetzes, da aus jedem Rohr nur ein einziger Schuss abgegeben werden kann und dann per Hand nachgeladen werden muss. Gleiches gilt für **Vorderladerwaffen**.

Im Bereich der Langwaffen findet man Einzellader hauptsächlich im Bereich der Jagdwaffen und der Kleinkaliber-Matchbüchsen, bei den Kurzwaffen vereinzelt im Bereich der Matchpistolen zum Silhouettenschießen. Ein klassischer Einzel-, weil Vorderlader, ist der ein- oder zweiläufige **Terzerol**, eine besonders kleine Pistole.

Zur Abgrenzung gegenüber einer automatischen Waffe oder Repetierwaffe bedarf es immer der Überprüfung. Hat die Waffe einen Magazineinschub oder ein eingebautes (funktionsfähiges) Kasten- oder Röhrenmagazin, handelt es sich nicht um einen Einzellader.

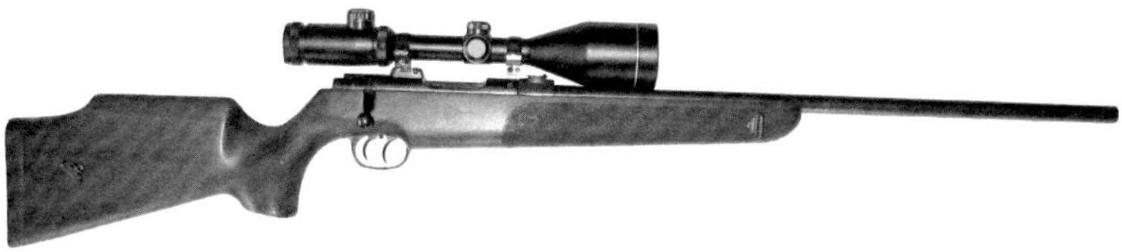

Bezeichnung	**Revolver**
Kategorie	Schusswaffe
Definition	Keine gesetzliche Definition vorhanden; hilfsweise: Waffe, die den Patronenvorrat in einer drehbaren Trommel (Walze) enthält, die das jeweilige Kartuschen-, Geschoss- oder Patronenlager (Kammer) bei Spannung des Schlagstücks vor dem Lauf positioniert
Synonym	Revolverbüchse, Revolvergewehr, Revolverflinte, Drehling (mehrschüssiger Vorläufer des Revolvers im 15. Jhdt.)
Waffe nach ...	§ 1 Abs. 2 Nr. 1 WaffG
Norm Begriff	keine gesetzliche Definition (siehe oben)
Möglicher Verstoß	§§ 42, 42b WaffG (**Führverbote**)

Der Revolver stellt keine gesonderte Art einer Schusswaffe im Sinne der Anlage 1 A1 UA1 Nr. 2 WaffG dar. Er ist, da die zugrundeliegenden Definitionen nicht erfüllt werden, weder Einzelladerwaffe noch Repetierwaffe. Die Einordnung als Automat wird, allerdings nur für Double-Action-Revolver, gesetzlich ausdrücklich verneint.

Bezüglich der mechanischen Abläufe wäre, müsste eine Zuordnung zu einer der drei vorgenannten Arten von Schusswaffen erfolgen, die Einordnung als Repetierwaffe naheliegend.

Auch wenn es sich bei Revolvern nicht um Repetierwaffen handelt, wäre diese klare Abgrenzung nur im Falle von Langwaffen relevant, da im Falle von Kurzwaffen eine Einordnung als Repetierwaffe den Revolver bezüglich der gesetzlichen Folgen weder besser noch schlechter stellt als eine Kurzwaffe ohne derartige Kategorisierung.

Moderne **Revolver** sind in der Regel **mehrschüssige Kurzwaffen für Patronenmunition**, die über einen Double-Action-Abzug verfügen. Klassische (Western-) Revolver verfügen meist über einen Single-Action-Abzug, oft handelt es sich um Modelle mit Perkussionszündung.

Smith & Wesson

Bezeichnung	**Gotcha (Halbautomat)**
Kategorie	Schusswaffe
Definition	Druckluftwaffen, die nach Abgabe eines Schusses selbsttätig erneut schussbereit werden und bei denen aus demselben Lauf durch einmalige Betätigung des Abzuges oder einer anderen Schussauslösevorrichtung jeweils nur ein Schuss abgegeben werden kann (Halbautomaten)
Synonym	Markierer, Farbmarkierer, Paintballwaffe
Waffe nach ...	§ 1 Abs. 2 Nr. 1 WaffG
Norm Begriff	Anlage 1 A1 UA1 Nr. 2.9 WaffG
Möglicher Verstoß	§§ 42, 42b WaffG (**Führverbote**)

Gotcha-Waffen verschießen meist Farbkugeln im Kaliber .68. Es handelt sich hier um Schusswaffen, die Vorschriften des WaffG sind vollumfänglich anzuwenden. Das Führen dieser Waffe bedarf der Erlaubnis (Waffenschein). Erwerb und Besitz sind erlaubnisfrei, wenn die Waffe das Zeichen „F im Fünfeck" trägt (Anlage 2 A2 UA2 1.1, 1.2 WaffG); in diesem Falle ist der Umgang ab 18 Jahren erlaubt und die einfache Aufbewahrung zum Schutz vor unbefugter Wegnahme in einem verschlossenen Behältnis ausreichend.

Vollautomatische Gotcha-Waffen sind verbotene Waffen (§ 2 Abs. 3 WaffG in Verbindung mit Anlage 2 A1 1.2.1.1 WaffG).

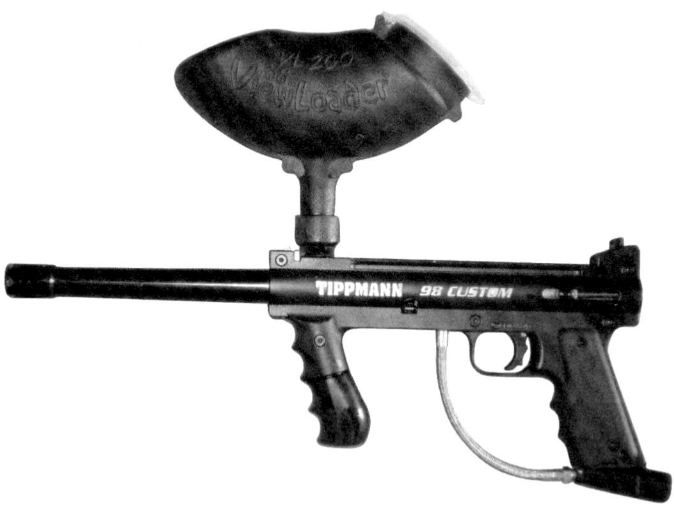

Bezeichnung	**Magazin**
Kategorie	Waffe
Definition	Für die Verwendung in Schusswaffen bestimmte Munitionsbehältnisse, die der Aufbewahrung und Zuführung von Patronen im Rahmen des Ladevorgangs dienen.
Synonym	Ladevorrichtung
Waffe nach ...	§ 1 Abs. 2, 4 WaffG iVm Anlage 1 A1 UA1 Nr. 4.4, Anlage 2 A1 Nr. 1.2.4.1 WaffG
Norm Begriff	Anlage 1 A1 UA1 Nr. 4.4 WaffG
Möglicher Verstoß	§ 2 Abs. 3 WaffG iVm Anlage 2 A1 Nr. 1.2.4.3 ff. (Umgangsverbot): Magazine mit hoher Kapazität („high capacity“, „Hi-Cap-Magazine“)

<table>
<tr><td>Bezeichnung</td><td>Signalwaffe</td></tr>
<tr><td>Kategorie</td><td>Schusswaffe oder Waffe durch Gleichstellung</td></tr>
<tr><td>Definition</td><td>Schusswaffen nach Anlage 1 A1 UA1 Nr. 1.1 WaffG

oder

tragbare Gegenstände mit einem Patronen- oder Kartuschenlager nach Anlage 1 A1 UA1 Nr. 1.2.1 WaffG, die zum Verschießen pyrotechnischer Munition bestimmt sind</td></tr>
<tr><td>Synonym</td><td>Leuchtpistole, SigPi, Signalpistole</td></tr>
<tr><td>Waffe nach ...</td><td>§ 1 Abs. 2 Nr. 1 WaffG</td></tr>
<tr><td>Norm Begriff</td><td>Anlage 1 A1 UA1 Nr. 2.8 WaffG</td></tr>
<tr><td>Möglicher Verstoß</td><td>§§ 42, 42b WaffG (Führverbote)</td></tr>
<tr><td colspan="2">Signalwaffen im Kaliber 4 sind in der Regel Einzellader.

Signalwaffen unterliegen der WBK-Pflicht, sofern sie nicht als bauartgeprüft (etwa SRS-Waffe mit Zeichen „PTB im Kreis") gekennzeichnet sind.</td></tr>
</table>

Bezeichnung	**Getarnte Schusswaffe**
Kategorie	Schusswaffe, (meist) Einzellader
Definition	Ihrer Form nach geeignet, einen anderen Gegenstand vorzutäuschen oder die mit Gegenständen des täglichen Gebrauchs verkleidet sind
Synonym	Schießkugelschreiber, Stockgewehr, Koppelschlosspistole, Taschenlampenpistole
Waffe nach ...	§ 1 Abs. 2 Nr. 1 WaffG
Norm Begriff	Anlage 1 A1 UA1 Nr. 1.1 WaffG in Verbindung mit Anlage 2 A1 Nr. 1.2.2 WaffG
Möglicher Verstoß	§ 2 Abs. 3 WaffG in Verbindung mit Anlage 2 A1 Nr. 1.2.2 WaffG **(Verbotene Schusswaffe)**
Die besondere Gefährlichkeit einer getarnten Schusswaffe liegt einerseits in der Möglichkeit, eine Waffe unbemerkt für eine Straftat zu verwenden, andererseits in der Gefahr der Verwendung durch andere Personen, die nicht um die Gefährlichkeit des Gegenstandes wissen.	

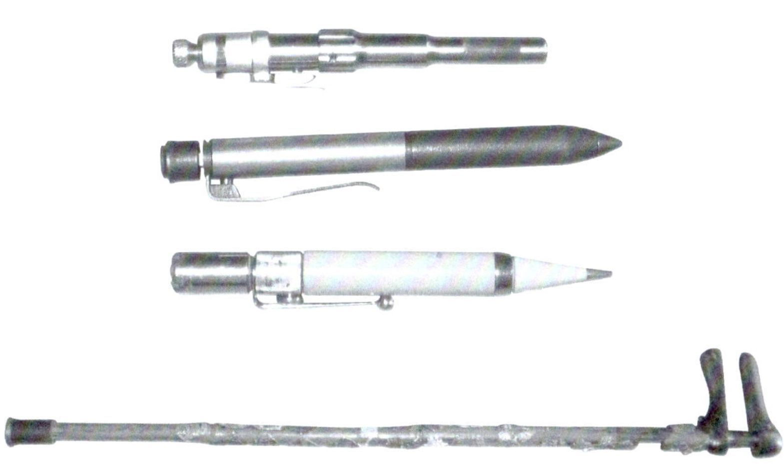

Bezeichnung	**Verbotene Vorderschaftrepetierflinte (VSRF)**
Kategorie	Schusswaffe, Repetierwaffe
Definition	... bei denen anstelle des Hinterschafts ein Kurzwaffengriff vorhanden ist **oder** die Waffengesamtlänge in der kürzest möglichen Verwendungsform weniger als 95 cm **oder** die Lauflänge weniger als 45 cm beträgt
Synonym	Pumpe, Pumpgun, Pump-Action, Riotgun, VSRF
Waffe nach ...	§ 1 Abs. 2 Nr. 1 WaffG
Norm Begriff	Anlage 1 A1 UA1 Nr. 2.3 WaffG in Verbindung mit Anlage 2 A1 Nr. 1.2.1.2 WaffG
Möglicher Verstoß	§ 2 Abs. 3 WaffG in Verbindung mit Anlage 2 A1 Nr. 1.2.1.2 WaffG (**Verbotene Schusswaffe**)

Verbotsmerkmale sind bei Vorhandensein eines **Kurzwaffengriffs** (der Begriff „Pistolengriff" wäre einschränkend) ein **Klappschaft** oder das Fehlen eines Schaftes; zudem darf die Gesamtlänge der Waffe 95 cm nicht unterschreiten, die Lauflänge (Lauf einschließlich Patronenlager) nicht unter 45 cm sein. Auch bei VSR-Waffen mit gezogenen Läufen in einem „typischen Flintenkaliber" gilt das Verbot, obwohl es sich dabei per definitionem nicht um eine Flinte handelt.

VSRF mit zu- oder umschaltbarem, halbautomatischem Nachladesystem sind als Repetierwaffe und Halbautomat anzusehen. Hier ist jeweils die im Einzelfall gefahrenmindernde Einordnung vorzunehmen – so wäre in diesem Beispiel davon auszugehen, dass der Zustand „Halbautomat" als Art der Waffe bei der Beantragung einer Erwerbserlaubnis anzusetzen wäre, bei dem Verbot der „Vorderschaftrepetierflinte mit Kurzwaffengriff" dagegen der Zustand „Repetierwaffe", da in beiden Fällen der Einordnung Gefahren durch einen nicht bedürfnisbegründeten Umgang vermindert werden (so auch BKA-Feststellungsbescheid SO11-5164.01-Z-180 vom 11. Februar 2009)

Bezeichnung	**Wilderergewehr**
Kategorie	Schusswaffe, (meist) Einzellader
Definition	Kann über den für Jagd- und Sportzwecke allgemein üblichen Umfang hinaus zusammengeklappt, zusammengeschoben, verkürzt oder schnell zerlegt werden
Synonym	-
Waffe nach ...	§ 1 Abs. 2 Nr. 1 WaffG
Norm Begriff	Anlage 1 A1 UA1 Nr. 1.1 WaffG in Verbindung mit Anlage 2 A1 Nr. 1.2.3 WaffG
Möglicher Verstoß	§ 2 Abs. 3 WaffG in Verbindung mit Anlage 2 A1 Nr. 1.2.3 WaffG (**Verbotene Schusswaffe**)

Die Abgrenzung zwischen erlaubter schneller Demontage-Möglichkeit (**Take-down-Waffe**) und der verbotenen Wildererwaffe, die ebenfalls schnell in kurze, leicht zu versteckende Teile zerlegbar sein muss, ist in der Praxis äußerst mühselig. Es müssen daher im Einzelfall durch die Fachabteilung des LKA oder das BKA Ermittlungen geführt werden, um eine rechtlich einwandfreie Einordnung zu erreichen.

Ein Hinweis auf die Zuordnung als Wildererwaffe ist beispielsweise die Möglichkeit, die demontierten Bestandteile im Schaft unterzubringen, ebenso die schnelle Demontage mit Hilfe einer händisch lösbaren Überwurfmutter mit Rändelung als Laufbefestigung wie im Fall der nebenstehend abgebildeten Waffe. Außengewinde an der Laufmündung sind angesichts der Möglichkeit zum Erwerb von Schalldämpfern für Jäger allerdings kein Hinweis mehr auf die Bestimmung der Waffe zur Wilderei.

Die Abbildung zeigt oben das Gewehr im fast verpackten Zustand (die rechts daneben liegend Schaftkappe wird als Deckel aufgesteckt). Unten sind die drei Bestandteile der demontierten Waffe (Schaft mit aufgesteckter Kappe, Lauf mit Mutter, Verschlussgehäuse mit Abzugsgruppe und eingestecktem Magazin, von oben nach unten) dargestellt.

Bezeichnung	**SRS-Waffe**
Kategorie	Waffe, den Schusswaffen gleichgestellt
Definition	Tragbare Gegenstände, die zum Abschießen von Munition zum Angriff oder zur Verteidigung, zur Signalgebung, zur Jagd, zur Distanzinjektion, zur Markierung, zum Sport oder zum Spiel bestimmt sind
Synonym	Schreckschusswaffe, Gasrevolver, Gaser, Gaspistole
Waffe nach ...	§ 1 Abs. 2 Nr. 1 WaffG
Norm Begriff	Anlage 1 A1 UA1 Nr. 1.2.1 WaffG
Möglicher Verstoß	§§ 42, 42b WaffG (**Führverbote**)

Das Kürzel SRS steht für die Anfangsbuchstaben der ausführlichen Bezeichnung Schreckschuss-, Reizstoff- und Signalwaffe. Anders als bei Schusswaffen kommt in SRS-Waffen anstelle eines Laufes ein Gaslauf zum Einsatz, der Verbrennungsgase und Reizstoffe ableitet. Er verhindert durch seine Gestaltung oder durch Sperren (siehe nebenstehende Abbildung, Mündungsbereich einer GECO P35), dass aus diesem Lauf Geschosse verschossen werden. Laufsperren sind meist sichtbar, bei Revolvern entsprechende laufseitige Einengungen der Trommelkammern.

Neben einem gültigen Beschusszeichen (auch SRS-Waffen unterliegen der Pflicht zum Einzelbeschuss) müssen SRS Waffen das Zeichen „PTB im Kreis" (siehe Foto) oder ein anerkanntes Zeichen eines anderen EU-Mitgliedsstaates tragen, um erlaubnisfrei erworben und besessen werden zu dürfen. Zum Führen ist der „Kleine Waffenschein" erforderlich.

SRS-Waffen sind keine Anscheinswaffen.

Die einfache **Aufbewahrung** zum Schutz vor unbefugter Wegnahme in einem **verschlossenen Behältnis** ist ausreichend, es ist kein qualifiziertes Behältnis erforderlich. Die Waffe darf dabei nicht geladen sein.

Die Erfolgsaussichten, durch Drohung mit einer anscheinend „scharfen" Schusswaffe einen Angriff abzuwehren, sind zumindest fraglich. Gleichwohl sind SRS-Waffen in der Regel sehr vorbildgetreu gestaltet und für den unkundigen Beobachter kaum von ihren Vorbildern zu unterscheiden.

P35
PTB
456
MADE IN WEST GERMANY

Bezeichnung	**Tierabwehrspray**
Kategorie	Keine Waffe im Sinne des WaffG
Definition	-
Synonym	Pfefferspray, Hundeabwehrspray, Pfeffergas, Pepper Fog (auch Foam, Gel, Powder), Abwehrspray, Gas, Nebel
Waffe nach ...	-
Norm Begriff	-
Norm Verbot	-

Mangels Bestimmung zum Einsatz gegen Menschen und fehlende Nennung im Gesetz unterliegen Tierabwehrsprays nicht dem Waffengesetz.

Bekanntmachungen von **Verbotszonen**, in denen der Besitz solcher Gegenstände untersagt wird, müssen somit ausdrücklich diese zur Tierabwehr bestimmten Geräte erfassen - die bloße Eignung zur Abwehr menschlicher Angriffe allein ist nicht ausreichend, um diese Geräte als Waffen im Sinne des WaffG einzuordnen.

Anders als ein Reizstoffsprühgerät zur Abwehr menschlicher Angriffe muss ein Tierabwehrspray zuhause auch nicht verschlossen aufbewahrt werden, da es keine Waffe im Sinne des WaffG ist.

Die nebenstehende Abbildung zeigt neben einem komplett montierten Tierabwehrspray das zur Wartung zerlegte Gerät (ohne Kopf). Der nachfolgende Hinweistext, durch den die Bestimmung ausgedrückt wird, ist auf dem Gehäuse sichtbar angebracht (mit freundlicher Genehmigung von DEF-TEC Defense Technology GmbH, Frankfurt am Main).

FIRST DEFENSE®

RED PEPPER SPRAY MK-6

Spray auf Augen oder Schleimhäute richten. Reichweite bis 6 Meter. Nicht unter einem Meter Entfernung anwenden. Wirkt unmittelbar und stoppt praktisch sofort jeden Angriff. Unerwünschte Nebenwirkungen sind nicht bekannt. Erste-Hilfe-Maßnahmen: Betroffene Stelle mit viel Wasser spülen und Frischluft zuführen, ggf. Arzt aufsuchen. Pepperspray ist nicht brennbar. Verfall: siehe Dosenboden. Dieses Reizstoffsprühgerät enthält den natürlichen Wirkstoff OC (Oleoresin Capsicum). Es darf in der BRD von Privatpersonen nur zur Tierabwehr eingesetzt werden (**Tierabwehrspray**). Bei diesem Verwendungszweck unterliegt es nicht dem deutschen Waffengesetz und dessen Prüfvorschriften.

FIRST DEFENSE
RED
PEPPER
SPRAY
MK-6

Bezeichnung	**Reizstoffsprühgerät (RSG)**
Kategorie	Waffe
Definition	Tragbare Gegenstände, aus denen Reizstoffe versprüht oder ausgestoßen werden, die eine Reichweite bis zu 2 m haben
Synonym	CS-Gas, CN-Gas, Tränengas, Abwehrspray
Waffe nach ...	§ 1 Abs. 2 Nr. 2 Buchstabe a WaffG
Norm Begriff	Anlage 1 A1 UA2 Nr. 1.2.2 WaffG
Möglicher Verstoß	§§ 42, 42b WaffG (**Führverbote**); **ohne Prüfzeichen: Verbotene Waffe** nach § 2 Abs. 3 WaffG iVm Anlage 2 A1 Nr. 1.3.5

Anders als Tierabwehrspray, das mangels Bestimmung zur Abwehr menschlicher Angriffe nicht unter das Waffengesetz fällt, ist ein Reizstoffsprühgerät eine Waffe nach § 1 Abs. 2 Nr. 2 Buchstabe a WaffG, da es dazu bestimmt ist, die Angriffs- oder Abwehrfähigkeit von Menschen zu beseitigen oder herabzusetzen.

Der Begriff „Reizstoffsprühgerät" wird durch Anlage 1 A1 UA2 Nr. 1.2.2 WaffG auf solche Geräte beschränkt, die eine Reichweite bis zu 2 m haben. Bei größerer Reichweite unterfällt der Gegenstand der Definition nach Anlage 1 A1 UA2 Nr. 1.2.3 Buchst. a WaffG. Trotz dieser Unterscheidung werden beide Gegenstandsarten durch die Nennung in der Anlage 1 Waffen im Sinne des WaffG.

Das **Mindestalter** für den Umgang mit geprüften Reizstoffsprühgeräten ist durch § 3 Abs. 2 WaffG auf **14 Jahre** herabgesetzt.

Nach Anlage 2 A1 Nr. 1.3.5 WaffG ist der Umgang mit Reizstoffsprühgeräten verboten, es sei denn, sie sind in ihrer Reichweite und Sprühdauer begrenzt und der Reizstoff als gesundheitlich unbedenklich eingestuft worden.

Ein amtliches Zulassungszeichen nach Bauartprüfung nach § 9 Abs. 2 Nr. 3 BeschG (siehe Abbildung rechts), das Nachweis der beiden genannten Voraussetzungen für eine Ausnahme von dem Umgangsverbot ist, muss auf dem Reizstoffsprühgerät angebracht sein.

PTB
R . . . .

Hinweis: Zulassungen nach §§ 7 bis 11 BeschG, die vor Inkrafttreten des Gesetzes erteilt wurden, sind weiterhin gültig, diesbezüglich anerkannte oder erteilte Prüfzeichen (siehe Detailaufnahme „BKA-Raute" auf folgender Seite) gelten als Prüfzeichen im Sinne des geltenden Rechts (§ 22 Abs. 1, 2 BeschG).

(Produktbilder TW 1000 mit freundlicher Genehmigung der CARL HOERNECKE CHEM. FABRIK GMBH & CO. KG, Oberstenfeld)

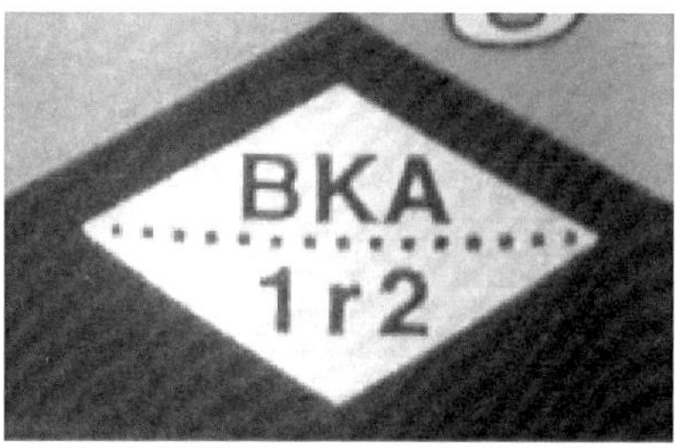

Auf **Kombinationen** aus RSG und Schlagstock (siehe rechts) sind sowohl Vorschriften für Hieb- und Stoßwaffen als auch für Reizstoff-Sprühgeräte anzuwenden.

Nebenstehende Abbildung mit freundlicher Genehmigung (Copyright) „Soldier of Fortune GmbH"

Bezeichnung	**Kombinierte Waffe (Drilling etc.)**
Kategorie	Schusswaffe, Einzellader
Definition	Mehrläufige Schusswaffen, bei denen ein Lauf ein gezogener oder glatter Lauf ist und mindestens ein weiterer Lauf nicht dieser Laufart entspricht
Synonym	*siehe nachfolgende Übersicht*
Waffe nach ...	§ 1 Abs. 2 Nr. 1 WaffG
Norm Begriff	-
Möglicher Verstoß	§§ 42, 42b WaffG (**Führverbote**)

Kombinierte Waffen sind in der Regel **Jagdwaffen**. Sie verfügen meist über mindestens zwei verschiedene Laufarten und mindestens zwei Kaliber. Sie sind im Jagdbereich anzutreffen, zum Beispiel als Kombination aus glattem Flintenlauf und gezogenem Büchsenlauf übereinander, was als **Bockbüchsflinte** bezeichnet wird. Die Bezeichnung „Bock" leitet sich vom Aufbocken der Läufe ab, im Gegensatz zur früher üblichen Anordnung nebeneinander.

Kombinierte Waffen werden als Kipplaufsysteme angeboten und sind **Einzellader**. Neben der beschriebenen Bockbüchsflinte gibt es die verschiedensten Kombinationen von Flinten- und Büchsenläufen, darunter der **Doppelbüchsdrilling** (ein Flintenlauf, zwei Büchsenläufe) und der klassische **Drilling** (zwei Flintenläufe mit einem zusätzlichen Büchsenlauf). Ein Flintenlauf kann mit einem Einstecklauf ohne großen Aufwand in einen Kugellauf umgewandelt werden, was insbesondere Besitzer eines klassischen Drillings im Bedarfsfall schätzen.

Die nachfolgenden Ansichten zeigen den Lauf von der „unfreundlichen Seite", sprich aus der Perspektive des Zieles. Dabei steht ein vollständiger Kreis für einen glatten Flintenlauf, ein Kreis „mit Kerben" stellt den gezogenen Büchsenlauf dar. Die Bezeichnung der jeweiligen Kombination (es sind mehrere Synonyme möglich) befindet sich links daneben.

Laufbündel mit ausschließlich glatten Läufen

Doppelflinte
Querflinte

Bockflinte
Bockdoppelflinte
BDF

Flintendrilling
Schrotdrilling

Laufbündel mit ausschließlich gezogenen Läufen

Doppelbüchse

Bockbüchse
Bockdoppelbüchse
BDB

Büchsdrilling

Kombinierte Laufbündel

Bergstutzen links

Bergstutzendrilling rechts

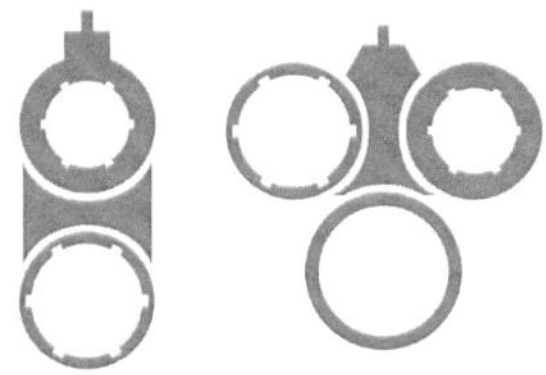

Büchsflinte

Bockbüchsflinte
BBF

Drilling

(„Schienendrilling“ o. „Waldläufer“ bei Lage des Kugellaufes <u>über</u> den glatten Rohren)

Doppelbüchsdrilling

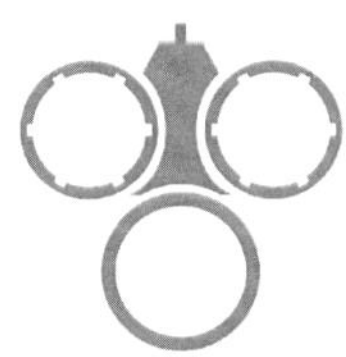

Bockdrilling

Bezeichnung	**Griffstück**
Kategorie	Waffe
Definition	Bei Kurzwaffen Bezeichnung für das Gehäuseunterteil; wesentliches Teil einer Schusswaffe, wenn es zur Aufnahme des Auslösemechanismus bestimmt ist und dieser nicht als vollständige Baugruppe (Rahmen) entnommen werden kann.[39]
Synonym	Griff
Waffe nach ...	§ 1 Abs. 2 Nr. 1, Anl. 1 A1 UA1 Nr. 1.3 WaffG
Norm Begriff	Anlage 1 A1 UA1 Nr. 1.3.1.6 WaffG
Erlaubnispflichtig	Ja; Voreintrag in WBK erforderlich
Bemerkungen	Griffstücke können nicht als „Wechselgriffstück" erworben werden.

Bezeichnung	**Verschluss**
Kategorie	Waffe
Definition	Das Patronen- oder Kartuschenlager oder den Lauf abschließendes Teil einer Schusswaffe; bei teilbaren Verschlüssen sind Verschlusskopf und Verschlussträger jeweils wesentliche Teile; der Verschlusskopf ist das unmittelbar das Patronen- oder Kartuschenlager oder den Lauf abschließende Teil; der Verschlussträger ist das Bauteil, welches das Ver- und Entriegeln des Verschlusskopfs steuert.[40]
Synonym	Schlitten, Kammer
Waffe nach ...	§ 1 Abs. 2 Nr. 1, Anl. 1 A1 UA1 Nr. 1.3 WaffG
Norm Begriff	Anlage 1 A1 UA1 Nr. 1.3.1.2 WaffG
Erlaubnispflichtig	Ja; Voreintrag in WBK erforderlich
Bemerkungen	Erwerb ohne Voreintrag möglich nach Anlage 2 A2 UA2 Nr. 2.1 WaffG, wenn der Verschluss erforderlich (siehe ebenda) ist, um die Waffe mit einem Austausch- oder Wechsellauf eines gleichen oder geringeren Kalibers zu nutzen

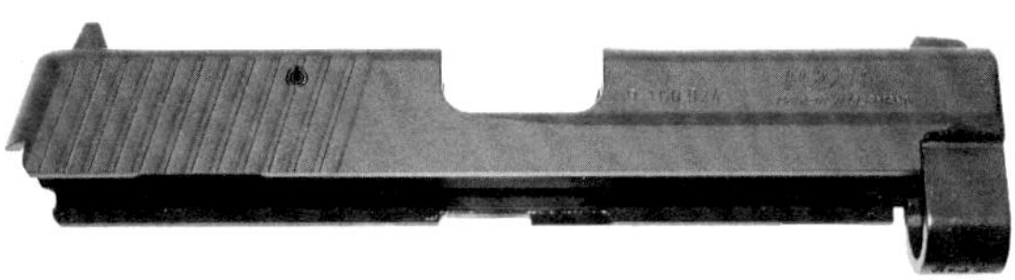

Bezeichnung	**Lauf**
Kategorie	Waffe
Definition	Ein aus einem ausreichend festen Werkstoff bestehender rohrförmiger Gegenstand, der Geschossen, die hindurchgetrieben werden, ein gewisses Maß an Führung gibt, wobei dies in der Regel als gegeben anzusehen ist, wenn die Länge des Laufteils, der die Führung des Geschosses bestimmt, mindestens das Zweifache des Kalibers beträgt.
Synonym	Rohr
Waffe nach ...	§ 1 Abs. 2 Nr. 1, Anl. 1 A1 UA1 Nr. 1.3 WaffG
Norm Begriff	Anlage 1 A1 UA1 Nr. 1.3.1.1 WaffG
Erlaubnispflichtig	Ja; Voreintrag in WBK erforderlich
Bemerkungen	Erwerb ohne Voreintrag möglich nach Anlage 2 A2 UA2 Nr. 2.1 WaffG, wenn die Waffe, für die dieser Austausch- oder Wechsellauf bestimmt ist, bereits in der WBK eingetragen ist und das Kaliber ihres Laufes größer oder gleich ist; ist das **Patronenlager** Teil des Laufes, ist es nicht als gesondertes wesentliches Teil zu betrachten. Ein **Gaslauf**[41] leitet ausschließlich Verbrennungsgase ab. Er ist durch seine Gestaltung oder durch Sperren nicht geeignet, um Geschosse hindurchzuführen. Ein Gaslauf kommt in SRS-Waffen zum Einsatz.

Bezeichnung	**Schalldämpfer**
Kategorie	Waffe
Definition	Vorrichtungen, die der wesentlichen Dämpfung des Mündungsknalls dienen und für Schusswaffen bestimmt sind.
Synonym	Silencer, Schallschlucker, Dämpfer
Waffe nach ...	§ 1 Abs. 2 Nr. 1, Anl. 1 A1 UA1 Nr. 1.3 WaffG
Norm Begriff	Anlage 1 A1 UA1 nach Nr. 1.3.3 WaffG
Erlaubnispflicht	Ja, wenn Schusswaffe erlaubnispflichtig; Voreintrag nicht erforderlich für Jäger bei Bestimmung für Langwaffe mit Zentralfeuerkaliber
Bemerkungen	Die Erlaubnispflicht richtet sich nach der Waffe, für die der Schalldämpfer bestimmt ist. Eine wesentliche Dämpfung des Mündungsknalls liegt dann vor, wenn für einen Ohrenzeugen eine wahrnehmbare Verminderung des Mündungsknalls erfolgt; dies ist bereits ab 3 dB (A) der Fall. Zur Dämpfung des Gesamtknalls einer Schusswaffe, der sich aus dem Knall des Gases und dem Knall des Geschosses zusammensetzt, ist neben dem Schalldämpfer die Verwendung von Munition erforderlich, deren Geschosse lediglich Unterschallgeschwindigkeit erreichen. Kriminaltaktisch stellen Schalldämpfer, anders als lange Zeit vermutet, keine besondere Gefährdung dar. Insbesondere Schalldämpfer von Sportschützen und Jägern sind statistisch unauffällig (so BKA-Bericht zu Schalldämpfern SO 11 101 – 2013-0014079990).

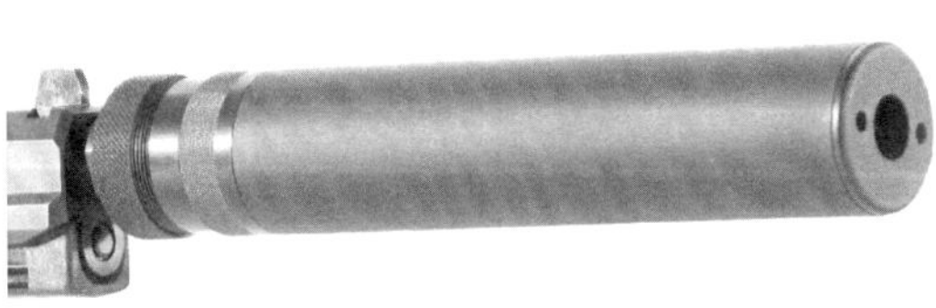

Bezeichnung	**Zielscheinwerfer**
Kategorie	Waffe
Definition	Für Schusswaffen bestimmte Vorrichtungen, die das Ziel beleuchten. Ein Ziel wird dann beleuchtet, wenn es mittels Lichtstrahlen bei ungünstigen Lichtverhältnissen oder Dunkelheit für den Schützen erkennbar dargestellt wird. Dabei ist es unerheblich, ob das Licht sichtbar oder unsichtbar (zB infrarot) ist und ob der Schütze weitere Hilfsmittel für die Zielerkennung benötigt.
Synonym	Lampe
Waffe nach ...	§ 1 Abs. 2, 4 WaffG iVm Anlage 1 A1 UA1 Nr. 4.1, Anlage 2 A1 Nr. 1.2.4.1 WaffG
Norm Begriff	Anlage 1 A1 UA1 Nr. 4.1 WaffG
Möglicher Verstoß	§ 2 Abs. 3 WaffG in Verbindung mit Anlage 2 A1 Nr. 1.2.4.1 WaffG (**Umgangsverbot**)
Bemerkungen	Maßgebliche Verbotseigenschaft ist die Montage oder Montagebestimmung an einer Schusswaffe.

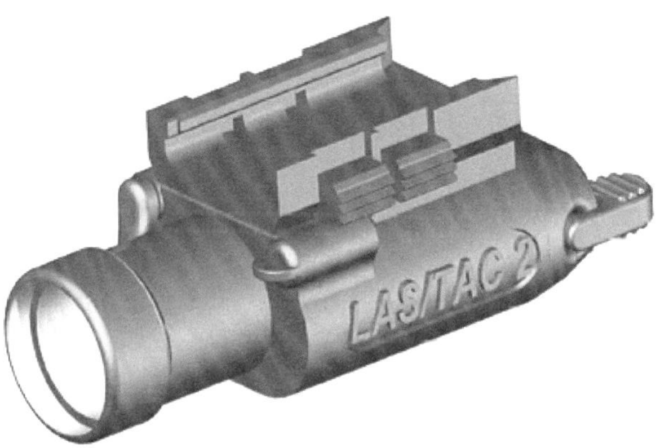

Bezeichnung	**Zielpunktprojektor**
Kategorie	Waffe
Definition	Für Schusswaffen bestimmte Vorrichtungen, die das Ziel markieren. Ein Ziel wird markiert, wenn auf diesem für den Schützen erkennbar ein Zielpunkt projiziert wird.
Synonym	Laser
Waffe nach ...	§ 1 Abs. 2, 4 WaffG iVm Anlage 1 A1 UA1 Nr. 4.2, Anlage 2 A1 Nr. 1.2.4.1 WaffG
Norm Begriff	Anlage 1 A1 UA1 Nr. 4.2 WaffG
Möglicher Verstoß	§ 2 Abs. 3 WaffG in Verbindung mit Anlage 2 A1 Nr. 1.2.4.1 WaffG (**Umgangsverbot**)
Bemerkungen	**Leuchtpunktzielgeräte** fallen dann nicht unter den Begriff des Zielpunktprojektors, wenn sie keine Strahlung in Richtung des Zieles abgeben. Maßgebliche Verbotseigenschaft ist die Montage oder Montagebestimmung an einer Schusswaffe.

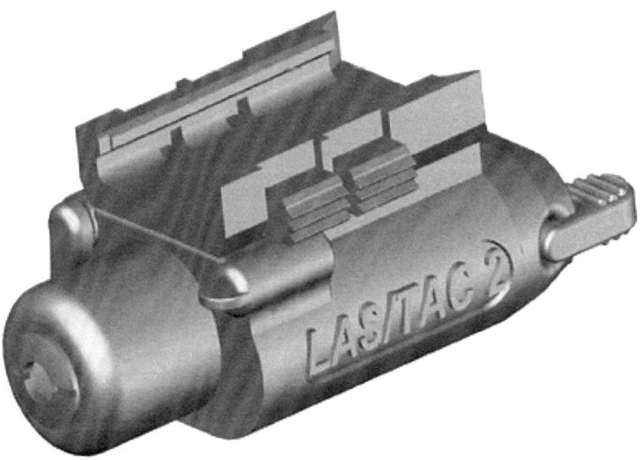

Bezeichnung	**Nachtsichtgerät / Nachtzielgerät / Nachtsichtvorsätze und Nachtsichtaufsätze für Zielhilfsmittel**
Kategorie	Waffe
Definition	Für Schusswaffen bestimmte Vorrichtung, die elektronische Verstärkung oder Bildwandler und eine Montageeinrichtung für Schusswaffen besitzt. Erfasst sind Nachtsichtvorsätze und -aufsätze für Zielhilfsmittel (Zielfernrohre), sie gelten als Nachtzielgerät.
Synonym	Restlichtverstärker, Wärmebildgerät
Waffe nach ...	§ 1 Abs. 2, 4 WaffG iVm Anlage 1 A1 UA1 Nr. 4.3, Anlage 2 A1 Nr. 1.2.4.2 WaffG
Norm Begriff	Anlage 1 A1 UA1 Nr. 4.3 WaffG
Möglicher Verstoß	§ 2 Abs. 3 WaffG in Verbindung mit Anlage 2 A1 Nr. 1.2.4.2 (Umgangsverbot); für **Jäger** gilt eine Ausnahme vom Umgangsverbot nach § 40 Abs. 3 WaffG, aber **nur für Vorsatz- und Aufsatzgeräte**.
Bemerkungen	Maßgebliche Verbotseigenschaft ist die Montage oder **Montagemöglichkeit** an einer Schusswaffe, wenn die Vorrichtung für diesen Zweck bestimmt ist.[42] **Wärmebildwandler** fallen ebenfalls unter den Begriff und damit unter das Verbot[43] wie auch unter die Freistellung für Jäger.

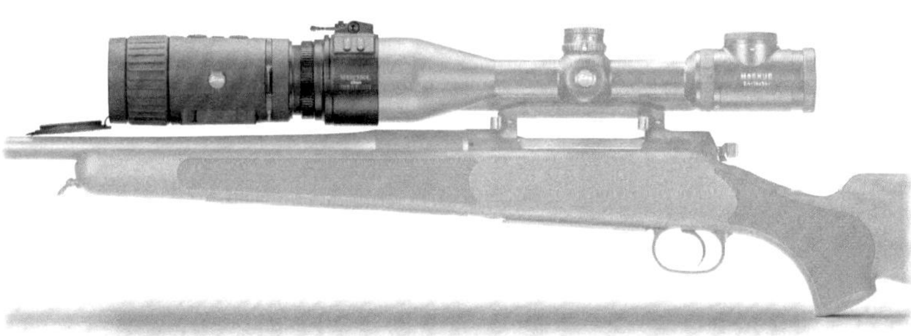

Beispielbild: Wärmebildvorsatzgerät (Dual-Use) „Leica CALONOX Sight"

Bezeichnung	**Bolzensetzgerät**
Kategorie	Werkzeug, **nur dann** Waffe, wenn vorgeschriebene Kennzeichnung nicht vorhanden sind
Synonym	Bolzenschussgerät
Bemerkungen	Auch Modelle mit Lauf unterfallen mangels einer Bestimmung zu den in Anlage 1 A1 UA1 1.1 WaffG genannten Zwecken nicht dem Schusswaffenbegriff. Bolzensetzgeräte sind nicht den Schusswaffen gleichgestellt, wenn sie über die vorgeschriebene Kennzeichnung nach Anlage 1 A1 UA1 1.2.2 WaffG verfügen. Beachten Sie: **Kartuschen** für Bolzensetzgeräte mit Kartuschenantrieb sind keine Munition im Sinne von Anlage 1 A1 UA3 WaffG, da sie nicht zum Verschießen aus Schusswaffen bestimmt sind.[44] Der Handel mit ihnen ist somit kein Munitionshandel im Sinne von Anlage 1 A2 Nr. 9 WaffG.

Bezeichnung	**Stahlrute**
Kategorie	Hieb- und Stoßwaffe
Definition	Gegenstände, die ihrem Wesen nach dazu bestimmt sind, unter unmittelbarer Ausnutzung der Muskelkraft durch Hieb, Stoß, Stich, **Schlag** oder Wurf Verletzungen beizubringen
Synonym	-
Waffe nach ...	§ 1 Abs. 2 Nr. 2 Buchst. a WaffG
Norm Begriff	Anlage 1 A1 UA2 Nr. 1.1 WaffG
Möglicher Verstoß	§ 2 Abs. 3 WaffG in Verbindung mit Anlage 2 A1 Nr. 1.3.2 WaffG (**Verbotene Waffe**)
Bemerkungen	Häufig verwechselt mit Teleskopschlagstock, der nur eine Hieb- und Stoßwaffe im Sinne des Waffengesetzes ist, aber keine verbotene Waffe

unten: Vergrößerte Darstellung des vorderen Teiles

Bezeichnung	**Totschläger**
Kategorie	Hieb- und Stoßwaffe
Definition	Gegenstände, die ihrem Wesen nach dazu bestimmt sind, unter unmittelbarer Ausnutzung der Muskelkraft durch Hieb, Stoß, Stich, **Schlag** oder Wurf Verletzungen beizubringen
Synonym	-
Waffe nach ...	§ 1 Abs. 2 Nr. 2 Buchst. a WaffG
Norm Begriff	Anlage 1 A1 UA2 Nr. 1.1 WaffG
Möglicher Verstoß	§ 2 Abs. 3 WaffG in Verbindung mit Anlage 2 A1 Nr. 1.3.2 WaffG (**Verbotene Waffe**)
Bemerkungen	Meist aus Leder angefertigt, um ein Durchschwingen (Peitscheneffekt) zu ermöglichen; in der Spitze mit einer Kugel aus Eisen oder Blei beschwert

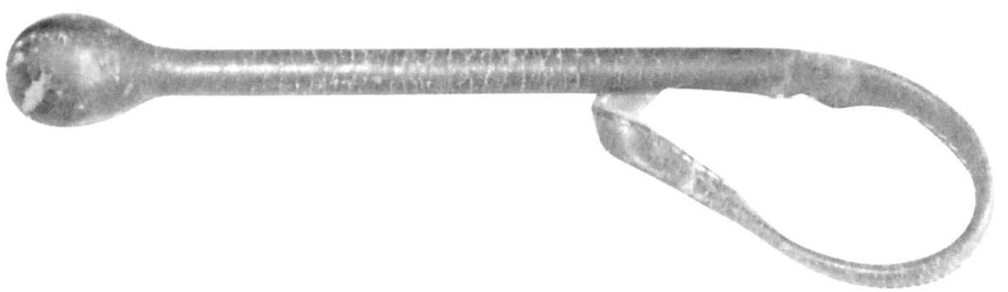

Bezeichnung	**Wurfstern**
Kategorie	Hieb- und Stoßwaffe
Definition	Gegenstände, die ihrem Wesen nach dazu bestimmt sind, unter unmittelbarer Ausnutzung der Muskelkraft durch Hieb, Stoß, Stich, Schlag oder **Wurf** Verletzungen beizubringen
Synonym	Shuriken, Shaken
Waffe nach ...	§ 1 Abs. 2 Nr. 2 Buchst. a WaffG
Norm Begriff	Anlage 1 A1 UA2 Nr. 1.1 WaffG
Möglicher Verstoß	§ 2 Abs. 3 WaffG in Verbindung mit Anlage 2 A1 Nr. 1.3.3 WaffG (**Verbotene Waffe**)
Bemerkungen	Auch im nicht angeschliffenen Zustand kann diese Waffe tödliche Verletzungen beibringen. Es ist daher keine Voraussetzung für ein Verbot, dass der Gegenstand angeschliffen ist.

Bezeichnung	**Nunchaku**
Kategorie	a) Hieb- und Stoßwaffe b) Gegenstand, der nach seiner Beschaffenheit und Handhabung dazu bestimmt ist, durch Drosseln die Gesundheit zu schädigen
Definition	a) Gegenstände, die ihrem Wesen nach dazu bestimmt sind, unter unmittelbarer Ausnutzung der Muskelkraft durch Hieb, Stoß, Stich, **Schlag** oder Wurf Verletzungen beizubringen b) siehe oben (Kategorie)
Synonym	Tschaku, Würgeholz
Waffe nach ...	§ 1 Abs. 2 Nr. 2 Buchst. a WaffG
Norm Begriff	a) Anlage 1 A1 UA2 Nr. 1.1 WaffG b) Anlage 1 A1 UA2 Nr. 1.2.6 WaffG
Möglicher Verstoß	§ 2 Abs. 3 WaffG in Verbindung mit Anlage 2 A1 Nr. 1.3.8 WaffG (**Verbotene Waffe**)
Bemerkungen	Die Nutzung des Nunchaku als Würgeholz tritt in der Praxis hinter die enorme Schlagwirkung zurück; das Verbot von Soft-Nunchakus aus Schaumstoff (Feststellungsbescheid BKA KT 21/ZV 25 – 5164.01 – Z – 23/2004 vom 05. 05. Februar 2004) ist nicht nachvollziehbar, aber dadurch wird klargestellt, dass die Kombination aus zwei Elementen, die flexibel verbunden sind, unabhängig vom Material immer verboten ist; offen bleibt, ob traditionelle Nunchakus aus drei Hölzern erfasst werden.

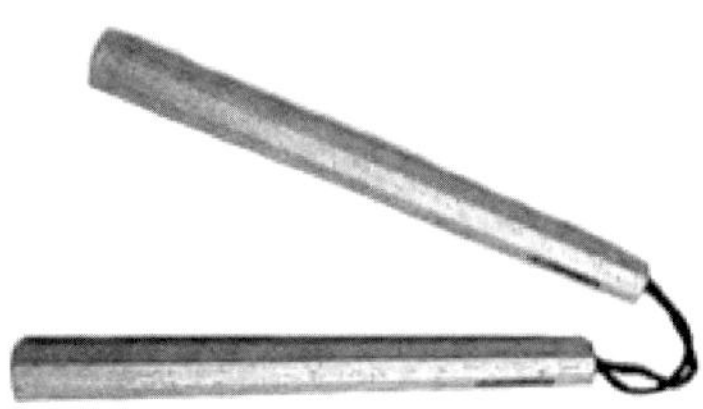

Bezeichnung	**Präzisionsschleuder**
Kategorie	Schleuder
Definition	Schleudern, die zur Erreichung einer höchstmöglichen Bewegungsenergie eine **Armstütze oder eine vergleichbare Vorrichtung** besitzen oder für eine solche Vorrichtung eingerichtet sind (Präzisionsschleudern) **sowie Armstützen und vergleichbare Vorrichtungen** für die vorbezeichneten Gegenstände
Synonym	Zwille
Waffe nach ...	§ 1 Abs. 2 Nr. 2 Buchst. a WaffG
Norm Begriff	Anlage 1 A1 UA2 Nr. 1.3 WaffG
Möglicher Verstoß	§ 2 Abs. 3 WaffG in Verbindung mit Anlage 2 A1 Nr. 1.3.7 WaffG (**Verbotene Waffe**)
Bemerkungen	Begriff und Verbot beziehen sich nicht allein auf die Schleuder, sondern auch auf die **Armstütze** als separates Teil; schon das Vorhandensein einer Aufnahmevorrichtung (Öse) für die Armstütze erfüllt das Verbotsmerkmal. *Hinweis: Abbildung zeigt fast zusammengelegte Waffe, die Armstütze wird zur Benutzung der Waffe auf die andere Seite geschwenkt (Schussrichtung wird durch die Fingermulden des Griffs vorgegeben).*

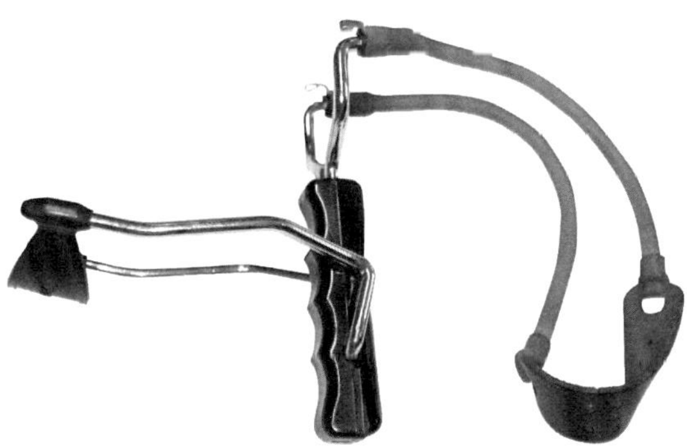

Bezeichnung	**Springmesser**
Kategorie	Messer
Definition	Messer, deren Klingen auf Knopf- oder Hebeldruck hervorschnellen und hierdurch oder beim Loslassen der Sperrvorrichtung festgestellt werden können
Synonym	Stellmesser, Springer
Waffe nach ...	§ 1 Abs. 2 Nr. 2 Buchst. b WaffG
Norm Begriff	Anlage 1 A1 UA2 Nr. 2.1.1 WaffG
Möglicher Verstoß	§ 2 Abs. 3 WaffG in Verbindung mit Anlage 2 A1 Nr. 1.4.1 WaffG (**Verbotene Waffe**); im Falle der Freistellung von dem Verbot **Führverbote** nach §§ 42, 42a, 42b WaffG beachten.
Bemerkungen	**Nicht verboten (Ausnahme** vom Umgangsverbot), wenn a) die Klinge seitlich aus dem Griff springt und der Klingenteil außerhalb des Griffs höchstens 85 mm lang ist und die Klinge nicht zweiseitig geschliffen ist sowie b) eine einhändige Nutzung für ein berechtigtes Interesse erforderlich ist oder der Umgang im Zusammenhang mit der Berufsausübung erfolgt. **Keine Waffe** gemäß § 1 Abs. 2 Nr. 2 Buchst. b WaffG (BKA-Feststellungsbescheid KT21/SO 11-5164.01-Z-76), wenn die Klinge bis 41 mm lang und bis 10 mm breit ist („Kleinstmesser"); gleichwohl unterfallen Kleinstmesser den Vorschriften für Messer nach §§ 42, 42b. Bei **defekter Feder** entfällt die verbotsbegründende Eigenschaft und damit die Einordnung als verbotener Gegenstand, denkbar wäre aber die Einstufung als (ebenso) verbotenes Fallmesser (BGH 1 StR 35/17).

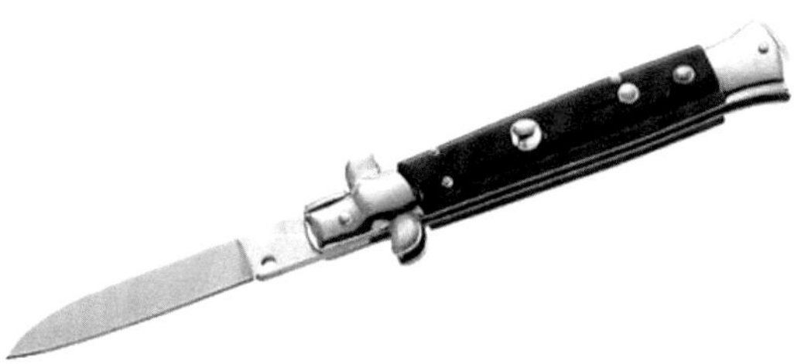

Bezeichnung	**Fallmesser**
Kategorie	Messer
Definition	Messer, deren Klingen beim Lösen einer Sperrvorrichtung durch ihre Schwerkraft oder durch eine Schleuderbewegung aus dem Griff hervorschnellen und selbsttätig oder beim Loslassen der Sperrvorrichtung festgestellt werden
Synonym	Fallschirmjägermesser
Waffe nach ...	§ 1 Abs. 2 Nr. 2 Buchst. b WaffG
Norm Begriff	Anlage 1 A1 UA2 Nr. 2.1.2 WaffG
Möglicher Verstoß	§ 2 Abs. 3 WaffG in Verbindung mit Anlage 2 A1 Nr. 1.4.1 WaffG (**Verbotene Waffe**)
Bemerkungen **(gelten auch für das o. g. Springmesser)**	**Freistellung** sog. „Rettungsmesser" oder „Rescue-Tools" durch BKA-Feststellungsbescheid KT21/ZV25-5164.01-Z-20/2003; **Berechtigte nach dem Bundesversorgungsgesetz** (Kriegsopfer etc.), die ein solches Messer vor dem 30. Juni 2003 durch die Versorgungsbehörden der Länder erhalten haben, dürfen nach BKA-Ausnahmegenehmigung, ZV 25-2-5166.00-489/03 vom 10. November 2003, dürfen es sowohl **besitzen** als auch **führen**.

Bezeichnung	**Faustmesser**
Kategorie	Messer
Definition	Messer, mit einem quer zur feststehenden oder feststellbaren Klinge verlaufenden Griff, die bestimmungsgemäß in der geschlossenen Faust geführt oder eingesetzt werden
Synonym	Skinner, Stoßdolch, Kürschnermesser
Waffe nach ...	§ 1 Abs. 2 Nr. 2 Buchst. b WaffG
Norm Begriff	Anlage 1 A1 UA2 Nr. 2.1.3 WaffG
Möglicher Verstoß	§ 2 Abs. 3 WaffG in Verbindung mit Anlage 2 A1 Nr. 1.4.2 WaffG (**Verbotene Waffe**)
Bemerkungen	Beachten Sie die **Ausnahme** vom Umgangsverbot nach § 40 Abs. 3 WaffG, wonach auf Inhaber einer jagdrechtlichen Erlaubnis und Angehörige Leder-und Pelz-verarbeitender Berufe, soweit das Messer zur Ausübung der Tätigkeit erforderlich ist, das Verbot nicht anzuwenden ist.

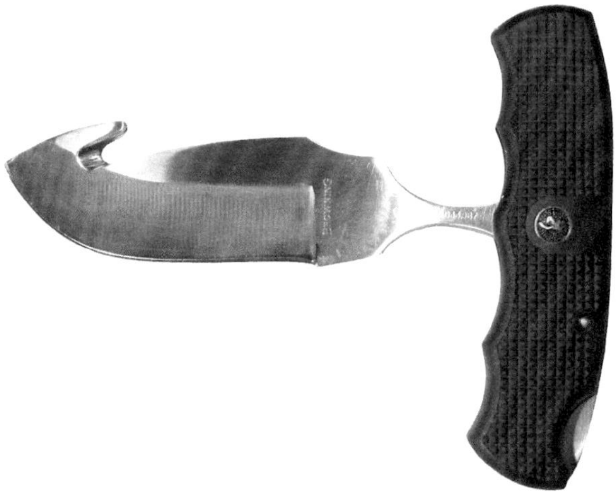

Bezeichnung	**Butterflymesser**
Kategorie	Messer
Definition	Faltmesser mit zweigeteilten, schwenkbaren Griffen
Synonym	Balisong, Butterfly, Faltmesser
Waffe nach ...	§ 1 Abs. 2 Nr. 2 Buchst. b WaffG
Norm Begriff	Anlage 1 A1 UA2 Nr. 2.1.4 WaffG
Möglicher Verstoß	§ 2 Abs. 3 WaffG in Verbindung mit Anlage 2 A1 Nr. 1.4.3 WaffG (**Verbotene Waffe**)
Bemerkungen	Gemäß § 1 Abs. 2 Nr. 2 Buchst. b WaffG nach BKA-Feststellungsbescheid KT21/SO 11-5164.01-Z-76 handelt es sich nicht um eine Waffe, wenn die Klinge bis zu 41 mm lang und bis zu 10 mm breit ist („Kleinstmesser"); somit würde auch das Verbot nicht greifen. Gleichwohl unterfallen Kleinstmesser den Vorschriften für Messer nach den §§ 42, 42b.

Bezeichnung	**Einhandmesser**
Kategorie	Messer
Definition	Messer mit einhändig feststellbarer Klinge
Synonym	Teppichmesser
Waffe nach ...	-
Norm Begriff	§ 42a Abs. 1 Nr. 3 WaffG
Möglicher Verstoß	§§ 42, 42a, 42b WaffG (**Führ-**, kein **Besitz**verbot)
Bemerkungen	Das Öffnen des Messers kann über einen Pin (Knopf) an der Klinge, eine Bohrung oder Vertiefung in der Klinge oder eine Nase (Flipper) auf dem Klingenrücken erfolgen; zur Einordnung kann das „Neumünsteraner Modell" dienen: „Ich setze mich auf eine Hand – kann ich die Klinge mit der anderen Hand feststellen, handelt es sich um ein Einhandmesser." Üblicherweise als „Einhandmesser" bezeichnete Modelle sind in der Regel **keine Waffen**, sie unterliegen mit Ausnahme des Führverbots nicht dem WaffG. Beachten Sie aber, dass die waffenrechtliche Kategorisierung auch Spring- und Fallmesser erfasst und damit Waffen im Sinne des WaffG.

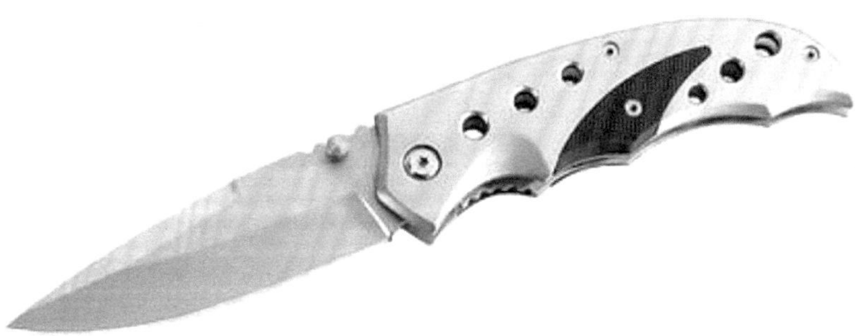

Bezeichnung	**Schlagring**
Kategorie	Hieb- und Stoßwaffe
Definition	Gegenstände, die ihrem Wesen nach dazu bestimmt sind, unter unmittelbarer Ausnutzung der Muskelkraft durch Hieb, **Stoß**, Stich, **Schlag** oder Wurf Verletzungen beizubringen
Synonym	-
Waffe nach ...	§ 1 Abs. 2 Nr. 2 Buchst. a WaffG
Norm Begriff	Anlage 1 A1 UA2 Nr. 1.1 WaffG
Möglicher Verstoß	§ 2 Abs. 3 WaffG in Verbindung mit Anlage 2 A1 Nr. 1.3.2 WaffG (**Verbotene Waffe**)
Bemerkungen	-

Waffenbesitzkarte

Nr. ____________________

Herr/Frau ____

geboren am ____

in ____

wird hiermit die Erlaubnis erteilt, die von der Behörde auf Seite 2 bezeichneten Schusswaffen zu erwerben und zu besitzen. Die Erlaubnis gilt auch für die auf Seite 6 genannten Personen.

____

(Ort) (Datum)

Dienstsiegel

____

(Behörde)

____

(Unterschrift)

Artikel Nr. 3101404

Bundesdruckerei 2011

Lfd. Nr.	Art	Munitions-bezeichnung/ Kaliber	Berechtigt zum Erwerb bis zum (Dienstsiegel)	Hersteller Modellbezeichnung	Seriennummer	Berechtigt zum Erwerb und Besitz von für die Waffe bestimmter oder zugelassener Munition (Dienstsiegel)	erworben oder angemeldet		
							am	von	Behörde (Dienstsiegel)
1	2	3	4	5	6	7	8	9	10
1	<------------ VOREINTRAG --------->								
2									
3									
4									
5									
6									
7									
8									

2 3 4

Kapitel 5 gibt einen Überblick über die **Waffenbesitzkarten und Waffenscheine**. Insbesondere die ausführliche Darstellung der unterschiedlichen Bedürfnisarten vertieft die in den ersten Kapiteln vermittelten Grundkenntnisse.

Die Erteilung einer waffenrechtlichen Erlaubnis ist grundsätzlich an den Nachweis eines Bedürfnisses geknüpft. Gleiches gilt für die Aufrechterhaltung einer Erlaubnis – entfällt das Bedürfnis, ist in der Regel die darauf erteilte Erlaubnis zu widerrufen. Die waffenrechtlichen Erlaubnisse sind für Waffenbesitzer darum von besonderer Bedeutung. Ergänzend werden auch der Jagdschein und der Europäische Feuerwaffenpass grundlegend dargestellt.

Das **Lernziel** in diesem Kapitel ist das Wissen um die unterschiedlichen Erlaubnisarten. Insbesondere Sportschützen müssen den Unterschied zwischen der grünen und der gelben WBK kennen.
Die **wichtigsten Fakten** in diesem Kapitel:

- Eine **grüne WBK** erlaubt den Erwerb einer Waffe durch einen **Voreintrag**. Dieser Voreintrag besteht aus den Angaben zu „Art der Waffe" und „Kaliber der Waffe", dem Ablaufdatum dieses Voreintrages (in der Regel ein Jahr nach Ausstellungsdatum) und dem behördlichen Dienstsiegel. Der **Munitionserwerb** wird für eine eingetragene Waffe **durch ein Siegel** der Behörde erlaubt.
- Die **gelbe WBK für Sportschützen** erlaubt den **Erwerb von bis zu zehn Schusswaffen bestimmter Arten** (die Schusswaffenarten müssen aufgezählt werden können) **und der Munition** für die in ihr **eingetragenen Waffen**.
- Eine Waffe ist in der WBK eingetragen, wenn die Behörde in der letzten Spalte durch ein Siegel die Erwerbsanzeige gesiegelt hat.
- **Sammlern und Sachverständigen** wird eine **rote WBK** ausgestellt. Sie erlaubt nicht den Erwerb und Besitz von Munition.
- Der **Munitionserwerbsschein** erlaubt den Erwerb und den Besitz der darin eingetragenen Arten von Munition.
- Der **Jagdschein** ist **keine waffenrechtliche Erlaubnis**. Inhaber eines gültigen Jahresjagdscheins dürfen **auch ohne Voreintrag** in einer WBK **Langwaffen** erwerben. **Kurzwaffen** darf dagegen auch ein Jäger **nur mit Voreintrag** in einer WBK erwerben.
- Das **Nationale Waffenregister** enthält **Identifikationsnummern** zu Personen, Firmen, Erlaubnissen, Waffen und Waffenteilen.

Treten bei der Lektüre dieses Kapitels Unsicherheiten bezüglich eines Fachbegriffs aus den vorangehenden Kapiteln dieses Buches auf, schlagen Sie die entsprechenden Begriffe bitte im Stichwortverzeichnis nach und frischen Sie Ihr Wissen gleich auf.

5 Waffenrechtliche Erlaubnisse

5.1 Das Nationale Waffenregister (NWR)

Während bis zum Inkrafttreten der Änderungen des Waffengesetzes am 1. September 2020 allein die Angaben zu einer Waffenart und einem Kaliber nebst Verfalldatum der Erwerbserlaubnis ausreichten, um eine Waffe zu erwerben (Voreintrag), sind nun zusätzlich verschiedene **Ordnungsnummern** erforderlich, um im gewerblichen Bereich einen Überlassungsvorgang durchführen zu können. Das Nationale Waffenregister, das seit mehreren Jahren im behördlichen Bereich genutzt wird, bekommt auch für den einzelnen Waffenbesitzer eine besondere Bedeutung. Denn auch schlichte Reparaturarbeiten an Schusswaffen zwingen etwa den Büchsenmacher, von seinem Kunden die Angabe der verschiedenen Ordnungsnummern zu fordern, die im NWR für Personen und Waffen hinterlegt sind.

Das Waffenregistergesetz (WaffRG) dient wie das WaffG dem Schutz der öffentlichen Sicherheit und Ordnung. Insbesondere dient es der leichteren Nachverfolgbarkeit von Waffen und deren wesentlichen Teilen. Darüber hinaus ermöglicht das Gesetz einen erleichterten Datenaustausch zwischen den Sicherheitsbehörden. Dazu verwendet es Ordnungsnummern, „ID" genannt. Diese Ordnungsnummern werden für die unterschiedlichen Daten im Zusammenhang mit dem Besitz von Schusswaffen vergeben, nämlich für die Grunddaten

- der Person eine Personen-Ordnungsnummer („P..."),
- der Erlaubnis (in der Regel WBK) eine Erlaubnis-ID („E..."),
- der Waffe eine Waffen-Ordnungsnummer („W...") und
- des wesentlichen Teils eine Waffenteil-Ordnungsnummer („T...").

5.2 Waffenbesitzkarte (WBK, § 10 Abs. 1)

*Zu unterscheiden sind **grüne WBK** (Kapitel 5.2), **gelbe WBK für Sportschützen** (5.3) und **rote WBK für Sammler und Sachverständige** (5.4/5.5). Diese Erlaubnisse werden in den angegebenen Kapiteln ausführlich behandelt.*

5.2.1 Überblick

Die **Berechtigung zum Besitz** von Schusswaffen und Munition wird durch die WBK dokumentiert. Nach Erwerb oder Überlassung einer Waffe muss die WBK binnen zwei Wochen der Waffenbehörde vorgelegt werden. Eine **Erwerbsberechtigung** wird durch einen **Voreintrag** dokumentiert.

Der **Voreintrag** ist ein Jahr gültig und berechtigt **zum Erwerb und Besitz einer Waffe** der Art und des Kalibers, die in dem betreffenden Voreintrag eindeutig benannt sind. Der Voreintrag und damit die Erwerbserlaubnis verfällt nach einem Jahr. Der Erwerb einer Waffe ist **binnen zwei Wochen** in der WBK behördlich dokumentieren zu lassen. **Der Voreintrag besteht somit aus den Angaben „Art der Waffe", „Kaliber" und dem Datum, bis zu dem der Erwerb erlaubt ist, sowie dem Siegel** in Spalte 4 der WBK.

Besteht eine **Erwerbsberechtigung ohne Voreintrag** (zB Erwerb von Langwaffen mit gültigem Jahresjagdschein), erteilt die Behörde die **Berechtigung zum dauerhaften Besitz** dieser Waffe durch **Eintragung** in die WBK.

Der **Verlust** der Waffenbesitzkarte (Diebstahl, Feuer etc.) ist umgehend der zuständigen Behörde anzuzeigen. Gleiches gilt bei **Verlust der Waffe**.

Die Erlaubnis zum **Munitionserwerb und -besitz** für die in derselben Zeile eingetragene Schusswaffe ist gesondert zu beantragen und wird **durch Siegelung** des Feldes in Spalte 7 erteilt.[45] Auch die durch den **Voreintrag** für eine dadurch definierte Schusswaffe eines bestimmten Kalibers erteilte Erlaubnis **gilt im Falle der Munitionserwerbserlaubnis als eingetragene Waffe**. Sie gilt für jegliche Munition, die aus dieser Waffe im eingetragenen Kaliber verschossen werden <u>kann</u>. Das Bedürfnis für den Umgang mit Munition ist durch die Erlaubnis für diese Schusswaffe bei Sportschützen, gefährdeten Personen, Bewachungsunternehmen und Jägern sowie Brauchtumsschützen als gegeben anzusehen. Mit **Austragung** der **Waffe verfällt** die **Erlaubnis zum Munitionserwerb und -besitz**, ohne dass das Siegel für den Munitionserwerb gesondert entwertet werden muss.

5.2.2 Allgemeine Voraussetzungen für die Antragstellung

Grundsätzlich muss der Antragsteller das 18. Lebensjahr vollendet haben.

Ist der Antragsteller bei Beantragung seiner <u>ersten</u>[46] waffenrechtlichen Erlaubnis jünger als 25, ist der Waffenbehörde nach § 6 Abs. 4 WaffG ein Gutachten (**MPU**) über die <u>geistige</u> Eignung vorzulegen. Beachten Sie dazu auch die Ausführungen ab Seite 31. Ausgenommen von dieser Regelung sind Jäger sowie Personen, die eine Schusswaffe (Lang- oder Kurzwaffe) im Kaliber 22 lfB. oder kleiner für Munition mit Randfeuerzündung und einer Mündungsenergie von höchstens 200 Joule oder eine Einzellader-Flinte im Kaliber 12 oder kleiner erwerben wollen. Ist der Antragsteller **Dienstwaffenträger**, etwa Polizeivollzugs- oder Zollbeamter, **entfällt** bei Personen unter 25 Jahren die **Begutachtung**. Voraussetzung dafür ist eine Bescheinigung des Dienstherrn des Antragstellers, dass eine Begutachtung der geistigen Eignung bereits stattgefunden hat, etwa im Rahmen der Ausbildung. Zudem muss aus der Bescheinigung hervorgehen, dass der Antragsteller ohne Einschränkung zum Umgang mit Dienstwaffen berechtigt ist.

5.2.3 Spezielle Voraussetzungen nach Bedürfnisgruppen

5.2.3.1 Sportschützen (§ 14)

Um ein **Bedürfnis** glaubhaft zu machen, muss der Antragsteller eine Bescheinigung seines Schießsportverbandes[47] vorlegen. Der Schießsportverband muss durch das Bundesverwaltungsamt (BVA) anerkannt sein (§ 15 Abs. 3 WaffG). Die Bescheinigung muss sich nicht allein auf Termine in Vereinen des bescheinigenden Verbandes beziehen, sondern darf auch die Teilnahme an Schießübungen bei Vereinen anderer anerkannter Schießsportverbände bestätigen. Untergliederung eines Schießsport**verbandes** sind schießsportliche **Vereine**.

Nachweis des Bedürfnisses zum Erwerb:

- **Mitgliedschaft in Verein**: Ununterbrochen seit mindestens 12 Monaten vor Antragstellung
- **Ausübung des Schießsports** in diesem Verein mit erlaubnispflichtigen Schusswaffen: Innerhalb von 12 Monaten vor Antragstellung monatlich einmal oder an 18 Tagen
- **Disziplinbestätigung**: Die vom Antragsteller beantragte Waffe muss für eine Disziplin nach der Sportordnung des bestätigenden Schießsportverbandes zugelassen und erforderlich sein.

Nachweis des Bedürfnisses zum Besitz:

- **Ausübung des Schießsports** mit eigenen erlaubnispflichtigen Schusswaffen in einem Verein: Einmal pro Quartal oder sechsmal innerhalb von 12 Monaten, nachzuweisen für einen Zeitraum von 24 Monaten vor Prüfung des Bedürfnisfortbestandes.
- **Waffenarten**: Bei Besitz von Lang- und Kurzwaffen müssen die geforderten Schießtermine pro Waffenart nachgewiesen werden; das Schießen mit jeder Waffe im Bestand ist nicht erforderlich.
- Zehn Jahre nach erster Erlaubnis genügt zum Nachweis des Bedürfnisses zum Besitz der Nachweis der **Vereinsmitgliedschaft**

Als Übungsschießen gelten nur sportliche Schießveranstaltungen und nicht etwaige dienstlich absolvierte Schießübungen, ebenso nicht die Schießübungen in einem Sachkundelehrgang.

Ist eine Verbandsbescheinigung erforderlich, wird in der Regel eine Kopie des Schießbuches des Antragstellers und eine Bestätigung des Vereines an den Verband gegeben, der die Bedürfnisbescheinigung ausstellt. Der Antragsteller muss im gesetzlich geforderten Zeitraum durchgehend Mitglied des bestätigenden Vereins (**Vereinsmitgliedschaft**) gewesen sein, nicht aber des Verbandes (**Verbandsmitgliedschaft**).

Neben der grünen Standard-WBK sieht das Gesetz für Sportschützen auch die gelbe „WBK für Sportschützen" als Erlaubnis vor. Der Unterschied: Die Waffenarten, die mit der grünen *Standard-WBK* und dem jeweiligen Voreintrag erworben und besessen werden dürfen, sind grundsätzlich nicht eingeschränkt, während mit der gelben *WBK für Sportschützen* nur bestimmte Arten von Schusswaffen erworben werden können, dafür aber ohne Voreintrag. **Nur mit der grünen Standard-WBK** und einem Voreintrag kann der Sportschütze

- **mehrschüssige** Pistolen und Revolver für Patronenmunition,
- **halbautomatische** Langwaffen (Büchsen oder Flinten) und
- **Repetier**flinten (nicht Repetier**büchsen**)

erwerben, aber **auch alle anderen Waffenarten**.

Dagegen erlaubt die **gelbe WBK für Sportschützen** ohne Voreintrag **nur den Erwerb** von

- **Einzellader**-Langwaffen,
- **einschüssigen** Kurzwaffen für Patronenmunition,
- mehrschüssigen **Perkussionswaffen** und
- **Repetierbüchsen**.

Ein Sportschütze kann also sowohl eine gelbe als auch eine grüne WBK besitzen, je nachdem, welche Art von Waffe er erwerben will. Mehr zur Erwerbsfunktion der „**WBK für Sportschützen**" lesen Sie ab Seite 116.

Sportschützen werden bezüglich des Erwerbs und Besitzes bestimmter Waffenarten eingeschränkt. Sie dürfen in der Regel **nicht mehr als zwei mehrschüssige Kurzwaffen für Patronenmunition und drei halbautomatische Langwaffen** erwerben und besitzen, andere Waffenarten dagegen ohne Begrenzung. Um dieses **Kontingent** zu **überschreiten**, bedarf es seitens des Schießsportverbandes einer **Befürwortung**. Danach muss die zusätzliche erworbene Waffe zur Ausübung **weiterer Sportdisziplinen** des Verbandes geeignet oder zur Ausübung des **Wettkampfsports** erforderlich sein. Zudem ist es erforderlich, dass der Antragsteller seine **regelmäßige Teilnahme an Wettkämpfen** nachweist. Bereits ein nach den Regeln des Verbandes organisierter **Vereinswettkampf** gilt als **ausreichend**. Der Begriff der Regelmäßigkeit ist hier anders auszulegen als bei der Trainingsteilnahme – der Antragsteller muss erkennbar und nachvollziehbar aktiv am Schießsport in Form von Wettkämpfen teilnehmen und nicht lediglich trainieren.

In der Regel wird der Schießsportverband vom Antragsteller ein Verzeichnis der bisher erworbenen Waffen fordern, um die entsprechende **Bedürfnisbescheinigung** ausstellen zu können (Unterscheidung Kontingent als Grundausstattung oder zusätzliche Waffe). Zudem wird es in jedem Falle erforderlich sein, die Notwendigkeit der Überschreitung des Kontingents durch Wettkampfteilnahmen oder –erfolge zu belegen. Von der Kontingentierung sind mehrschüssige Kurzwaffen für Patronenmunition und halbautomatische Langwaffen betroffen, aber nicht Repetierflinten und solche Waffen, die mit der „WBK für Sportschützen" erworben werden können.

Verfügt der Antragsteller bereits über eine Waffenbesitzkarte und will eine weitere Waffe erwerben, ist neben der Kontingentierung das **Erwerbsstreckungsgebot** nach § 14 Abs. 3 WaffG zu beachten. Danach dürfen innerhalb eines halben Jahres in der Regel höchstens zwei erlaubnispflichtige Schusswaffen erworben werden – dies schließt den Erwerb mit der Waffenbesitzkarte für Sportschützen ein, wenn der Betroffene auch dieses Dokument besitzt. Der Zeitraum von sechs Monaten beginnt mit dem Erwerb der ersten von zwei Waffen. Eine weitere Waffe wäre somit erst sechs Monate nach diesem Datum erwerbbar, wobei Ausnahmen möglich sind (Erbe etc.).

Sportschützen müssen bei Beantragung einer Erlaubnis das 21. Lebensjahr vollendet haben. Abweichend gilt ein Mindestalter von 18 Jahren für den Erwerb von Schusswaffen (Lang- und Kurzwaffen) im Kaliber 22 lfB. oder kleiner für Munition mit Randfeuerzündung und einer Mündungsenergie von höchstens 200 Joule und Einzellader-Flinten im Kaliber 12 oder kleiner (gemeint sind die Kaliber 16, 20 usw.).

Als **Gutachter** kommen nach § 4 Abs. 2 AWaffV Amtsärzte, Psychiater, Fachpsychologen, approbierte Psychotherapeuten und Fachärzte für psychotherapeutische Medizin in Betracht. Die **Kosten** des Gutachtens muss der Antragsteller tragen.

Zwischen dem **Gutachter** und dem **Antragsteller** darf in den fünf Jahren vor Begutachtung **kein Behandlungsverhältnis** bestanden haben. Dies hat der Gutachter in seinem Gutachten zu bestätigen. Der Gutachter darf aber

Kontakt mit dem behandelnden Arzt (also Hausarzt oder Facharzt) des Antragstellers aufnehmen, um sich ein umfassendes Bild zu verschaffen.

Zentrale Frage des Gutachtens ist, ob der Antragsteller die **nötige geistige Reife** besitzt, um verantwortungsvoll mit Schusswaffen umzugehen. Sieht der Gutachter diese Anforderung nicht vollständig erfüllt, kann die Waffenbehörde weitergehende Untersuchungen des Antragstellers anordnen.

5.2.3.2 Jäger (§ 13)

Der **Jäger**[48] ist vom Nachweis des Bedürfnisses durch Vorlage des gültigen Jahresjagdscheines befreit.[49] Jahresjagdscheine gelten für ein, zwei oder drei Jahre. Der Jahresjagdschein ersetzt zwar nicht das Recht zur Jagdausübung (Jagderlaubnis oder Jagdausübungsrecht), begründet in waffenrechtlicher Hinsicht allerdings das Bedürfnis zum Erwerb und Besitz von Schusswaffen und Munition.

Der Jagdschein wird nur erteilt, wenn keine Versagungsgründe nach § 17 Bundesjagdgesetz (BJagdG) vorliegen. Inhaltlich ähneln die dort genannten Gründe den Vorschriften in den §§ 5, 6 WaffG.

§ 13 Abs. 3 WaffG erleichtert den Erwerb von Jagdwaffen und Jagdmunition. **Jagdwaffen** und **Jagdmunition** sind solche Schusswaffen und Munition, die nicht nach § 19 Abs. 1 BJagdG verboten sind. Durch diese negative Formulierung beschränkt der Gesetzgeber den Erwerb nicht auf die zur Jagd geeigneten Waffen, sondern verbietet den Erwerb und Besitz solcher Waffen, die nach § 19 Abs. 1 BJagdG verboten sind – er schafft eine Art „Negativliste".

Langwaffen, die nicht nach § 19 Abs. 1 BJagdG verboten sind, sowie **Schalldämpfer für Langwaffen mit Zentralfeuerkaliber** können ohne vorheriges Einholen einer Erwerbserlaubnis lediglich durch Vorlage des **gültigen Jahresjagdscheins** erworben werden; hier tritt der gültige Jahresjagdschein an die Stelle einer WBK, die sowohl den dauerhaften Erwerb[50] (mit Voreintrag) als auch den Erwerb und vorübergehenden Besitz[51] (im Sinne der Leihe) erlauben würde.

Der Erwerb nach § 13 Abs. 3 WaffG ist binnen zwei Wochen der Behörde anzuzeigen und die Befugnis zum dauerhaften Besitz durch Eintrag in der WBK dokumentieren zu lassen. Eine Kontingentierung für Langwaffen oder ein Erwerbsstreckungsgebot gilt für Jäger nicht.

Bei den **zur Jagd verbotenen Schusswaffen** ist insbesondere zu unterscheiden zwischen

- Waffen, die grundsätzlich bei der Jagd nicht verwendet werden dürfen (etwa vollautomatische Waffen), und
- Waffen, die in einem bestimmten Zustand nicht zu einem bestimmten Zweck verwendet werden dürfen.

So ist etwa das **Schießen auf Wild** mit einer **halbautomatischen Langwaffe, die mit mehr als drei Patronen** geladen ist, ein Verstoß gegen das BJagdG. Somit darf der Jäger im letzten Moment vor der Schussabgabe nur eine solche halbautomatische Langwaffe in Anschlag gebracht haben, die mit höchstens drei Patronen geladen war (eine Patrone im Patronenlager, zwei im Magazin; alternativ Patronenlager frei, Magazin mit drei Patronen gefüllt). Der sonstige Umgang mit einer solchen halbautomatischen Langwaffe ist dem Jäger unabhängig von der Magazinkapazität erlaubt.[52] Somit ist der Erwerb und Besitz von halbautomatischen Waffen, die mehr als zwei Schuss Magazinkapazität aufweisen, dem Jäger nicht verboten. Auch das Schießen auf einer Schießstätte mit einer halbautomatischen Waffe, die mit mehr als drei Patronen geladen ist, stellt keinen Verstoß gegen das WaffG dar, ebenso wenig das Ein- oder Anschießen im Revier mit einer derartig geladenen Schusswaffe.[53]

Der Erwerb von **Kurzwaffen** ist nur nach Voreintrag einer entsprechenden Erwerbserlaubnis in der WBK möglich. Der Grund dafür liegt in der **Kontingentierung von Kurzwaffen** für Jäger – das grundsätzlich durch das Gesetz anerkannte Bedürfnis nach § 13 Abs. 2 WaffG gilt zwar für eine unbegrenzte Zahl von Langwaffen, aber für höchstens zwei Kurzwaffen.

Bei der Zahl von zwei Kurzwaffen handelt es sich somit um eine Art „Standardausstattung". Eine Überschreitung dieses Kontingents setzt voraus, dass der Jäger der Waffenbehörde glaubhaft macht, dass der Erwerb der beantragten zusätzlichen Kurzwaffe für den vorgetragenen Zweck geeignet und erforderlich ist – so ist für die Fallenjagd als Begründung für die Überschreitung des Kontingents die Erteilung einer Erwerbserlaubnis für eine großkalibrige Kurzwaffe mangels Erforderlichkeit regelmäßig abzulehnen.[54] Es ist auch zu prüfen, ob nicht der Waidmann eine der vorhandenen Kurzwaffen veräußern kann, um eine Überschreitung des Kontingents zu vermeiden. Insofern bedarf es einer überzeugenden Begründung, warum drei oder mehr Kurzwaffen zur Jagdausübung erforderlich sind. In Betracht käme eine Argumentation, nach der zum Zwecke des Übungsschießens oder zur Teilnahme an jagdlichen Schießwettkämpfen mit einer weiteren Waffe geübt werden solle und die beantragte Waffe dafür erforderlich sei. Eine diesbezügliche Auslegung des WaffG wird seitens der Erlaubnisbehörden in der Regel aber eher restriktiv gehandhabt. Eine **Stellungnahme** des zuständigen

Jagdverbandes zur Bestätigung des weitergehenden Bedürfnisses ist sachdienlich, aber **nicht zwingend erforderlich**.

Der **Erwerb und Besitz von Munition, die für Langwaffen geeignet ist**, ist nach § 13 Abs. 5 WaffG Jägern mit gültigem Tages- oder Jahresjagdschein ohne zusätzliche Erlaubnis gestattet. Für **Kurzwaffenmunition** gilt, da das Gesetz keine spezielle Regelung für Jäger vorsieht, dass sie nur nach Erteilung der entsprechenden Erwerbs- und Besitzerlaubnis in der WBK oder mit einem Munitionserwerbsschein erworben und besessen werden darf.

Nach § 38 WaffG hat der Jäger neben seinem Personalausweis oder Pass seinen Jagdschein und die WBK mitzuführen, wenn er zum Zwecke der Jagd seine Waffe führt. Im Falle des Führens oder Transports **einer geliehenen Waffe** ist ein entsprechender Leihe-Nachweis mitzuführen.

5.2.3.3 Brauchtumsschützen (§ 16)

Wie die Sportschützen und Jäger finden auch die Brauchtumsschützen die waffenrechtlichen Vorschriften für ihr Bedürfnis in einem Paragraphen zusammengefasst, der darüber hinaus auch Vorschriften für das Führen der Waffen umfasst, die zur Pflege des Brauchtums erworben werden sollen.

Auf eben diese Pflege des Brauchtums stellt der Gesetzgeber das erforderliche Bedürfnis des Antragstellers ab. Nach § 16 WaffG ist das **Bedürfnis** nachzuweisen durch eine **Bescheinigung der Brauchtumsschützenvereinigung**, also des Vereines des Antragstellers. Die Angehörigkeit des Vereines zu einem übergeordneten Verband oder eine staatliche Anerkennung der Vereinigung wird nicht gefordert. Allerdings ist seitens des Vereines schlüssig darzulegen, warum Waffen für die Pflege des Brauchtums erforderlich sind („glaubhaft zu machen").

Für Brauchtumsschützen sind ein **Kontingent** von höchstens drei Repetier-Langwaffen sowie eine unbegrenzte Zahl von Einzellader-Langwaffen zulässig. Der Munitionserwerb für diese Waffen kann auf Antrag genehmigt werden, wenn ein Bedürfnis nachgewiesen wurde.

5.2.3.4 Gefährdete Personen (§ 19)

Gefährdete Personen im Sinne des Waffengesetzes sind jene, die wesentlich mehr als die Allgemeinheit durch **Angriffe auf Leib oder Leben** gefährdet sind. Es geht in diesem Zusammenhang **nicht um schützenswertes Eigentum**, einzig die persönliche Unversehrtheit soll durch die Erlaubnis, eine Schusswaffe nebst Munition zu erwerben und zu besitzen, geschützt werden. Zudem muss der Antragsteller wesentlich mehr als die

Allgemeinheit gefährdet sein – dafür sind objektive Gründe anzuführen, ein bloßes Angstgefühl reicht nicht aus, ebenso wenig diffuse Gefährdungsszenarien – die Gefahr muss konkret vorliegen oder nachgewiesen werden. Jeder Antrag ist also als Einzelfall zu betrachten und zu bewerten.

Beantragt etwa ein Diamantenhändler eine WBK, so ist in diesem Falle zu prüfen, ob die Person des Händlers selbst durch einen Überfall gefährdet ist – die Diamanten sind kein schützenswertes Gut im Sinne von § 19 Abs. 1 WaffG. Außerdem ist zu ermitteln, ob die Gefährdung nicht durch andere Maßnahmen, zum Beispiel baulicher Art, beseitigt werden kann.

Der Erwerb und Besitz von Schusswaffe und Munition muss geeignet und erforderlich sein, die Gefahr für Leib und Leben zu mindern. Kann aus fachlicher Sicht die drohende Gefahr nicht durch eine Waffe abgewendet werden, etwa weil ein Bombenattentat oder ein Giftanschlag auf den Antragsteller geplant ist, scheidet eine Erlaubnis nach § 19 Abs. 1 WaffG aus.

Soll die Waffe geführt werden (schussbereites Tragen außerhalb der eigenen Wohnung oder Geschäftsräume), ist die Ausstellung eines Waffenscheines erforderlich. Beachten Sie dazu die Ausführungen ab Seite 105.

5.2.3.5 Bewachungsunternehmen (§ 28)

Neben dem Waffengesetz enthalten die Gewerbeordnung (GewO) und die „Verordnung über das Bewachungsgewerbe" (BewachV) Vorschriften für die Ausstattung von Bewachungsunternehmen mit Waffen und Munition.

Bewachungsunternehmen im Sinne von § 34a GewO können Inhaber einer WBK oder eines Waffenscheines sein. Bewachungsunternehmen gleichgestellt sind Fachabteilungen von Unternehmungen wie Banken oder Konzernen, die eigene Sicherheitskräfte beschäftigen.

§ 28 Abs. 1 WaffG regelt grundsätzlich sowohl die Erlaubnis für den Erwerb und Besitz (WBK) als auch für das Führen (Waffenschein) von Waffen und Munition. Im Gegensatz zu § 19 Abs. 1 WaffG, der Schusswaffen lediglich zum Schutz von Leib oder Leben des Antragstellers erlaubt, kann Bewachungsunternehmen auch zum Schutz besonders gefährdeter Objekte eine waffenrechtliche Erlaubnis erteilt werden.

Nach § 28 Abs. 2 WaffG darf eine **Schusswaffe nur im Rahmen eines Auftrages geführt** werden, der aus Gründen der Sicherung Schusswaffen erforderlich macht. Seitens des Unternehmens ist sicherzustellen, beispielsweise durch entsprechende Gestaltung des Dienstplanes und Sicherheitsprotokolle innerhalb des Unternehmens, dass Schusswaffen nicht über diesen engen Rahmen hinaus geführt werden. Bewacht etwa ein Unternehmen eine kerntechnische Anlage, zu deren Schutz regelmäßig eine Bewaffnung des Sicherheitspersonals zu befürworten ist, darf der Wachmann nicht etwa einen nahegelegenen Supermarkt kontrollieren, während er seine Dienstwaffe führt (fehlendes Bedürfnis).

Beschäftigt der Unternehmer, der Inhaber der waffenrechtlichen Erlaubnis ist, Mitarbeiter, so gelten die Voraussetzungen des § 4 Abs. 1 WaffG mit Ausnahme des erforderlichen Versicherungsumfanges auch für diese Mitarbeiter und sind seitens der Behörde zu prüfen. Insofern muss der Unternehmer zunächst den betroffenen Mitarbeiter, der zum Führen einer Schusswaffe ermächtigt werden soll, der Waffenbehörde melden, die ihrerseits dessen Ermächtigung genehmigen muss. Der eben angesprochene Versicherungsschutz ist in diesem Zusammenhang durch den Unternehmer nachzuweisen, genauer, es ist nachzuweisen, dass die abgeschlossene Versicherung auch das Führen von Waffen durch Mitarbeiter des Unternehmers einschließt (siehe dazu auch Kapitel „Waffenschein" ab Seite 105).

Voraussetzung für die Erteilung der Erlaubnis ist der Nachweis eines Auftrages zur Bewachung solcher Personen oder Objekte, die eines bewaffneten Schutzes bedürfen. Die Prüfung des Schutzbedürfnisses orientiert sich hier an den Maßstäben, die bei der Prüfung von Anträgen gefährdeter Personen nach § 19 Abs. 1 WaffG angelegt werden.

Die Erlaubnis zum Führen wird in Form eines Waffenscheines erteilt, wenn die beantragten Schusswaffen in der Öffentlichkeit geführt werden sollen, etwa im Umfeld eines Schutzobjektes oder zum Schutz einer Person. Beachten Sie dazu die Ausführungen im entsprechenden Kapitel ab Seite 105.

5.2.3.6 Erben (§ 20)

Erbt eine Person eine **Schusswaffe** (**Munition** fällt <u>nicht</u> unter die Regelung des § 20, Ausnahme: Munitions<u>sammlung</u>), ist **innerhalb eines Monats** nach Annahme des Erbes bei der zuständigen Behörde eine WBK zu beantragen. Die Anzeige der Inbesitznahme muss nach § 37c dagegen unverzüglich erfolgen. Wird das Erbe nicht innerhalb der gesetzlichen Frist von sechs Wochen ausgeschlagen, beginnt die Frist für die Anzeige nach Ablauf dieser Ausschlagungsfrist.

Der § 20 stellt innerhalb der Bedürfnisgruppen eine Besonderheit dar. Anders als bei Sportschützen, Jägern oder Bewachern begründet sich das Bedürfnis zum Besitz aus der Erbschaft. Somit wird dem Erben auch nicht mehr als eben die Ausübung des Besitzes gestattet, nicht aber das Schießen mit den geerbten Waffen[55] oder der Erwerb von Munition. Eventuell vererbte **Munition**, die der Erblasser zum Schießen besessen hat, kann nicht rechtmäßig in Besitz genommen werden, sie ist umgehend einem Berechtigten zu überlassen, es sei denn, der Erbe ist im Besitz einer Munitionserwerbserlaubnis. Ausnahmen bestehen, wenn es sich um die Vererbung einer **Munitionssammlung** handelt.[56]

Die Beschränkung auf den bloßen Besitz der Schusswaffe verdeutlicht sich auch durch die im Gesetz dokumentierte Absicht des Gesetzgebers, Erbwaffen vorübergehend die Schussfähigkeit zu nehmen, solange nicht ein Bedürfnis des Erben vorliegt, etwa als Sportschütze oder Jäger.

Hat der Erblasser die Waffe legal besessen, kann der Erbe die Ausstellung einer WBK verlangen. Es ist lediglich die **Zuverlässigkeit** und die **persönliche Eignung** des Antragstellers zu überprüfen.[57] Das **Bedürfnis** ergibt sich aus dem **Erbfall** selbst und ist somit nicht über diesen hinaus nachzuweisen, eine **Sachkunde** ist **nicht Voraussetzung** für den Erwerb und Besitz. Hatte der Erblasser dagegen **keine waffenrechtliche Erlaubnis** zum Besitz der Waffe, ist diese nach Weisung der Waffenbehörde abzugeben.

Der Erbe hat die geerbten Waffen unverzüglich mit einem anerkannten **Blockiersystem** auszurüsten. Dies gilt nicht, wenn der Erbe selbst über eine waffenrechtliche Erlaubnis verfügt und dadurch die Gewähr bietet, dass die Waffe entsprechend den gesetzlichen Vorgaben aufbewahrt wird. Die Eintragung erfolgt in die WBK, allerdings ist eine Nutzung der Erbwaffe, etwa durch Mitnahme auf den Schießstand, nicht zulässig – das Bedürfnis für diese Waffe bezieht sich nur auf die Erbschaft als solche, nicht auf eine Benutzung. Die Eintragung der Erbwaffe in eine **gesonderte WBK** ist daher ratsam. Zur **Vererbung von Waffensammlungen** beachten Sie auch die Informationen im Kapitel „Waffensammler" ab Seite 119.

5.2.3.7 Schießsportverein / Jagdliche Vereinigung

Seit Inkrafttreten der Änderung des Waffengesetzes im Jahre 2003 besteht die Möglichkeit, **Schießsportvereinen**, die Mitglied eines anerkannten Schießsportverbandes sind, eine WBK auszustellen. Der Verein muss die Rechtsform einer juristischen Person besitzen, etwa als „eingetragener Verein" – die Organisation als nicht rechtsfähiger Verein oder als Schießleistungsgruppe ohne Rechtspersönlichkeit ist nicht ausreichend.

Die Änderung des Waffengesetzes im Jahre 2008 erweiterte diese Vorschrift auch auf **jagdliche Vereinigungen**. Hiermit wurde die Eigenschaft der WBK, höchstpersönliche Erlaubnis für eine natürliche Person zu sein, erweitert, da es sich beim Verein um eine juristische Person handelt. Gleichwohl ist ein waffenrechtlich Verantwortlicher zu benennen. Diese Person muss die Voraussetzungen des § 4 WaffG bezüglich des Mindestalters, der Zuverlässigkeit und der persönlichen Eignung sowie der Sachkunde erfüllen.

Zwar sind die Vorschriften zum Mindestalter und der MPU auch auf den Antragsteller nach § 10 Abs. 2 WaffG anzuwenden und der Antragsteller ist entsprechend fachkundig zu untersuchen, wenn er jünger als 25 ist. Allerdings spricht die verantwortungsvolle Funktion des Erlaubnisinhabers, insbesondere die Kontroll- und Vorbildfunktion für andere Schützen, für ein „reiferes Semester". Zudem sollte der waffenrechtlich Verantwortliche persönlich damit betraut sein, den Umgang mit den Vereinswaffen unmittelbar zu überwachen – für die Waffenbehörde ist er „Ansprechpartner", etwa im Falle von unsachgemäßem Umgang oder mangelhafter Aufbewahrung.

Das **Bedürfnis des Vereines** ergibt sich aus dem Vereinszweck und muss nicht durch einen Verband bestätigt werden. Hier wird der Sachbearbeiter die **Erforderlichkeit des Erwerbs und Besitzes** und die **Eignung** der Waffen gemäß § 8 WaffG **prüfen** – zu berücksichtigen sind die Zahl der Mitglieder ohne eigene waffenrechtliche Erlaubnis oder Anhaltspunkte, dass eine Waffe des beantragten Kalibers für den Ausbildungsbetrieb notwendig ist.

5.3 Waffenbesitzkarte für Sportschützen (§ 14 Abs. 6)

5.3.1 Überblick

Mit der Waffenbesitzkarte für Sportschützen vereinfacht der Gesetzgeber den Erwerb bestimmter Waffenarten durch **Sportschützen**. Der Besitz wird durch Eintragung durch die Waffenbehörde unbefristet erlaubt.

Die „WBK für Sportschützen" wird zwar nur Sportschützen erteilt, für Erwerb und Besitz von Waffen und Munition können Sportschützen aber auch die normale WBK beantragen – insofern besitzen Sportschützen nicht selten sowohl die eine wie die andere Art der Waffenbesitzkarte. Denn: Die sogenannte „**Gelbe WBK**" erlaubt, unbefristet und ohne Voreintrag, nur den Erwerb von

- **einläufigen Einzellader**-Kurzwaffen für Patronenmunition,
- mehrschüssigen Kurz- und Langwaffen mit **Zündhütchenzündung** (Perkussionswaffen),
- **Einzellader**-Langwaffen mit glatten oder gezogenen Läufen
- **Repetier**-Langwaffen **mit gezogenen Läufen**

- und der mit den eingetragenen Waffen verwendbaren **Munition**.

Erlaubnispflichtige **Druckluftwaffen** können **als Einzellader oder als Repetier-Langwaffe mit gezogenem Lauf** mit dieser WBK erworben werden.

Andere Waffen, etwa Halbautomaten oder mehrschüssige Kurzwaffen für Patronenmunition, können nicht mit der „WBK für Sportschützen" erworben werden, hier ist der Voreintrag in einer Standard-WBK erforderlich.

Die **Erwerbs- und Besitzerlaubnis für Munition** gilt nur für jene Waffen, die auf der WBK für Sportschützen eingetragen sind. Ist etwa eine Schrotflinte im Kaliber 12/70 im Besitz des Schützen, gilt die Erlaubnis nur für Munition im Kaliber 12/70 und nicht etwa für Patronen im Kaliber 16/70. Auch ein Erwerb von Munition im Kaliber 12/76 wäre damit nicht erlaubt. Aus einer Magnum-Flinte (12/76) könnte 12/70-Munition dagegen gefahrlos verschossen werden, womit Erwerb und Besitz erlaubt wären.

Die Zahl der Waffen, die mit der „WBK für Sportschützen" erworben werden dürfen, ist **auf zehn Waffen beschränkt**.[58] Die WBK ist binnen zwei Wochen nach Erwerb der Waffe der zuständigen Behörde vorzulegen.

Bezüglich der **Eintragungsfähigkeit** gilt das **Erwerbsstreckungsgebot**. Danach dürfen innerhalb eines halben Jahres höchstens zwei erlaubnispflichtige Schusswaffen erworben werden – dies schließt den Erwerb anderer Waffen, zB von Halbautomaten auf einer „grünen WBK", ein. Der Zeitraum von sechs Monaten beginnt mit dem Erwerb der ersten von zwei Waffen. Eine dritte Waffe wäre erst sechs Monate nach diesem Datum erwerbbar.

5.3.2 Allgemeine Voraussetzungen

Der Antragsteller muss das 21. Lebensjahr vollendet haben. Abweichend gilt ein Mindestalter von 18 Jahren für den Erwerb von Schusswaffen (Lang- und Kurzwaffen) im Kaliber 22 lfB. oder kleiner für Munition mit Randfeuerzündung und einer Mündungsenergie von höchstens 200 Joule und Einzellader-Flinten im Kaliber 12 oder kleiner (d.h. Kaliber 16, 20 usw.).

5.3.3 Bedürfnis

Um das für die Erteilung der Erlaubnis (Ausstellung der WBK) erforderliche **Bedürfnis** glaubhaft zu machen, muss der Antragsteller eine Bescheinigung seines Schießsportverbandes vorlegen. Der Schießsportverband muss durch das Bundesverwaltungsamt (BVA) anerkannt sein (§ 15 Abs. 3 WaffG). Untergliederung eines Schießsport**verbandes** sind schießsportliche

Vereine. Die Bescheinigung darf auch die Teilnahme an Schießübungen bei Vereinen anderer anerkannter Verbände bestätigen.

Nachweis des Bedürfnisses zum Erwerb (Ausstellung der WBK):

- **Mitgliedschaft in Verein**: Ununterbrochen seit mindestens 12 Monaten vor Antragstellung
- **Ausübung des Schießsports** in diesem Verein mit erlaubnispflichtigen Schusswaffen: Innerhalb von 12 Monaten vor Antragstellung monatlich einmal oder an 18 Tagen

Nachweis des Bedürfnisses zum Besitz (der eingetragenen Waffen):

- **Ausübung des Schießsports** mit eigenen erlaubnispflichtigen Schusswaffen in einem Verein: Einmal pro Quartal oder sechsmal innerhalb von 12 Monaten, nachzuweisen für einen Zeitraum von 24 Monaten vor Prüfung des Bedürfnisfortbestandes.
- **Waffenarten**: Bei Besitz von Lang- und Kurzwaffen müssen die Schießtermine pro Waffenart nachgewiesen werden; das Schießen mit jeder Waffe im Bestand ist nicht erforderlich.
- Zehn Jahre nach erster Erlaubnis genügt zum Nachweis des Bedürfnisses zum Besitz der Nachweis der **Vereinsmitgliedschaft**

Ist eine Verbandsbescheinigung erforderlich, wird in der Regel eine Kopie des Schießbuches des Antragstellers und eine Bestätigung des Schießsportvereines an den Verband gegeben, der nach Prüfung der Unterlagen die Bedürfnisbescheinigung ausstellt. Der Antragsteller muss im gesetzlich geforderten Zeitraum durchgehend Mitglied des bestätigenden Vereins (**Vereinsmitgliedschaft)** gewesen sein, nicht aber des Verbandes (**Verbandsmitgliedschaft**).

Verfügt der Antragsteller über eine Waffenbesitzkarte und will den Erwerb einer weiteren Waffe beantragen, ist das **Erwerbsstreckungsgebot** nach § 14 Abs. 3 WaffG zu beachten. Danach dürfen innerhalb eines halben Jahres höchstens zwei erlaubnispflichtige Schusswaffen erworben werden.

Die Schießsportordnung des Verbandes, dem der WBK-Inhaber angehört, ist bei einem Erwerb mit der WBK für Sportschützen bei fehlender Schießsportdisziplin kein Ausschlusskriterium. Die zu erwerbende Waffe muss nur nach einer genehmigten Schießsportordnung zum sportlichen Schießen verwendet werden können, ohne dass der WBK-Inhaber in dem betreffenden Verband organisiert sein muss. So soll es ermöglicht werden, auch als verbandsfremder Gastschütze mit eigenen Waffen sportlich zu schießen.

5.4 Waffenbesitzkarte für Sammler (§ 17)

5.4.1 Überblick

Der waffenrechtliche Begriff des **Sammlers** ist eng gefasst. Die Anforderungen an die Erlaubnis, eine Waffen- oder Munitionssammlung anzulegen, sind hoch. Schon die Festlegung des Sammelgebietes stellt manchen zukünftigen Sammler vor große Schwierigkeiten. So wird regelmäßig verlangt, dass die Sammlung aus kulturhistorisch bedeutsamen Stücken bestehen muss. Das Sammeln muss dabei systematisch geschehen, also nicht bloß ein Anhäufen von Waffen sein. Die zuständige Behörde wird die Qualifikation des Antragstellers selbst überprüfen, um sicherzustellen, dass der Zweck dieser besonderen Erlaubnis auch erfüllt werden kann.

Auf der roten WBK des Sammlers wird das Sammelgebiet ausdrücklich genannt. Will der Sammler eine Waffe aus seinem Sammelgebiet erwerben, ist kein Voreintrag der Behörde erforderlich. Allerdings muss der Erwerb innerhalb von zwei Wochen unter Vorlage der roten WBK der Ordnungsbehörde angezeigt werden, die durch Siegelung die Anmeldung bestätigt und damit zugleich die unbefristete Erlaubnis zum Besitz der Waffe erteilt.

§ 17 Abs. 3 WaffG eröffnet **Erben**, Vermächtnisnehmern und anderen Erwerbern infolge des Erbfalles die Möglichkeit, eine bestehende Sammlung zu übernehmen und fortzuführen. Voraussetzung dafür ist die glaubhaft gemachte Absicht, dass die bestehende Sammlung fortgeführt werden soll. Fortführen bedeutet in diesem Sinne allerdings nicht, dass die Sammlung erweitert werden muss oder soll. Das Erhalten des Bestandes ist Fortführen im Sinne des § 17 Abs. 3 WaffG. Die Qualifikation des Antragstellers ist entsprechend nachzuweisen.

Da der Erbe nicht bloßer Empfänger eines Wertes ist, sondern vielmehr Nachfolger des Sammlers in dessen Funktion als Bewahrer kulturhistorisch bedeutsamen Gutes, sind die Regelungen des § 20 WaffG bezüglich der Blockierung von Erbwaffen auf Waffensammlungen nicht anzuwenden.

5.4.2 Allgemeine Voraussetzungen

Für die Erteilung der waffenrechtlichen Erlaubnis nach § 17 WaffG gelten die allgemeinen Voraussetzungen nach § 4 WaffG.

Eine MPU ist nach § 6 Abs. 3 WaffG bei Antragstellern unter 25 Jahren zu fordern, es sei denn, die Sammlung beschränkt sich auf kleinkalibrige Waffen und Flinten im Sinne von § 14 Abs. 1 S. 2 WaffG.

5.4.3 Sachkunde

Eine besondere Sachkunde im Sinne von § 7 WaffG wird von einem Sammler nicht erwartet. Auch gilt eine bestandene Jägerprüfung als Nachweis der Sachkunde,[59] ebenso die bestandene Fachkundeprüfung für den Waffenhandel.

5.4.4 Befähigung

Die Waffenbesitzkarte ist zu versagen, wenn der Antragsteller nicht glaubhaft machen kann, dass er in der Lage ist, das kulturhistorische Anliegen der angestrebten Sammlung zu verwirklichen, und dieses Ziel ernsthaft zu verfolgen. Dabei sind die Anforderungen an den Nachweis der Kenntnisse desjenigen, der eine kulturhistorisch bedeutsame Sammlung anlegen will, grundsätzlich nicht geringer als die, die an den Nachweis einer wissenschaftlichen oder technischen Tätigkeit zu stellen sind. Allerdings hängt es von den konkreten Umständen ab, über welche Kenntnisse der Antragsteller verfügen muss.[60] Es obliegt der zuständigen Behörde und im Zweifel dem Gericht zu entscheiden, ob der Antragsteller die erforderlichen Fähigkeiten und Kenntnisse besitzt. Ein wesentlicher Anhaltspunkt ist die vorzulegende Ausarbeitung zum Sammelgebiet - das Thema und die Darlegung eigener Kenntnisse dürfen keinen Zweifel an der Befähigung des Sammlers lassen, über genau dieses Sammelgebiet überdurchschnittliche Kenntnisse zu besitzen. Grundsätzlich sollte die Entscheidung der Behörde nicht ohne eine zusätzliche Einschätzung von fachkundiger Seite erfolgen – neben den Fachabteilungen der Landeskriminalämter sind hier öffentlich bestellte und vereidigte Sachverständige sowie andere, ähnlich fachkundige und qualifizierte Personen zu nennen.

5.4.5 Bedürfnis

Grundsätzlich reicht es nicht aus, eine bloße „Sammlung", also eine Anhäufung von Schusswaffen oder Munition einer bestimmten Epoche oder Gattung anzulegen. Auch ist bloße Liebhaberei keine Begründung für eine Erlaubnis nach § 17 WaffG. Vielmehr wird schon durch den Wortlaut des Gesetzes deutlich, dass eine kulturhistorische Bedeutsamkeit nachgewiesen werden muss. Dies bezieht sich einerseits auf die **Antragsbegründung**, andererseits aber auch auf die **Ernsthaftigkeit** und **Systematik** der Sammlung. Am Ende muss eine geordnete, wissenschaftlich fundierte Sammlung geschaffen worden sein, die einen Überblick über das beantragte Sammelgebiet gibt. Um dies schon vor Beginn der Sammlung sicherzustellen, sollten Sie schriftlich darlegen, in welcher Art Sie diese Aspekte durch die gewünschte Sammlung ausfüllen wollen.

Behördlicherseits wird es möglicherweise auch die Auflage geben, mit dem Antrag nicht nur eine umfassende Darstellung des Sammelgebietes selbst, sondern auch eine Liste der dazu gehörenden Schusswaffen oder Munition einzureichen (**Sammelplan**). Dies erleichtert Ihnen nach Ausstellung der waffenrechtlichen Erlaubnis auch den sammlerischen Alltag – Sie werden kaum erleben, dass die Waffenbehörde die Eintragung einer bereits erworbenen Waffe verweigert, wenn diese Waffe bereits mit dem Antrag benannt worden war.

5.5 Waffenbesitzkarte für Sachverständige (§ 18)

5.5.1 Überblick

Ein **Sachverständiger** im Sinne des § 18 WaffG erwirbt Schusswaffen oder Munition für wissenschaftliche oder technische Zwecke, zur Erprobung, Begutachtung, Untersuchung oder, wie es das Gesetz formuliert, „zu einem ähnlichen Zweck". Wie bei Sammlern wird auch die waffenrechtliche Erwerbserlaubnis für Sachverständige unbefristet erteilt, allerdings in der Regel, und das ist das Besondere, für **Schusswaffen jeder Art**. Die Berechtigung zum Erwerb und Besitz von Munition ist dagegen durch einen **Munitionserwerbschein** zu erteilen.

Für Schusswaffen, die bis zu drei Monate im Besitz des Sachverständigen sind, entfällt die Anmeldepflicht nach § 37a WaffG aufgrund der Sonderregelung in § 37e Abs. 4 Nr. 2 WaffG. Ein Sachverständiger wird zahlreiche Waffen zur Begutachtung erwerben, die er danach aber wieder dem ehemaligen Besitzer überlässt. Die vorgesehene Frist von zwei Wochen nach Erwerb für die Anzeige gilt erst nach Ablauf des Drei-Monats-Zeitraumes[61].

5.5.2 Allgemeine Voraussetzungen

Die Voraussetzungen für die Erteilung der waffenrechtlichen Erlaubnis nach § 18 WaffG sind die allgemeinen Voraussetzungen nach § 4 WaffG.

Zudem ist gemäß § 36 Abs. 2 WaffG die sichere Aufbewahrung für die beantragte Art und Anzahl von Schusswaffen nachzuweisen.

Eine MPU ist nach § 6 Abs. 3 WaffG bei Antragstellern unter 25 Jahren zu fordern, da die Erwerbserlaubnis nach § 18 Abs. 2 Nr. 1 WaffG in der Regel für *Schusswaffen jeder Art* erteilt wird.

5.5.3 Sachkunde

Eine besondere Sachkunde im Sinne von § 7 WaffG wird von einem Waffensachverständigen nicht erwartet. Auch hier gilt eine bestandene Jägerprüfung als Nachweis der Sachkunde.[62]

5.5.4 Bedürfnis

Der Antragsteller muss glaubhaft machen, Schusswaffen oder Munition für Zwecke der Erprobung, Untersuchung oder Begutachtung zu benötigen. Somit beschränkt sich das Bedürfnis nicht auf die wissenschaftliche oder technische Auseinandersetzung mit Waffen oder Munition, sondern gilt auch für Versuche im Bereich der Akustik, der Ballistik oder der Sicherheit von Schießstätten.

5.6 Waffenschein (§ 10 Abs. 4)

5.6.1 Überblick

Die Erlaubnis zum Führen von Schusswaffen wird durch einen Waffenschein erteilt.[63] Anders als eine Erlaubnis zum Besitz (WBK) wird der Zeitraum der Gültigkeit eines Waffenscheines auf drei Jahre begrenzt, nach deren Ablauf die Erlaubnis erneut zu beantragen ist. Auf diese Weise soll die höhere Gefahr, die durch die Erlaubnis des Führens einer Schusswaffe in der Öffentlichkeit entsteht, verringert werden – es ist in kurzen Zeitabständen das Fortbestehen eines besonderen Schutzbedürfnisses nachzuweisen, das nicht durch andere Maßnahmen erfüllbar ist.

Die Erteilung der Erlaubnis ist an bestimmte **Voraussetzungen** geknüpft, die sich in der Regel auf eine **besondere Gefährdung** des Antragstellers reduzieren lassen, zum Beispiel exponierte Wirtschaftsführer und ihre Begleiter oder Diamantenhändler. Diese Personengruppen erfüllen zunächst die gesetzlichen Forderungen aus §§ 19 Abs. 1, § 28 WaffG für die Genehmigung des Erwerbs und des Besitzes von Schusswaffen und Munition durch Erteilung einer **Waffenbesitzkarte**, da sie wesentlich mehr als die Allgemeinheit durch Angriffe auf Leib und Leben gefährdet sind und Erwerb und Besitz von Schusswaffe und Munition geeignet und erforderlich sind, diese Gefahr zu mindern.

Ist die Erteilung der Waffenbesitzkarte nicht ausreichend, weil der abzuwehrende Angriff im öffentlichen Raum zu erwarten ist, ist ein Waffenschein auszustellen, der das Führen der Waffe in schussbereitem und zugriffsbereitem Zustand erlaubt. Die beschränkenden Vorschriften nach § 42

WaffG sind ebenso zu beachten wie die Möglichkeit, bezüglich des Führens Auflagen zu erteilen.

Es wird grundsätzlich zu prüfen sein, ob die Erteilung der WBK tatsächlich die Gefährdung mindern könnte – eine Ermessensfrage, die üblicherweise sehr eng ausgelegt wird. Die Waffenbesitzkarte berechtigt ihren Inhaber nur zum Erwerb und zum Besitz der darin vermerkten Waffen. Auch hat der Erlaubnisinhaber das Recht, die Waffe in seinen Wohn- und Geschäftsräumen, auf seinem befriedeten Besitztum oder auf einer Schießstätte ohne eine weitere Erlaubnis bei sich zu tragen – dabei handelt es sich nicht um ein Führen im Sinne des WaffG. Unter „**Führen**" versteht der Gesetzgeber, dass eine Person die tatsächliche Gewalt über eine Waffe außerhalb seiner Wohn- und Geschäftsräume oder seines befriedeten Besitztums sowie außerhalb einer Schießstätte ausübt.[64] Es ist zwischen erlaubnisfreiem[65] und erlaubnispflichtigem Führen zu unterscheiden.

Nach § 4 Abs. 1 Nr. 5 WaffG ist für die Erteilung des Waffenscheins das Bestehen einer sachlich geeigneten Haftpflichtversicherung mit einer Deckungssumme in Höhe von einer Million Euro pauschal für Sach- und Personenschäden nachzuweisen. Die Erlaubnis wird für einen Zeitraum von höchstens drei Jahren erteilt, eine zweimalige Verlängerung um höchstens je drei Jahre ist möglich. Danach ist es notwendig, einen neuen Waffenschein zu beantragen.

Bewachungsunternehmer müssen bei Beantragung eines Waffenscheines glaubhaft machen, dass **Bewachungsaufträge wahrgenommen werden** oder werden sollen, die aus Gründen der Sicherung einer gefährdeten Person im Sinne des § 19 WaffG oder eines gefährdeten Objektes **Schusswaffen erfordern.**[66] Das gilt entsprechend für Wachdienste als Teil wirtschaftlicher Unternehmungen.

Der Waffenschein wird auf den Erlaubnisinhaber ausgestellt und berechtigt zum Führen von Schusswaffe und Munition. Bei Bewachungsunternehmen werden in der Regel nicht jedem einzelnen Mitarbeiter ein Waffenschein und eine WBK ausgestellt – hier ist es ausreichend, eine beglaubigte Kopie mitzuführen. Beachten Sie die Ausführungen zur WBK für Bewachungsunternehmen ab Seite 113.

5.6.2 Allgemeine Voraussetzungen für die Antragstellung

Die Voraussetzungen für die Erteilung der waffenrechtlichen Erlaubnis sind die allgemeinen Voraussetzungen nach § 4 WaffG.

Bei Antragstellern unter 25 Jahren ist nach § 6 Abs. 3 WaffG eine medizinisch-psychologische Untersuchung (MPU) nicht erforderlich, da eine Erlaubnis zum Führen, nicht aber zum Erwerb und Besitz einer Schusswaffe beantragt wird.

5.6.3 Spezielle Voraussetzungen

5.6.3.1 Bedürfnisgruppe gefährdete Personen

Die zentrale Frage bei der Prüfung der Erteilung der waffenrechtlichen Erlaubnis „Waffenschein" ist, ob die Voraussetzungen des § 19 Abs. 2 WaffG vorliegen, der Antragsteller also wesentlich mehr als die Allgemeinheit durch Angriffe auf Leib und Leben gefährdet ist und die Schusswaffe diese Gefährdung mindern kann. Dies wurde beispielsweise bei einem Arzt angenommen, der bei nächtlichen Krankenbesuchen mehrfach mit Waffen bedroht worden war,[67] nicht aber bei einem Waffenhändler, der sich auf eine besondere Gefahr beim Transport von Waffen in großer Stückzahl berief.[68]

Die beantragte Schusswaffe muss geeignet und erforderlich sein, um den Bedürfniszweck zu erfüllen. Sie ist **geeignet**[69], wenn durch sie in einer für die Verhältnisse des Antragstellers typischen Verteidigungssituation eine erfolgreiche Abwehr der Gefahr zu erwarten ist. **Erforderlich**[70] ist die Waffe dann, wenn die Gefährdung nicht auf andere zumutbare Weise verhindert werden kann.

Zu beachten ist hier, dass bei **Änderung der Gefährdungslage** auch die Notwendigkeit des Waffenscheins erneut zu prüfen ist. Ergibt diese Prüfung, dass keine Gefährdung besteht, die das Führen einer Waffe erforderlich macht, ist der Waffenschein zu widerrufen oder nicht erneut zu erteilen. Dabei ist immer zu prüfen, ob die Gefährdung auch auf andere zumutbare Weise verringert werden kann, etwa durch Beauftragung eines Wachdienstes. Einen **Bestandsschutz** für Waffenscheine gibt es nicht. [71]

5.6.3.2 Bedürfnisgruppe Bewachungsunternehmen

Neben dem Waffengesetz enthalten die Gewerbeordnung (GewO) und die „Verordnung über das Bewachungsgewerbe" (BewachV) maßgebliche Vorschriften für die Ausstattung von Bewachungsunternehmen mit Waffen und Munition sowie für den Umgang.

Bewachungsunternehmen im Sinne von § 34a GewO können Inhaber einer WBK oder eines Waffenscheines sein. Bewachungsunternehmen gleichgestellt sind Fachabteilungen von Unternehmungen wie Banken oder Konzernen, die eigene Sicherheitskräfte beschäftigen.

§ 28 Abs. 1 WaffG regelt grundsätzlich sowohl die Erlaubnis für den Erwerb und Besitz (WBK) als auch für das Führen (Waffenschein) von Waffen und Munition. Im Gegensatz zu § 19 Abs. 1 WaffG, der Schusswaffen lediglich zum Schutz von Leib oder Leben des Antragstellers erlaubt, kann Bewachungsunternehmen auch zum Schutz besonders gefährdeter Objekte eine waffenrechtliche Erlaubnis erteilt werden.

Nach § 28 Abs. 2 WaffG darf eine **Schusswaffe nur im Rahmen eines Auftrages geführt** werden, der aus Gründen der Sicherung Schusswaffen erforderlich macht. Seitens des Unternehmens ist sicherzustellen, beispielsweise durch entsprechende Gestaltung des Dienstplanes und Sicherheitsprotokolle innerhalb des Unternehmens, dass Schusswaffen nicht über diesen engen Rahmen hinaus geführt werden. Bewacht etwa ein Unternehmen eine kerntechnische Anlage, zu deren Schutz regelmäßig eine Bewaffnung des Sicherheitspersonals zu befürworten ist, darf der Wachmann nicht etwa einen nahegelegenen Supermarkt kontrollieren, während er seine Dienstwaffe führt (fehlendes Bedürfnis).

Nach § 13 BewachV ist der Unternehmer oder die von ihm verantwortlich beauftragte Person für die sichere Aufbewahrung der Waffen und der Munition verantwortlich. Zudem ist die ordnungsgemäße Rückgabe der Schusswaffen und der Munition nach Beendigung des Wachdienstes sicherzustellen. Die Vorgaben des Waffengesetzes bezüglich der zu verwendenden Sicherheitsbehältnisse sind einzuhalten und nachzuweisen.

Beschäftigt der Unternehmer, der Inhaber der waffenrechtlichen Erlaubnis ist, Mitarbeiter, so gelten die Voraussetzungen des § 4 Abs. 1 WaffG auch für diese Mitarbeiter und sind seitens der Behörde zu prüfen. Insofern muss der Unternehmer zunächst den betroffenen Mitarbeiter, der zum Führen einer Schusswaffe ermächtigt werden soll, der Waffenbehörde melden, die ihrerseits dessen Ermächtigung genehmigen muss. Der Versicherungsschutz ist durch den Unternehmer nachzuweisen, genauer, es ist nachzuweisen, dass die abgeschlossene Versicherung auch das Führen von Waffen durch Mitarbeiter des Unternehmers einschließt.

Voraussetzung für die Erteilung der Erlaubnis ist der Nachweis eines Auftrages zur Bewachung solcher Personen oder Objekte, die eines bewaffneten Schutzes bedürfen. Die behördliche Prüfung des Schutzbedürfnisses orientiert sich hier an den Maßstäben, die bei der Prüfung von Anträgen gefährdeter Personen nach § 19 Abs. 1 WaffG angelegt werden.

5.7 „Kleiner Waffenschein" (§ 10 Abs. 4)

Der „Kleine Waffenschein" (KWS) berechtigt zum Führen von bauartgeprüften SRS-Waffen mit dem Kennzeichen „PTB im Kreis" oder einem anderen anerkannten Zeichen anderer EU-Mitgliedsstaaten, deren Erwerb und Besitz von der Erlaubnispflicht freigestellt ist. **SRS** steht für **S**chreckschuss-, **R**eizstoff- und **S**ignalwaffen. Die Gefahr, die von einer solchen Waffe ausgeht, darf nicht unterschätzt werden – so kann schon ein aufgesetzter Schuss mit einer Knallpatrone zu schwersten Verletzungen führen.

Es entfallen bei der Prüfung des Antrages der Nachweis eines Bedürfnisses, der Sachkunde oder der Haftpflichtversicherung. Insofern sind durch den Sachbearbeiter lediglich das Vorliegen des **Mindestalters** von 18 Jahren, die **Zuverlässigkeit** (§ 5 WaffG, siehe Seite 29) und die **persönliche Eignung** (§ 6 WaffG, siehe Seite 31) zu prüfen.

Der „Kleine Waffenschein" wird **unbefristet** erteilt. Zudem wird nicht eine einzelne Waffe darin vermerkt, sondern die Berechtigung zum Führen jeglicher SRS-Waffen als **Waffenart**.

Der „Kleine Waffenschein" berechtigt nicht zum uneingeschränkten Führen von SRS-Waffen. Es gilt das Verbot des Führens bei öffentlichen Veranstaltungen nach § 42 WaffG einschließlich der möglichen Genehmigung von Ausnahmen der Sonderregelungen. Der „Kleine Waffenschein" kann von der Waffenbehörde mit **Auflagen**, etwa zum verdeckten Führen der SRS-Waffe unter der Oberbekleidung, verbunden werden.

5.8 Munitionserwerbschein (MES)

Die Erlaubnis zum Erwerb und Besitz von Munition wird nach § 10 Abs. 3 Satz 1 WaffG durch Eintragung in eine Waffenbesitzkarte für die darin eingetragenen Schusswaffen erteilt. Diese Regelung bezieht sich zunächst auf die Waffenbesitzkarte (Farbe grün), in der die Erlaubnis zum Erwerb und Besitz von Munition durch Siegelung hinter der betreffenden Waffe erteilt wird.

Die „Waffenbesitzkarte für Sportschützen" (Farbe gelb) nach § 14 Abs. 6 WaffG enthält in ihrem Erlaubnistext bereits die Aussage, dass dieses Dokument die Erlaubnis zum Erwerb und Besitz von Munition für die in ihr eingetragenen Schusswaffen darstellt.

Wenn die entsprechende Erlaubnis nicht durch eine WBK oder durch Eintragung der Erwerbserlaubnis in eine WBK erteilt werden kann, wird ein **Munitionserwerbschein** (MES) ausgestellt, etwa für Inhaber einer WBK nach § 17 WaffG (Sammler) oder § 18 WaffG (Sachverständiger). Die §§ 17, 18 WaffG sprechen ausdrücklich von „Waffen oder Munition", so dass eine Erlaubnis zum Erwerb und Besitz nur durch das jeweilige Erlaubnisdokument, entweder mit einer Waffenbesitzkarte oder einem Munitionserwerbschein, erteilt werden kann.

Die Erlaubnis zum Erwerb ist in der Regel auf sechs Jahre befristet, der Besitz wird dagegen unbefristet gestattet. Somit ist, wenn der MES nicht widerrufen wird, auch nach Ablauf von sechs Jahren der Besitz der Munition weiterhin möglich.

Diese Erlaubnis wird grundsätzlich auf bestimmte Munition beschränkt. Im Falle eines Waffensammlers kann beispielsweise eine Beschränkung auf die Kaliber der im Sammelplan angegebenen Waffen erfolgen. Bei einem **Munitionssammler** wird der MES dagegen auf ein Sammelgebiet ausgestellt.

Neben dem Munitionserwerbschein ist auch die Erlaubnis zum nicht gewerblichen Laden von Munition im Sinne des **Sprengstoffgesetzes** eine mögliche Erlaubnis zum Erwerb und Besitz von Munition. Dabei bezieht sich der Begriff „Erwerb" allerdings nur auf den Vorgang der Inbesitznahme aus dem eigenen Herstellungsvorgang – der Erwerb von Munition von Dritten, etwa im Handel, durch Vorlage eines „**Wiederladerscheins**" wird dadurch nicht möglich und ist durch den Gesetzgeber nicht vorgesehen.

Auf den ersten Blick schwer verständlich ist aufgrund der redaktionellen Gestaltung der Norm die in § 10 Abs. 3 Satz 4 WaffG verwendete Formulierung, dass nach Ablauf der Gültigkeit des Erlaubnisdokuments die Erlaubnis zum Besitz „dieser Munition" für weitere sechs Monate gültig ist. Dieser Passus steht nicht im Widerspruch zur zeitlich unbeschränkten Besitzerlaubnis durch den MES nach § 10 Abs. 3 Satz 2 WaffG, sondern besagt, dass nach Ablauf der Gültigkeit des zugrundeliegenden Erlaubnisdokuments nach dem Sprengstoffgesetz der Besitz über selbst hergestellte Munition für sechs Monate befugt ausgeübt werden kann.

5.9 Schießerlaubnis

Die Erteilung einer Schießerlaubnis erfolgt durch eine Erlaubnis der zuständigen Behörde. Sie erlaubt das Schießen mit der Waffe außerhalb genehmigter Schießstätten. Innerhalb einer genehmigten Schießstätte bedarf es für den Schützen keiner gesonderten Schießerlaubnis.

Die Schießerlaubnis wird beispielsweise **Brauchtumsschützen** erteilt, um im Rahmen einer Feierlichkeit einen Salut zu schießen. Wie für den Waffenschein gilt auch für die Erteilung der Schießerlaubnis, dass das Bestehen einer sachlich geeigneten Haftpflichtversicherung mit einer Deckungssumme in Höhe von einer Million Euro pauschal für Sach- und Personenschäden nachzuweisen ist.[72]

Wird einer Brauchtumsschützenvereinigung eine Schießerlaubnis nach § 16 Abs. 3 WaffG erteilt, ist der Waffenbehörde zur Prüfung von Alterserfordernis, Zuverlässigkeit, persönlicher Eignung, Sachkunde und Bedürfnis ein verantwortlicher Leiter des Vereins zu benennen. Die Erlaubnis kann bis zur Dauer von fünf Jahren erteilt werden. Bei der Prüfung des Antrags ist auch zu prüfen, inwieweit die Allgemeinheit durch das Schießen gefährdet oder belästigt wird. In diesem Falle sind dem Antragsteller entsprechende Auflagen zu erteilen.

5.10 Jagdschein

Der Jagdschein gilt im gesamten Bundesgebiet. Für die erstmalige Erteilung muss die Prüfung zur Erlangung des ersten Jagdscheines erfolgreich abgelegt worden sein. Der Jagdschein wird für ein, zwei oder drei Jahre (**Jahresjagdschein**) oder als **Tagesjagdschein** für einen 14tägigen ununterbrochenen Zeitraum ausgestellt. Zu beachten ist, dass der Jahresjagdschein nicht für Kalenderjahre, sondern ab Ausstellung bis zum 31. März ausgestellt wird.

Jäger ist, wer Inhaber eines gültigen Jagdscheines im Sinne von § 15 Abs. 1 Satz 1 BJagdG ist.[73] Dies setzt voraus, dass er entweder über einen gültigen Tagesjagdschein oder einen gültigen Jahresjagdschein verfügt.

Der **Jagdschein** (somit **Tages- <u>oder</u> Jahresjagdschein**, <u>nicht</u> aber der **Jugendjagdschein**)

- erlaubt den Erwerb und <u>vorübergehenden</u> Besitz nach § 12 Abs. 1 Nr. 1 a) WaffG (im Sinne der **Leihe oder Verwahrung**) in Verbindung mit § 13 Abs. 4 WaffG von **<u>Langwaffen</u>** im Sinne von § 13 Abs. 1 Nr. 2 WaffG und **Schalldämpfern**, die für Langwaffen mit Zentralfeuerkaliber bestimmt sind, für den Gültigkeitszeitraum des Jagdscheins, aber nicht länger als einen Monat,[74]
- erlaubt den Erwerb und Besitz von **Munition,** die <u>geeignet</u> ist für **Langwaffen**, sofern sie nach dem Bundesjagdgesetz nicht verboten ist, unabhängig davon, ob der Betroffene eine Waffe dieses Kalibers besitzt,
- erlaubt das **Führen von und Schießen mit Jagdwaffen** nach § 13 Abs. 6 WaffG und

- ist **Nachweis für das Bedürfnis** im Sinne von § 4 Abs. 1 Nr. 4 und § 8 WaffG, wenn glaubhaft gemacht wird, dass Schusswaffen und Munition zur Jagdausübung oder zum Training im jagdlichen Schießen einschließlich jagdlicher Schießwettkämpfe benötigt werden.

Außerdem **befreit** ein Jagdschein **vom Verbot des Umgangs mit Nachtsichtvorsatz- und -aufsatzgeräten**.

Der **Jahresjagdschein** erlaubt darüber hinaus

- den **Erwerb von Langwaffen** im Sinne von § 13 Abs. 1 Nr. 2 WaffG und **Schalldämpfern**, die für Langwaffen mit Zentralfeuerkaliber bestimmt sind; der befugte dauerhafte **Besitz ist durch Eintragung in einer WBK** zu dokumentieren und
- lässt den gesonderten Nachweis eines **Bedürfnisses** im Sinne von § 4 Abs. 1 Nr. 4 WaffG entfallen für den Erwerb
    - von Langwaffen im Sinne von § 13 Abs. 1 Nr. 2 WaffG
    - Schalldämpfer für Langwaffen mit Zentralfeuerkaliber
    - der ersten oder zweiten Kurzwaffe für die Jagd.

Für den **Erwerb von Kurzwaffen** ist ein Voreintrag in einer WBK erforderlich. Für den Erwerb und Besitz von **Kurzwaffenmunition** gilt, dass das entsprechende Feld der WBK gesiegelt sein muss.

Inhaber eines **Jugendjagdscheins** im Sinne von § 16 BJagdG dürfen ohne Erlaubnis bei der Ausübung der Jagd, zum Training oder zum jagdlichen Schießwettkampf Schusswaffen und für diese bestimmte Munition erwerben und besitzen sowie Schusswaffen führen und mit ihnen schießen. Eine WBK wird ihnen nicht erteilt. Nicht schussbereite Schusswaffen dürfen von ihnen im Zusammenhang mit der Jagd, etwa auf der Fahrt in das Revier, erlaubnisfrei geführt werden. Zu beachten ist das Erfordernis einer **jagdlich erfahrenen Begleitperson** nach § 16 Abs. 2 BJagdG bei der Jagdausübung.

Das **Führen** einer Schusswaffe ist dem Inhaber eines gültigen Jagdscheins ohne Waffenschein erlaubt, wenn die Voraussetzungen von § 13 Abs. 6 WaffG erfüllt werden. Danach darf die Waffe **zur befugten Jagdausübung** einschließlich des Ein- und Anschießens der Waffe im Revier, der Ausbildung von Jagdhunden im Revier sowie zum Jagd- oder Fortschutz geführt werden, und zwar sowohl **schussbereit als auch zugriffsbereit**. Auch das **Schießen** mit der Waffe im Revier ist nach dieser Regelung erlaubnisfrei. **Im Zusammenhang mit der Jagd**, etwa auf der Fahrt ins Revier oder zurück, darf die Jagdwaffe **zugriffsbereit** geführt werden, dabei **aber nicht schussbereit**, also nicht geladen sein.

Einschießen ist das Überprüfen der Treffpunktlage nach Veränderungen an der Waffe, während es sich bei einem **Anschießen** lediglich um zwei bis drei Kontrollschüsse handelt, die der Jäger quasi vor Beginn der Jagd abgibt, um sich von der Zielgenauigkeit seiner Waffe, genauer von der korrekten Justierung der Visiereinrichtung, zu überzeugen.

Eine umfassende Darstellung der waffenrechtlichen Regelungen für Jäger bieten die Praxiskommentierung „Waffenrecht" des Autors sowie seine Lehrbücher für die Jagdausbildung – weitere Informationen finden Sie unter www.juristischer-fachverlag.de in der Internetpräsenz des Verlags.

5.11 Erwerb und Überlassung von Schusswaffen oder Munition

Der Erwerb erlaubnispflichtiger **Schusswaffen** ist in der Regel nur aufgrund einer Erlaubnis der zuständigen Behörde gestattet. Der Antragsteller hat die in Kapitel 2 genannten Voraussetzungen zu erfüllen. Die Erlaubnis wird durch **Voreintrag** in der WBK dokumentiert, der für den Zeitraum von einem Jahr den Erwerb einer Waffe erlaubt, die lediglich nach Art der Waffe und Kaliber bestimmt ist.

Die Erwerbserlaubnis ist durch den Überlasser zu prüfen. Diese Regel nimmt den Überlasser in die Pflicht – denn anders als für den Erwerb ist für das Überlassen keine Erlaubnis erforderlich, es entfällt also die Prüfung durch die Behörde. Macht der Überlasser einen Fehler, indem er etwa einem WBK-Inhaber eine Waffe überlässt, ohne dass dieser eine Erwerbserlaubnis (Voreintrag) hat und es sich nicht um eine vorübergehende Überlassung (Leihe) handeln soll, verstößt er gegen das Waffengesetz. Insbesondere der **dauerhafte Tausch** von Waffen ist **nicht zulässig** – es handelt sich dabei um zwei erlaubnispflichtige Erwerbsvorgänge, somit ist die Erlaubniserteilung zum Erwerb durch Voreintrag in den WBKn beider Erwerber vor dem Tauschvorgang erforderlich.

Für den Erwerb von **Munition** ist es in der Regel notwendig, dem Überlasser eine gültige Erwerbsberechtigung vorzulegen. Mögliche Formen sind:

- WBK mit gesiegeltem Feld „Munitionserwerbsberechtigung" für die betreffende Waffe (gilt für alle mit ihr verwendbaren Kaliber)
- WBK für Sportschützen für darin eingetragene Waffen
- Jagdschein (Tages- / Jahresjagdschein) für Langwaffenmunition
- Munitionserwerbsschein für darin eingetragene Munitionsarten
- ohne Erlaubnis zum sofortigen Verbrauch auf der Schießstätte

Die Erlaubnis sollte grundsätzlich im Original vorgelegt werden. Kopien, auch wenn sie beglaubigt sind, können zum Zeitpunkt der Überprüfung nicht die Beweiskraft einer im Original vorhandenen Urkunde entwickeln. Da der Überlasser einer Waffe aber eine intensive Prüfung der Erwerbsberechtigung durchführen muss, sollten insbesondere Privatpersonen, die einem Dritten eine Waffe überlassen, immer auf Vorlage einer Erwerbsberechtigung im Original bestehen und diese genau prüfen.

Ablauf aus Sicht des Erwerbers

- Beantragung der Erwerbserlaubnis
- Behörde prüft Vorliegen der Erteilungsvoraussetzungen
    - durch behördliche Anfragen
        - Mindestalter
        - Zuverlässigkeit
        - Persönliche Eignung
    - durch Nachweise des Antragstellers
        - Sachkunde
        - Bedürfnis
        - Nachweis der sicheren Aufbewahrung
- Ausstellung einer WBK (oder Voreintrag) durch Behörde
- Vorlage der Erwerbserlaubnis bei Überlasser
- Vorlage der WBK bei Behörde binnen 14 Tagen nach Erwerb
- Eintragung des Erwerbs in WBK durch die Waffenbehörde

Ablauf der Überlassung

- Prüfung der Erwerbserlaubnis durch den Überlasser
    - Voreintrag in Waffenbesitzkarte
    - Gleichwertige Erwerbserlaubnis
        - Jahresjagdschein (nur Langwaffen)
        - WBK für Sportschützen (Waffenarten beachten)
    - Waffenhandelserlaubnis
- Ausstellung eines Lieferscheines (zB Kaufvertrag mit Zeitangabe der Überlassung, bei Versand: Übergabebeleg an Paketdienst)
- Vorlage der WBK zur Austragung der Waffe bei der eigenen Waffenbehörde binnen 14 Tagen nach Überlassung

5.12 Europäischer Feuerwaffenpass (EFP)

Für die **Mitnahme** von Waffen und Munition aus, in und durch **Mitgliedsstaaten**, zum Beispiel zur Teilnahme an Sport- und Brauchtumsveranstaltungen oder zum Zweck der Jagd, kann nach § 32 Abs. 6 WaffG auf Antrag ein „Europäischer Feuerwaffenpass" (EFP) ausgestellt werden, wenn der Antragsteller zum Besitz der Waffen berechtigt ist, zB als WBK-Inhaber.

(Ist in diesem Kapitel von EU-Staaten, Mitgliedsstaaten oder der EU die Rede, umfasst der Begriff EU-Mitgliedsländern und die ***Schengenstaaten*** *Schweiz, Liechtenstein, Norwegen und Island.)*

Der **EFP** ist gemäß § 33 Abs. 1 AWaffV grundsätzlich **fünf Jahre gültig** und dient zum **Nachweis des berechtigten Umgangs mit den darin eingetragenen Waffen und Munition** bei **Mitnahme**innerhalb der EU. Ein gewöhnlicher Aufenthalt des Antragstellers in Deutschland ist nicht erforderlich, nur die zugrundeliegende Berechtigung zum Besitz von Waffen oder Munition nach Anlage 1 A3 WaffG muss von einer deutschen Waffenbehörde ausgestellt und die Mitnahme in einen Mitgliedsstaat beabsichtigt sein. Der in einem anderen Mitgliedsstaat ausgestellte EFP kann von der Behörde als Nachweis der Voraussetzungen nach § 4 Abs. 1 Nr. 1 bis 3 WaffG herangezogen werden, wenn durch den Inhaber eine Erlaubnis nach § 32 Abs. 1 WaffG für die Mitnahme beantragt worden ist.

Der EFP ist **keine Mitnahmeerlaubnis** nach § 32 WaffG und **keine waffenrechtliche Erlaubnis** im Sinne von § 10 WaffG, somit einer WBK nicht gleichgestellt. Er soll kontrollierenden Kräften anderer Mitgliedsländer die Prüfung erleichtern, ob die kontrollierte Person im Besitz einer Erlaubnis ihres Heimatlandes zum Umgang mit Waffen ist, was durch eine länderübergreifende Legitimation geprüft werden soll. Im Falle von Widerruf oder Rücknahme waffenrechtlicher Erlaubnisse ist er gleichwohl behördlich wie eine waffenrechtliche Erlaubnis zu behandeln.

In einigen EU-Staaten ist vor Einreise die Eintragung der Zustimmung zur Waffeneinfuhr einzuholen, die als Sichtvermerk im EFP einzutragen ist. Der **Europäische Feuerwaffenpass ersetzt** im Bundesgebiet nicht die Waffenbesitzkarte und **die Erwerbserlaubnis**, sondern gestattet lediglich die **Mitnahme einer Waffe**, etwa den Grenzübertritt aus Deutschland in einen anderen Mitgliedsstaat mit der Absicht, diese Waffe nach Ende der Reise wieder nach Deutschland zurückzubringen.

Der EFP ermöglicht es **Jägern** sowie **Sport- und Brauchtumsschützen**, *bestimmte Arten von Waffen*[75] in begrenzter Zahl sowie die für den angegebenen Zweck benötigte Munition innerhalb der EU **ohne Mitnahmeerlaubnis** mitzunehmen, sofern sie den Grund der Mitnahme im Sinne des Zwecks der Reise nachweisen können. Dabei sind die gesetzlich festgelegten **Arten von Schusswaffen** (Kategorien nach Anlage 1 A3 WaffG) sowie **die Höchstzahl**, die nach § 32 Abs. 3 WaffG ohne Erlaubnis nach den Absätzen 1 (Mitnahme in oder durch den Geltungsbereich des WaffG) oder 1a (Mitnahme aus dem Geltungsbereich) mitgenommen werden darf, zu beachten, ebenso der jeweilige **Zweck** – so ist die Mitnahme

- **Jägern** von bis zu drei Langwaffen der Kategorie C **zum Zweck der Jagd**,
- **Sportschützen** von bis zu sechs Lang- und Kurzwaffen der Kategorien B und C **zum Zweck des Schießsports** sowie
- **Brauchtumsschützen** von bis zu drei Einzellader-Langwaffen und Repetier-Langwaffen der Kategorie C **zur Teilnahme an Brauchtumsveranstaltungen**

sowie **für diese Waffen bestimmter Munition** ohne Erlaubnis nach § 32 Abs. 1 oder 1a WaffG gestattet, wenn die Waffen und die dafür bestimmte Munition **im EFP eingetragen** sind und **der Besitz im Zuge der Mitnahme nicht** (auch nicht nur vorübergehend) **aufgegeben** wird. Die Mitnahme anderer Waffen, zB Kurzwaffen, oder größerer als der genannten Mengen setzt eine Mitnahmeerlaubnis nach § 32 Abs. 1 oder 1a WaffG voraus.

Der **Besitz in Deutschland** ist für **Inhaber eines nicht in Deutschland ausgestellten EFP** aus einem anderen Mitgliedsstaat für die in den EFP eingetragenen Waffen nach § 12 Abs. 1 Nr. 6 WaffG **von der Erlaubnispflicht freigestellt**, wenn die Voraussetzungen nach § 32 WaffG vorliegen, der Betroffene die Waffe also nach oder durch Deutschland berechtigt mitnimmt. Die Berechtigung kann sowohl durch eine erteilte Erlaubnis als auch durch Wegfall der Erlaubnispflicht durch gesetzliche Ausnahme gegeben sein.

Es empfiehlt sich, den Nachweis über den Mitnahmezweck, zB eine Einladung zu einem Wettkampf oder eine Jagdeinladung, rechtzeitig vor Beginn der Reise von dem Gastgeber oder Veranstalter anzufordern.

Nach § 32 Abs. 5 Nr. 1 WaffG ist die **Mitnahme in den Geltungsbereich des WaffG von der Erlaubnispflicht freigestellt**, wenn die betroffene Person hier eine **waffenrechtliche Erlaubnis für Erwerb und Besitz** der jeweiligen Waffe oder Munition hat. Anders als Abs. 1a stellt die Regelung nicht bloß auf eine Berechtigung zum Umgang im Inland ab, sondern auf eine bestehende Erlaubnis; von der Erlaubnispflicht freigestellte Vorgänge wie Erwerb und Besitz zur Leihe stellen keine Erlaubnis nach Abs. 5 dar. Fehlt eine solche Erlaubnis, ist nach Abs. 1 eine Mitnahmeerlaubnis zu beantragen.

Nach § 32 Abs. 5 Satz 2 WaffG ist der **Jagdschein** als jagdrechtliche Erlaubnis bezüglich der Vorschriften für die Mitnahme nicht einer WBK gleichgestellt und stellt **keine waffenrechtliche Erlaubnis** im Sinne von § 32 Abs. 5 Nr. 1 WaffG dar. Somit ist insbesondere bei **Einfuhr von Munition** für den Ausnahmefall des § 32 Abs. 5 Nr. 1 WaffG eine Erlaubnis erforderlich, die in Form eines Munitionserwerbsscheins oder einer in die WBK eingetragenen Erlaubnis (Siegel zum Munitionserwerb und -besitz) nachzuweisen ist. Da der EFP im Geltungsbereich des WaffG nicht die WBK ersetzt, unterfällt der Transport einer nicht schussbereiten und nicht zugriffsbereiten Waffe nicht der Erlaubnisfreistellung nach § 12 Abs. 3 Nr. 2 WaffG, wenn eine Person aus einem anderen Mitgliedsstaat eine Waffe im Geltungsbereich des WaffG erworben hat und diese in eigener Obhut verbringen will.[76]

Kapitel 6 behandelt das **Beschussrecht**. Anders als das Waffenrecht regelt das Beschussgesetz in Verbindung mit der Beschussverordnung die Prüfung und Zulassung von Waffen und Munition sowie anderen Gegenständen wie zum Beispiel Böllern (Handkanonen).

Waffengesetz und Beschussgesetz sind aus dem vor 2003 geltenden Waffengesetz und dessen Verordnungen hervorgegangen. Die Geltungsbereiche beider Normen werden durch einen Vergleich mit dem Verkehrsrecht verständlicher: Die StVO (Straßenverkehrsordnung) legt fest, dass beim Abbiegen geblinkt werden muss, und die StVZO (Straßenverkehrs<u>zulassungs</u>ordnung) besagt, dass ein Blinker vorhanden sein muss und wie er zu blinken hat. Waffengesetz und Beschussgesetz stehen gleichberechtigt nebeneinander.

Das **Lernziel** in diesem Kapitel ist das Wissen um die Durchführung der Beschussprüfung, die Pflicht zum Neubeschuss nach Arbeiten an höchstbeanspruchten Teilen und die Kennzeichnung von Waffen und Munition, die die Prüfung bestanden haben.

Die **wichtigsten Fakten** in diesem Kapitel:

- Anders als das Waffengesetz spricht das Beschussgesetz nicht von den wesentlichen, sondern den **höchstbeanspruchten** („dem Gasdruck ausgesetzten") **Teilen** einer Waffe – die von den Begriffen erfassten Bestandteile von Schusswaffen sind dabei annährend deckungsgleich.
- Waffen und Munition, die die Beschussprüfung bestanden haben, werden durch **Prüfzeichen** gekennzeichnet. Dabei wird **jedes höchstbeanspruchte Teil** einer Schusswaffe mit einem **Beschusszeichen** gekennzeichnet, bei **Munition** erfolgt die **Kennzeichnung auf der kleinsten Verpackungseinheit**.
- Wird ein höchstbeanspruchtes Teil **bearbeitet**, muss es **erneut** der **Beschussprüfung** unterzogen werden.
- Nur Schusswaffen mit **gültigem Beschusszeichen** dürfen zum **Schießen** verwendet oder anderen **überlassen** werden.
- **Jede Schusswaffe** muss vor dem Inverkehrbringen **beschossen** werden; **Munition** wird **stichprobenartig** überprüft.
- Die Beschussprüfung erfolgt grundsätzlich mit zwei Beschusspatronen aus jedem Lauf der Waffe. Bei einem Revolver wird jede Kammer der Trommel geladen und abgeschossen.
- Der **Gasdruck** einer **Beschusspatrone**, die durch einen geriffelten Hülsenboden erkennbar ist, ist **25 bis 30 Prozent höher** als höchste zulässige Gasdruck einer Patrone dieses Kalibers.

Lesen Sie ergänzend auch die Regelungen des Waffengesetzes zur Kennzeichnung von Waffen im Gesetzestext, die Sie in § 24 WaffG und § 21 AWaffV finden.

6 Das Beschussgesetz (BeschG)

6.1 Geltungsbereich und Zweck

Die Beschusspflicht, der die Hersteller und Importeure von Schusswaffen unterliegen, **soll** den Benutzer und Dritte **vor Gefahren schützen**. Geregelt wird der Beschuss im Waffengesetz sowie im **Beschussgesetz** (BeschG) nebst den dazugehörigen Verordnungen. Das BeschG regelt die Prüfung und Zulassung von Feuerwaffen, Böllern, Munition und sonstigen Waffen sowie Geräten, bei denen zum Antrieb Munition oder hülsenlose Treibladungen verwendet werden. **Beschusszeichen** finden sich in der **Beschussverordnung** (BeschussV) – die nachfolgend genannten **Kennzeichnungen** sind keine Beschusszeichen im Sinne des Beschussgesetzes.

Waffen, die nach dem 31.12.1890 hergestellt wurden (ab dem Baujahr 1891), unterliegen grundsätzlich der Beschusspflicht. Sofern sie kein Beschusszeichen nach dem aktuellen Beschussgesetz oder ein anerkanntes Beschusszeichen eines anderen Staates tragen[77], müssen sie zumindest eine andere anerkannte Kennzeichnung aufweisen, wie etwa die Prüfzeichen deutscher Behörden.[78] Waffen der Bundeswehr oder anderer Bundes- und Landesbehörden (Polizei, Zoll o. ä.), die **nach dem 1. Dezember 1968** beschossen wurden, müssen nicht erneut (zivil) nachbeschossen werden, wenn diese Waffen den Vorschriften des Beschussgesetzes entsprechen. Für alle anderen Dienstwaffen (Reichswehr, Wehrmacht, aber eben auch Polizei o. ä. bis zum 14.6.1968) gilt: Das Beschusszeichen hat keine Gültigkeit. Beachten Sie: Entsprechende Kennzeichen des **Deutschen Reiches** oder der **DDR** für zivile Waffen haben uneingeschränkte Gültigkeit. Zu beachten ist, dass die behördlichen Prüfzeichen BMI/BWB zwar national, aber nicht im Bereich der CIP anerkannt sind.[79]

Der Beschuss selbst erfolgt in der Regel mit zwei **Beschusspatronen** pro Lauf, bei Revolvern mit einer Beschusspatrone pro Patronenlager (Kammer). Der Gasdruck, der von den Beschusspatronen (erkennbar am **gerändelten Patronenboden**) erzeugt wird, ist je nach Waffenart 25 bis 30 Prozent höher als der gesetzlich vorgeschriebene Höchstgebrauchsgasdruck. Übersteht die Waffe diesen Beschuss, der die Waffe außergewöhnlich belastet, ist in der Regel sichergestellt, dass bei der Verwendung von normaler Munition in dieser Waffe keine Unglücksfälle durch Laufsprengungen oder ähnliches passieren können. Darum ist es sinnvoll, **alte Waffen**, mit denen nach längerer Zeit wieder einmal geschossen werden soll, vor der Benutzung einem **erneuten Beschuss** zu unterziehen. Geprüft werden durch den Beschuss die zu prüfenden Stücke auf

- Haltbarkeit,
- Funktionssicherheit,
- Maßhaltigkeit und
- Erfüllung der Vorschriften zur Kennzeichnung.

Der Beschusspflicht unterliegt nicht erst die vollständig hergestellte und zum Verkauf vorbereitete Waffe, sondern auch schon die weißfertige. **Weißfertig** im Sinne des Beschussgesetzes sind Gegenstände, wenn alle materialschwächenden (im Sinne von Bohren, Abdrehen o. ä.) oder materialverändernden (wie etwa das Schweißen oder Härten) Arbeiten beendet sind – ausdrücklich ausgenommen von dieser Regelung sind Gravurarbeiten, da es sich bei dieser Behandlung des Gegenstandes nur um minimale Eingriffe in die Oberflächenstruktur handelt.[80] Auch das Brünieren oder Polieren der Läufe ist keine Tätigkeit, die vor dem Zustand der „Weißfertigkeit" erfolgt sein muss. Voraussetzung für die Beschussprüfung ist, dass der Prüfling mindestens weißfertig ist.[81] Der Begriff „weißfertig" leitet sich von der hellen Farbe des Metalls vor dem Brünieren („Schwärzen") ab.

Ausnahmen von der generellen Beschusspflicht des einzelnen Stückes bestehen für bestimmte Feuerwaffen und Gegenstände, deren Gefährlichkeit für den Bediener und Dritte derart gering ist, dass eine **Bauartzulassung** ausreicht, um Gefahren zu erkennen. Bauartgeprüfte Feuerwaffen und Gegenstände tragen anstelle eines Beschusszeichens ein **Zulassungszeichen** („CIP T", bis 2014: PTB im Viereck).

Die Bauartzulassung anstelle des Einzelbeschusses ist zulässig für[82]

- pyrotechnische Munition
- Gasböller[83]
- bestimmte Einsteckläufe und Reduzierhülsen / -stücke
- Feuerwaffen im Kaliber 4 mm und 6 mm Flobert
- Schussapparate und ihre Zusatzgeräte

Als **Schussapparate** gelten tragbare Geräte, die für gewerbliche oder technische Zwecke bestimmt sind und bei denen zum Antrieb Munition verwendet wird.

Böller sind Geräte, die ausschließlich zur Erzeugung eines Schussknalls bestimmt und keine Feuerwaffen oder Geräte zum Abschießen von Munition sind. Unter den Begriff fallen sowohl tragbare (Handböller) wie nicht tragbare (Standböller) Modelle.

Ausgenommen von der Beschusspflicht sind **Feuerwaffen**, die **vor dem 1. Januar 1891** **hergestellt** wurden und **nicht verändert** worden sind[84] sowie Schusswaffen mit einem Patronen- oder Kartuschenlager unter 6 mm Durchmesser und unter 7 mm Länge[85].

Nicht anzuwenden ist das BeschG auf bereits **unbrauchbar gemachte Schusswaffen** sowie Feuerwaffen, die zum Verschießen von Munition mit einer **Ladung von höchstens 15 mg** bestimmt sind. Sonstige beschusspflichtige Gegenstände unterliegen nicht dem BeschG, wenn sie in **verschlossenen Zoll-Lagern** oder **in Freizonen** lagern. [86]

Druckluft-, Federdruck- und Druckgaswaffen unterliegen nicht der Erwerbserlaubnispflicht, wenn die Bewegungsenergie der Geschosse 7,5 J nicht übersteigt. Der auf der Waffe sichtbare Nachweis ist das Prüfzeichen **„F im Fünfeck"**. Es darf durch den Hersteller auf den Waffen einer Serie dauerhaft angebracht werden, wenn er der Physikalisch-Technischen Bundesanstalt (**PTB**) fünf Messprotokolle und ein Hinterlegungsmuster überlassen hat. Die Protokolle sind durch ein Beschussamt oder bei dem Hersteller durch ein kalibriertes Geschwindigkeitsmessgerät zu erstellen.[87] Ältere Schusswaffen können bei Einhaltung des Bewegungsenergie-Grenzwertes durch Prüfung bei einem Beschussamt ein „F im Fünfeck" erlangen. Daneben ist das Ortszeichen des Beschussamtes anzubringen, bei **Feuerwaffen** mit „F im Fünfeck" (bis 7,5 J) zusätzlich als Zeichen der Bauartzulassung das Zeichen „CIP T" (bis 2014: PTB im Viereck).

6.2 Begriffsbestimmungen

Beschusszeichen bestehen aus dem Kürzel „CIP" (bis 2014: Bundesadler) und einem Kennbuchstaben. Sie geben die Art des Beschusses an.

Ortszeichen erlauben den Rückschluss auf das Beschussamt, das den Beschuss durchgeführt hat. Das Ortszeichen ist auch wichtig für die Wiedervorlage der Waffe, sofern beim zuvor beantragten Beschuss ein Mangel festgestellt wurde. Die Wiedervorlage soll nur bei dem Beschussamt erfolgen, dessen **Rückgabezeichen** auf der Waffe angebracht wurde.

Prüfzeichen ist die Bezeichnung für **Beschuss-** und **Ortszeichen sowie andere Zeichen**, die im Rahmen der Beschussprüfung an der Waffe angebracht werden, zum Beispiel **Jahreszahlen**.

Von den Beschusszeichen zu unterscheiden ist die waffengesetzlich[88] geforderte **Kennzeichnung von Waffen** nach § 24 WaffG. Der Hersteller oder Importeur hat auf dem **führenden wesentlichen Teil** der Schusswaffe seinen Namen, Firmennamen oder Markennamen anzubringen, das

Herstellungsland in Form eines normierten Landeskürzels, darüber hinaus die Bezeichnung der Munition oder der zu verwendenden Geschosse, bei Importwaffen das Einfuhrland in Form eines normierten Landeskürzels sowie eine fortlaufende Nummer (**Seriennummer**). Auf **Lauf** und **Patronenlager** sind Munition oder Laufkaliber anzugeben. Alle anderen wesentlichen Teile, die nicht das führende wesentliche Teil sind, sind nur mit Herstellerangabe (Name, Firma oder Markenzeichen) und Seriennummer zu kennzeichnen.

Kann die Trommel eines Revolvers ohne Anwendung von Hilfsmitteln ausgetauscht werden (Wechseltrommel), ist auch auf ihr die Munitions- oder Geschossbezeichnung anzubringen.

Von dieser Kennzeichnungspflicht ausgenommen sind unter anderem solche **erlaubnispflichtigen Schusswaffen**, die Aufnahme in einer **kulturhistorisch bedeutsamen Sammlung** finden sollen. Auch für **Munition**, die Teil einer Sammlung ist oder werden soll, gilt diese Ausnahme.

Zudem gilt, dass **wesentliche Teile** erlaubnispflichtiger Schusswaffen **gesondert** mit einer Seriennummer gekennzeichnet und im Waffenbuch des Händlers festzuhalten sind, wenn sie **einzeln gehandelt** werden, etwa bei der Verwertung einzelner wesentlicher Teile einer Grundwaffe.

Tragen die wesentlichen Teile einer Waffe unterschiedliche Seriennummern, etwa durch Verwendung eines Ersatzteiles oder aufgrund ihrer modularen Bauweise, ist bei der **Dokumentation** (WBK, Handelsbuch) die Seriennummer **des führenden wesentlichen Teiles**[89] zu verwenden.

Waffenhändler sind **verpflichtet** zu überprüfen, ob Schusswaffen oder Munition die vorgeschriebene Kennzeichnung tragen, bevor sie gewerbsmäßig einem anderen überlassen werden.[90] Dabei ist **jede Waffe einzeln** zu kontrollieren; für die Prüfung der Kennzeichnung von **Munition** reichen dagegen **Stichproben** aus. Trägt eine ältere Waffe **keine Seriennummer**, ist bei der zuständigen **Behörde** eine solche zu **beantragen** (Zuteilung aus Nummernkontingent).

Schusswaffen dürfen nur überlassen oder zum Schießen verwendet werden, wenn sie ein **gültiges Beschusszeichen** tragen.[91] Das gilt nicht, wenn die zuständige Behörde (idR Beschussamt) bescheinigt, dass die amtliche Prüfung nicht durchgeführt werden kann – eine Verwendung ist dann nicht mehr zulässig.[92] Diese Regelung gilt auch für **historische Waffen**, bei denen die Anbringung der Prüfzeichen auf Wunsch des Sammlers unterbleiben soll.

Die erweiterte Kennzeichnungspflicht ist Teil der Änderungen des Waffengesetzes zum 1. April 2008 gewesen. Sie gilt auch für solche Waffen, die bereits zu diesem Zeitpunkt im Warenbestand eines Waffenhändlers lagerten, aber bislang nicht überlassen wurden. Hier gilt die Pflicht zur **nachträglichen** Kennzeichnung.

Grundsätzlich werden beim **Beschuss** nicht nur Stichproben durchgeführt – **jede einzelne Waffe** wird beschossen (beachten Sie Ausnahmen wie Bauartzulassungen etc.). Dies gilt auch für **SRS-Waffen**, die zwar keine Schusswaffe im Sinne des WaffG sind, aber **Munitionsabschussgeräte**, womit sie unter den Begriff der **Feuerwaffe** im Sinne des Beschussgesetzes fallen.[93] Ausgenommen sind SRS-Waffen Kaliber 6 mm Flobert Platz.[94]

Durch die Einzelprüfung gelangen nur Waffen in den Handel, die auf Verwendungssicherheit geprüft wurden. Gleiches gilt nach Arbeiten an der Waffe, bei denen materialschwächende Arbeiten an wesentlichen Teilen vorgenommen wurden oder eine Anpassung eines bereits beschossenen wesentlichen Teiles notwendig war.

6.3 Anbringung der Prüfzeichen

Prüfzeichen sind **an jedem höchstbeanspruchten Teil** der Waffe **dauerhaft sichtbar** anzubringen[95], in der Regel durch Einschlag an den **wesentlichen Teilen** der Waffe.

Wesentliche Teile einer Waffe sind alle Bestandteile, die **notwendig** sind, **um einen Schuss abgeben zu können**. Bei einer **Kurzwaffe** reicht es beispielsweise nicht aus, nur Lauf und Verschluss zu haben – auch das Griffstück ist wesentliche Voraussetzung für die Abgabe des Schusses. Anders verhält es sich mit dem **Magazin** – schließlich ließe sich die Patrone von Hand in das Patronenlager einführen.

Die **höchstbeanspruchten Teile einer Schusswaffe** sind diejenigen, die dem **Gasdruck** ausgesetzt sind, also:

- **Lauf** (auch Austauschlauf, Wechsellauf)
- **Verschluss** („Schlitten")
- **Patronen**- oder **Kartuschenlager**, **Trommeln**, Wechseltrommeln
- **Griffstück** (bei Kurzwaffen)

- **Jedes dieser Teile** erhält ein **Beschusszeichen**. Außerdem muss **auf einem höchstbeanspruchten Teil** der Waffe (nicht auf jedem) das

Ortszeichen aufgebracht werden sowie die codierte oder uncodierte Jahreszahl.

- Die **Jahreszahl** ist zweistellig, uncodiert mit den Ziffern 0 bis 9, codiert mit den entsprechenden Buchstaben A bis K (ohne J). Beispiel: 2005 wäre „05“ oder „AF“, 2043 wäre „43“ oder „ED“.

0	1	2	3	4	5	6	7	8	9
A	B	C	D	E	F	G	H	I	K

- Bei einer **Einzelprüfung**, zum Beispiel eines einzelnen Laufes, sind **alle Prüfzeichen** auf diesem einzelgeprüften Stück anzubringen.

Nach Arbeiten an den höchstbeanspruchten Teilen (zum Beispiel nach Verkürzen des Laufes) ist ein **erneuter Beschuss** gesetzlich vorgeschrieben,[96] wenn durch die Arbeiten das **Material geschwächt oder verändert** wurde. Gleiches gilt für Schusswaffen, bei denen ein höchstbeanspruchtes Teil **eingepasst** werden musste oder nicht mit dem für diese Waffe vorgeschriebenen Beschussgasdruck beschossen wurde.

Wird bei der Prüfung ein Mangel an der Waffe festgestellt, wird die Waffe an den Antragsteller zurückgegeben. Diese Rückgabe wird auf der Waffe festgehalten, und zwar in Form des **Rückgabezeichens**. Da es sich beim Rückgabezeichen um einen Teil der Kennzeichnung handelt, die bei bestandener Beschussprüfung auf der Waffe angebracht wird, ist es möglich, den Mangel noch zu beheben. Das **Rückgabezeichen** besteht aus dem **Ortszeichen** des Beschussamtes sowie dem **Jahrescode** – es fehlt nur das **Prüfzeichen**, zum Beispiel „CIP N“.

Vorhandene Prüfzeichen sind durch **Einschlagen eines „X“** auf oder neben dem Prüfzeichen zu **entwerten** – das gilt für jedes höchstbeanspruchte Teil der Waffe.[97]

Auf unbrauchbar gemachten Schusswaffen muss ab dem 8. April 2016 nach Maßgabe der „Durchführungsverordnung (EU) 2015/2403 der Kommission“ (Deaktivierungsverordnung zur EU-Feuerwaffenrichtlinie) nach Feststellung der Unbrauchbarmachung das Prüfzeichen deutlich sichtbar und nicht entfernbar angebracht werden. Die ursprüngliche Seriennummer der Feuerwaffe ist dabei beizubehalten, bei verschiedenen Teilenummern gilt das für alle Teilenummern. Das vollständige Zeichen wird dabei nur auf dem Rahmen (Griffstück) der Feuerwaffe angebracht, das **Deaktivierungszeichen** („EU“) und der **Ländercode** des Landes, in dem die Deaktivierung geprüft wurde (etwa „DE“ für Deutschland) auf allen anderen wesentlichen Teilen angebracht.[98]

Bei einem **Import** von **Softair- oder Paintballwaffen** ist zu beachten, dass der Importeur eine Genehmigung der zuständigen Behörde für die Einfuhr dieser Waffe benötigt - ohne das Prüfzeichen „F im Fünfeck“ handelt es sich um eine erlaubnispflichtige Waffe. Die Einfuhrgenehmigung ist kostenpflichtig. Die Waffe ist einem Beschussamt zur Prüfung vorzulegen.

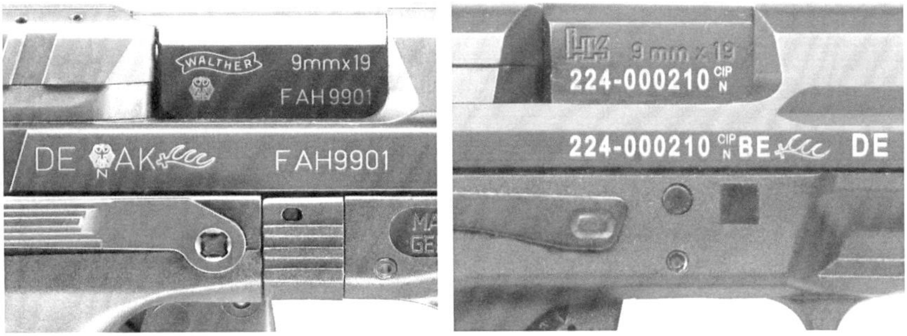

Beispiele für Kennzeichen und Beschusszeichen: Links Pistole Walther P99, Herstellungsland Deutschland, Beschussamt Ulm, „Normaler Beschuss“ (Adler N) im Jahr 2009 (AK), Seriennummer FAH9901, Kaliber 9 mm x 19; rechts Pistole Heckler & Koch SFP 9, Herstellungsland Deutschland (DE), Beschussamt Ulm, „Normaler Beschuss“ (CIP N) im Jahr 2014 (BE), Seriennummer 224-000210, Kaliber 9 mm x 19.

6.4 Kennzeichnung von Munition

Munition muss über einen **Prüfnachweis** verfügen, wenn sie Dritten gewerblich überlassen werden soll – allerdings wird nicht die **einzelne Patrone** gekennzeichnet, sondern **nur die Außenfläche der kleinsten Verpackungseinheit**. Aus diesem Grunde darf Munition gewerbsmäßig nur in der Originalverpackung überlassen werden, in der sie vom Hersteller ausgeliefert worden ist, denn so kann der Erwerber im Handel problemlos erkennen, ob diese Munition geprüft wurde.

Auf der Verpackung müssen neben dem Prüfzeichen („CIP M" mit daneben gesetztem Ortszeichen, vormals Patronensymbol mit Ortszeichen darin) der Hersteller, die Fertigungsserie, die Bezeichnung der Munition sowie die Zahl der enthaltenen Patronen oder Kartuschen angegeben sein. Oftmals sind auch Angaben zur Bewegungsenergie und Mündungsgeschwindigkeit der Geschosse auf der Verpackung zu finden.

Jede **Patronenhülse** muss so gekennzeichnet sein, dass sowohl der **Hersteller** als auch die **Bezeichnung der Munition** abgelesen werden können. Die Kennzeichnung erfolgt auf dem Hülsenboden. Die Kaliberangabe muss CIP-konform sein, militärische Codierungen reichen nicht aus. „**Surplus-Munition**" aus Militärbeständen ist auf dem Hülsenboden mit nicht CIP-konformen Angaben gekennzeichnet und muss daher durch einen nachträglich angebrachten Aufdruck auf der Hülse nachgekennzeichnet werden, bevor sie im Zivilbereich gewerblich überlassen werden darf.

Kennzeichnung auf dem Hülsenboden einer Büchsenpatrone

Die **abweichende Kennzeichnung** einiger Munitionsarten wie Randfeuermunition, Kartuschen- oder pyrotechnischer Munition regelt § 17 BeschussV. Im Falle dieser Munitionsarten kann die Kennzeichnung auf dem Hülsenboden oder durch die Farbe der Kartuschenabdeckung erfolgen. So tragen **Kleinkaliberpatronen** als **Randfeuermunition** auf dem Hülsenboden **nur das Herstellerkennzeichen**.[99] Die Zusätze bei der Kaliberbezeichnung sind von enormer Bedeutung – denn jede Waffe darf nur mit der für sie vorgesehenen Munition geladen werden. Zusätze wie Magnum, Special, Luger oder IS müssen unbedingt beachtet werden.

Anders als bei Schusswaffen erfolgt die **Prüfung von Munition** nur **stichprobenartig** nach Maßgabe der Anlage III der BeschussV. Alle **Lose** eines Herstellers unterliegen dabei einer Fabrikationskontrolle. Der Begriff des Loses ist in der BeschussV für inländische Produktion bestimmt als Gesamtheit einer Munition desselben Typs, der von demselben Hersteller in einer Serie gefertigt wird, ohne Änderung wesentlicher Komponenten.[100]

Munition, die Teil einer **Munitionssammlung** ist oder werden soll, muss keine Zeichen tragen.[101]

Ausgenommen[102] von Zulassungspflicht, Fabrikationskontrolle und regelmäßiger behördlicher Kontrolle sind

- **Treibladungen** nach § 11 Abs. 1 BeschG und
- nicht gewerbsmäßig **wiedergeladene Munition**.

Gleiches gilt für **Beschussmunition** und **Munition für Sammlungen**, sofern grundlegende Sicherheitsforderungen[103] erfüllt werden.

6.5 Ältere Kaliberangaben auf Flinten

Eine abweichende Form der Kaliberangabe findet sich auf älteren Flinten.[104] Die Kaliberangabe wird hier lediglich in Form der nachstehenden Zeichen (Zahl im Kreis) in den Lauf eingeschlagen. Die Zahl steht für die Abmessungen des Lagers und damit der Munition, die verschossen werden darf, sowie des in die WBK einzutragenden Kalibers – die Länge des Patronenlagers kann daneben angegeben sein. Ohne diese Angabe gilt:

Angabe mit Kreis	Patronen bis Kaliber
⑫	12/65
⑯	16/65

6.6 Zeichen

Bis 12/2013	Ab 01/2014	
N	CIP N	Normaler Beschuss, Verschießen von Munition mit normalem Gebrauchsdruck
L	CIP N	Normalbeschuss bei Antrieb mit flüssigem (Liquid) oder gasförmigem entzündliches Gemisch oder Treibladung*
J	CIP N	Instandsetzungsbeschuss*
F	CIP N	Freiwilliger Beschuss*
V	CIP S	Verstärkter Beschuss, Verschießen von Munition mit überhöhtem Gasdruck (zB Magnum-Schrot)
SP	CIP PN	Normalbeschuss, Verschießen von Schwarzpulver (SP) (frz. „poudre noir", als Kürzel „PN" gestempelt 1991 bis 2006 unter dem Bundesadler, ab 2014 unter CIP)
B	B	Böllerbeschuss
	CIP	Stahlschrotbeschuss
PTB	CIP T PTB	Zulassungszeichen nach § 7 BeschG (Einsteckläufe, Schussapparate, bestimmte Handfeuerwaffen) mit Nummer der Bauartprüfung (ab 2014 mit Ortszeichen „PTB")
	CIP M	Prüfzeichen für Munition (alt hier: Beschussamt München); Systematik: Prüfzeichen mit Ortszeichen nebenstehend

* Diese Art des Beschusses wird ab 2014 als Normaler Beschuss (CIP N) gekennzeichnet

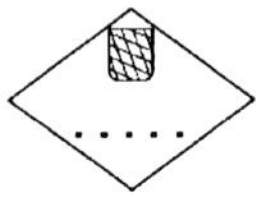

Zulassungszeichen „Bauartgeprüft nach § 9 Abs. 1 BeschG", zB auf älteren unbrauchbar gemachten Waffen (Systematik: Raute mit Ortszeichen innen und Nummer)

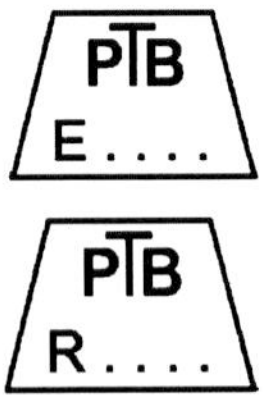

Zulassungszeichen
„Bauartgeprüft nach § 9 Abs. 2 Nr. 2 - 4 BeschG"

E: Elektroimpulsgerät

R: Reizstoffe

Kennzeichen für Waffen, deren Geschosse nicht mehr als 7,5 Joule Bewegungsenergie erhalten (zB Druckluftwaffe)

Prüfzeichen Beschussstelle der Bundespolizeidirektion nach § 1 Abs. 7 BPolZV am Standort St. Augustin, ehemals Grenzschutzpräsidium West

Buchstabe B: Erstbeschuss
Buchstabe J: Instandsetzungsbeschuss

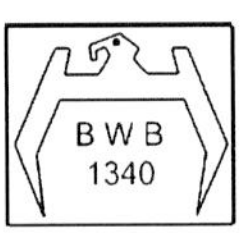

Prüfzeichen des Bundesamtes für Wehrtechnik und Beschaffung (BWB) für Beschuss; die Nachfolgedienststelle Bundesamt für Ausrüstung, Informationstechnik und Nutzung der Bundeswehr (BAAINBw) stempelt mit gleichem Symbol und Prüfernummer, aber ohne Schriftzug

---

Zulassungszeichen der PTB (Physikalisch-Technische Bundesanstalt) nach § 8 BeschG für bauartgeprüfte Schreckschuss-, Reizstoff-, Signalwaffen

---

EU DE  2017

Deaktivierungszeichen (EU) am Beispiel einer unbrauchbar gemachten Schusswaffe, in Deutschland (Ländercode DE) im Beschussamt Köln (Ortszeichen) im Jahre 2017 geprüft

---

Zulassungszeichen der BAM (Bundesanstalt für Materialforschung und -prüfung) für pyrotechnische Munition nach § 10 Abs. 1 BeschG

6.7 Ortszeichen

Kiel, Schleswig-Holstein
(Nesselblatt des Landeswappens von Schleswig-Holstein)

Köln, Nordrhein-Westfalen
(Die Drei Kronen des Kölner Stadtwappens)

Mellrichstadt, Bayern
(Halbrundschild mit Rautenmuster)

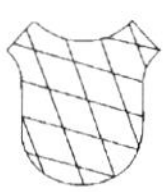

München, Bayern
(Halbrundschild mit erweiterten Spitzen, „Bierschürze")

Suhl, Thüringen
(Sohle mit Hacke aus dem Wappen der Bergbaustadt)

Ulm, Baden-Württemberg
(Geweihstange, Zeichen des Ulm-Vorläufers Oberndorf a.N.)

Hannover, Niedersachsen
(Sachsenross des niedersächsischen Landeswappens)

PTB

Physikalisch-Technische Bundesanstalt, Braunschweig

6.8 Beschusszeichen anderer Staaten

Die Beschusspflicht gilt nicht, wenn die Waffe ein gültiges Beschusszeichen eines CIP-Staates trägt. Die **CIP-Staaten** (Commission Internationale Permanente pour l'Epreuve des Armes à Feu Portatives) haben die gegenseitige **Anerkennung der Beschusszeichen** vereinbart. CIP-Staaten sind:

Belgien

Chile

Finnland

Frankreich

Großbritannien

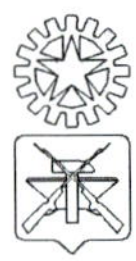
Italien

Österreich

Russland

Slowak. Rep.

Spanien

Tschech. Rep.

Ungarn

Vereinigte Arabische Emirate

Deutschland

Die abgebildeten Zeichen stehen für Beschussstellen der jeweiligen Staaten; national können verschiedene Beschussstellen tätig werden.

Dies ist insbesondere für Erwerber von Waffen aus den USA oder der Schweiz wichtig – Schusswaffen von Smith & Wesson, Ruger oder Colt, die in Deutschland gehandelt oder verwendet werden, müssen ein deutsches Beschusszeichen oder das eines anderen CIP-Staates tragen.

Die **Beschusszeichen untergegangener Staaten** sind **weiterhin gültig**, wenn der betreffende Staat CIP-Staat war und die Prüfung während jener Zeit erfolgte, in der der Beschuss dieses Staates in der CIP anerkannt war.

7 Das Notwehrrecht

Ein Waffenbesitzer kann in die Situation kommen, dass er sich oder einen anderen Menschen mit seiner Waffe verteidigen muss - ein Beispiel.

Es ist ein heißer Sommertag. Sportschütze Max befindet sich auf der Fahrt zum Schießtraining. Als er an einer Ampel verkehrsbedingt anhalten muss, bemerkt er Schreie. Als er nach rechts blickt, erkennt Max, dass auf einem Spielplatz ein großgewachsener Mann in Armeekleidung eine Axt schwingt. Soeben hat er mit der massiven Waffe einen Stuhl zertrümmert – mehrere Kinder laufen schreiend vor dem Mann davon. Der Mann versucht, die fliehenden Kinder mit der Axt zu treffen – bislang vergebens. Aber es ist nur eine Frage von Sekunden, bis ein Hieb treffen wird.

Max zögert nicht lange und steigt aus seinem Wagen. Er öffnet seinen Kofferraum, den darin liegenden Waffenkoffer, entnimmt seinen Revolver und füllt die Trommel mit sechs Patronen Kaliber .357 Magnum. Max tritt an den Spielplatz heran und ruft den Axtmann an. Der Mann reagiert und wendet sich nun Max zu, geht mit erhobener Axt auf Max los.

In diesem Moment gibt Max einen Warnschuss ab und legt daraufhin auf den Mann an. Beeindruckt von dem Warnschuss lässt der die Axt fallen und flieht.

Wie ist diese erfundene Geschichte rechtlich zu bewerten? Um es kurz zu machen: Max handelt in diesem Falle in Notwehr. Zwar hat er keinen Waffenschein und darf somit in der Öffentlichkeit seine Waffe nicht führen; auch eine Schießerlaubnis liegt nicht vor. Allerdings ist der „wilde Mann" im Begriff, mit einer Axt andere Menschen tödlich zu verletzen – aus diesem Grunde kann sich Max auf Notwehr (in diesem Falle: Nothilfe) berufen.

7.1 Notwehr

Die **Notwehr** ist, wie der Notstand, im Strafgesetzbuch (StGB) geregelt. So heißt es in § 32 StGB:

(1) Wer eine Tat begeht, die durch Notwehr geboten ist, handelt nicht rechtswidrig.

(2) Notwehr ist die Verteidigung, die erforderlich ist, um einen gegenwärtigen rechtswidrigen Angriff von sich oder einem anderen abzuwenden.

Prüfen wir die Geschehnisse Punkt für Punkt:

Verteidigung: Max hat den Warnschuss abgegeben, um den Axtmann von sich abzuwehren.

Erforderlich: Der Axtmann griff die Kinder an, und nach dem Anrufen Max selbst. Ein Polizist war nicht in der Nähe, und nach Würdigung aller Umstände konnte Max nicht davon ausgehen, den Axtmann anders abwehren zu können.

Gegenwärtig: Der Axtmann bewegte sich auf Max zu, und alle Umstände deuteten darauf hin, dass ein Hieb mit der Axt kurz bevorstand.

Rechtswidrig: Der Axtmann durfte nicht mit der Axt angreifen.

Angriff: Ein Angriff ist jede von einem Menschen ausgehende Gefährdung rechtlich geschützter Interessen. Der bevorstehende Axthieb, der von dem Mann geführt werden würde, gefährdete die Gesundheit, unter Umständen sogar das Leben von Max. Somit lag ein Angriff vor.

Von sich oder einem anderen: Max handelte, um sowohl sich als auch die Kinder zu schützen.

Gerade der letzte Punkt ist für die strafrechtliche Bewertung entscheidend – denn Max ist nicht von vornherein bedroht gewesen. Er hat durch sein Rufen den Axtmann auf sich aufmerksam gemacht und so die Kinder beschützt. Eine Notwehrhandlung, die den *auf andere* gerichteten Angriff abwehrt, wird als **Nothilfe** bezeichnet – inhaltlich entspricht die Nothilfe der Notwehr.

Die Voraussetzungen von Absatz 2 sind also gegeben – fraglich ist jetzt, ob die **Handlung** auch **geboten** war. In diesem Zusammenhang ist auch immer wieder von der „Verhältnismäßigkeit der Mittel" die Rede. Im vorliegenden Fall begeht Max eindeutig eine Straftat - er verletzt also die Rechtsordnung. Stellen Sie sich eine Balkenwaage vor – legen Sie in die eine Schale die Straftat des Max, in die andere die Straftat des Axtmanns. Entscheidend ist jetzt, wessen Tat schwerer wiegt. Im vorliegenden Fall steht der Schuss des Max in die Luft gegen eine mögliche Tötung, in jedem Falle aber eine gefährliche Körperverletzung.

Die Waage wird deutlich zugunsten von Max ausschlagen. Sein Warnschuss war „**unter gleich sicheren Mitteln das mildeste**".

Würde Max nicht handeln, würde er sich im vorliegenden Fall einer **unterlassenen Hilfeleistung** strafbar machen – schließlich verfügt er über die geeigneten Mittel, die bestehende Gefahr für die Kinder abzuwehren. Der Waffenbesitzer wie auch der Waffenträger ist also auch in einer verstärkten

Pflicht zur Hilfeleistung, soweit es ihm zumutbar ist. Verschärftes Beispiel: Wenn der Axtmann mit einer Maschinenpistole um sich schießen würde, wäre es Max nicht zumutbar, sich mit seinem Revolver dem Täter entgegenzustellen.

Nun ein paar Abwandlungen der Geschichte.

Fall 1: Der Axtmann geht auch nach dem Warnschuss weiter auf Max zu und schreit: „Ich bring' dich um!". Er hat die Axt zum Hieb erhoben und ist nur noch zwei Schritte von Max entfernt.

Fall 2: Der Axtmann greift weiterhin die Kinder an und wird mit Sicherheit bald mit einem Axthieb ein Kind schwer verletzen.

Fall 3: Der Axtmann ist kein Axtmann, sondern ein betrunkener, älterer Mann, der nackt ist und eine Bierdose in der Hand hält.

Im Fall 1 kann Max davon ausgehen, dass nur ein gezielter Schuss den Axtmann stoppen kann. Allerdings muss er versuchen, den Angreifer so geringfügig wie möglich zu verletzen, zum Beispiel durch einen Schuss in den Oberschenkel.

Im Fall 2 kann Nothilfe geltend gemacht werden, wenn andere Menschen angegriffen werden. Es gilt die Begründung zu Fall 1.

Fall 3 ist für die Praxis wahrscheinlicher als die beiden anderen – die Notwehr darf hier nicht über einfache körperliche Gewalt hinausgehen. Zwar sind die Voraussetzungen der Notwehr aus § 32 Abs. 2 StGB gegeben, aber mehr als ein Festhalten des trunkenen Nackten (Freiheitsberaubung, Nötigung) wird kaum nötig sein, um die Gefahr von den Kindern abzuwehren.

7.2 Rechtfertigender Notstand

Der **Rechtfertigende Notstand** (§ 34 StGB) entspricht äußerlich dem Notwehrparagraphen. Sein Wortlaut ist sogar noch etwas deutlicher:

„Wer in einer gegenwärtigen, nicht anders abwendbaren Gefahr für Leben, Leib, Freiheit, Ehre, Eigentum oder ein anderes Rechtsgut eine Tat begeht, um die Gefahr von sich oder einem anderen abzuwenden, handelt nicht rechtswidrig, wenn bei Abwägung der widerstreitenden Interessen, namentlich der betroffenen Rechtsgüter und des Grades der ihnen drohenden Gefahren, das geschützte Interesse das beeinträchtigte wesentlich überwiegt. Dies gilt jedoch nur, soweit die Tat ein angemessenes Mittel ist, die Gefahr abzuwenden."

Ob man sich auf Notwehr oder Notstand beruft, ist abhängig von der Gefährdungslage. Nur wenn die **Gefahr von einem Menschen** ausgeht, kann **Notwehr** geltend gemacht werden. Eine **Notstandshandlung** ist dagegen **auch gegen Tiere oder Sachen** gerechtfertigt.

7.3 Entschuldigender Notstand

Neben den Rechtfertigungsgründen Notwehr und Notstand (§§ 32, 34 StGB) gibt es den Entschuldigungsgrund „**Entschuldigender Notstand**", geregelt in § 35 StGB. Der Hintergrund ist die juristische Art und Weise, zu einem Urteil über die Handlung eines Täters zu kommen. Kurzgefasst:

- Es wird geprüft, ob die Tat an sich strafbar ist (Strafbarkeit).
- Es wird geprüft, ob ein Rechtfertigungsgrund vorgelegen hat (meist Notwehr oder Notstand).
- Wenn kein Rechtfertigungsgrund vorgelegen hat, wird die Vorwerfbarkeit der Handlung geprüft.

Der Entschuldigende Notstand nach § 35 StGB ähnelt in seinen Voraussetzungen dem Rechtfertigenden Notstand, lesen Sie selbst den Satz 1:

„Wer in einer gegenwärtigen, nicht anders abwendbaren Gefahr für Leben, Leib oder Freiheit eine rechtswidrige Tat begeht, um die Gefahr von sich, einem Angehörigen oder einer anderen ihm nahestehenden Person abzuwenden, handelt ohne Schuld."

Vergleichen Sie beide Vorschriften – es fehlt offenbar bei § 35 StGB die Einschränkung, dass der Handelnde eine Güterabwägung vornehmen muss. Allerdings, zweiter Unterschied, darf sich die Gefahr nur gegen ihn selbst, einen Angehörigen oder eine ihm nahestehende Person gerichtet haben.

Der § 35 StGB ist also in einem Falle zu prüfen, in dem die „**Verhältnismäßigkeit der Mittel**" offenkundig nicht gewahrt wurde, die Tat dem Handelnden aber eigentlich nicht vorgeworfen werden kann.

7.4 Überschreitung der Notwehr

Damit sind wir auch schon bei der **Überschreitung der Notwehr** (§ 33 StGB) – Verwirrung, Furcht oder Schrecken können den sogenannten „Notwehr-Exzess" auslösen. Darum ist in diesen Fällen eine Überschreitung der Notwehr nicht strafbar. Die **Beweislast** liegt allerdings im Falle der Überschreitung der Notwehrgrenzen beim Handelnden.

7.5 Putativ-Notwehr

Erwähnenswert ist noch die sogenannte „**Putativ-Notwehr**", zu deutsch die „vermeintliche Notwehr". Hier geht man davon aus, dass der Handelnde sich im Recht glaubte, als er den Angriff von sich abwehrte. Nehmen Sie einen Polizisten, der sich plötzlich einem Jugendlichen gegenübersieht, der mit einer Waffe auf ihn anlegt und schreit „Ich knall dich ab, Bulle!". Der Polizist schießt und verletzt den Angreifer. Als die Waffe des Jugendlichen untersucht wird, stellt sich heraus, dass es sich nur um eine täuschend echt aussehende Spielzeugpistole handelt – bedenken Sie in diesem Zusammenhang die Problematik „Anscheinswaffe". Objektiv lag keine wirkliche Bedrohung des Polizisten vor – subjektiv musste er aber davon ausgehen, mit einem tödlichen Angriff konfrontiert zu werden. Darum ist hier nur zu prüfen, ob der Irrtum **vermeidbar** gewesen ist. Gleiches gilt für den **Putativ-Notstand**.

7.6 Grenzen der Notwehr

Grundsätzlich muss der Angriff rechtswidrig sein, und damit scheiden Handlungen von Polizeibeamten oder anderen Berechtigten als abwehrbare Handlung aus. Ebenso muss man **Angriffe von Kindern, Geisteskranken oder Betrunkenen** hinnehmen – bis zu dem Punkt, an dem die eigene Gesundheit gefährdet wird. Hier würde der Entschuldigende Notstand greifen, nicht aber die Notwehr.

7.7 Festnahmerecht

Das **Recht der vorläufigen Festnahme** wird geregelt in § 127 Abs. 1 der Strafprozessordnung (StPO), dem sogenannten „Jedermann-Paragraphen". Er besagt, dass ein auf frischer Tat betroffener Täter festgehalten werden darf, bis obrigkeitliche Hilfe erreichbar ist oder die Identität des Täters zweifelsfrei festgestellt werden kann, etwa indem sich der Täter ausweist.

8 Waffenkunde

8.1 Waffenarten

Die Definition der Begriffe Langwaffe und Kurzwaffe findet sich in der Anlage 1 WaffG. Danach sind **Langwaffen** Schusswaffen, deren Lauf und Verschluss in geschlossener Stellung insgesamt länger als 30 cm sind und deren kürzeste bestimmungsgemäß verwendbare **Gesamtlänge 60 cm überschreitet**. **Kurzwaffen** sind alle anderen Schusswaffen, somit also Waffen, die **höchstens 60 cm** lang sind, oder deren Lauf und Verschluss eine Gesamtlänge von höchstens 30 cm haben. Entscheidend ist das Wort „und" in der Definition der Langwaffe – nur wenn beide Bedingungen, Gesamtlänge der Waffe über 60 cm und Gesamtlänge von Lauf und Verschluss über 30 cm, erfüllt sind, handelt es sich um eine Langwaffe.

Wichtig ist die Unterscheidung in juristischer Hinsicht, da insbesondere beim Erwerb einer Schusswaffe die Einordnung der Schusswaffe entscheidend ist. Während zum Beispiel die Zahl der zu erwerbenden Repetier-Langwaffen für den Sportschützen praktisch nicht beschränkt ist, sieht der Gesetzgeber zunächst zwei mehrschüssige Kurzwaffen für Patronenmunition als angemessene Höchstmenge für den Sportschützen an – will der Sportschütze dieses Kontingent überschreiten, muss er sein Bedürfnis besonders begründen.

Die Langwaffen werden in **Flinten** und **Büchsen** unterteilt, diese Gruppen wieder in **Einzellader**, **Repetierwaffen** und **Automaten**. Zu beachten sind die zur Jagd gebräuchlichen **Kombinierten Waffen** mit glatten und gezogenen Läufen im Laufbündel. Bei einer Unterteilung nach Verschlussarten wird zwischen Systemen mit starren Läufen und mit Kippläufen unterschieden. Fast alle Langwaffen verfügen über einen Single-Action-Abzug, weshalb eine Unterscheidung nach Abzugsarten hier nicht notwendig ist. Ist ein Waffentyp nicht einem bestimmten Begriff nach Anlage 1 WaffG zuzuordnen, etwa ein **Revolvergewehr**, sind **Analogien** zu bilden – im Falle des Revolvergewehrs die sinnvolle Einordnung als Repetierlangwaffe. Die **Kurzwaffen** teilen sich auf in **Pistolen** und **Revolver**, die wiederum nach den **Abzugsarten** unterschieden werden.

Beachten Sie zu den unterschiedlichen Arten von Schusswaffen auch die ausführlichen Darstellungen in den **Bestimmungstafeln** ab Seite 58.

8.1.1 Einzellader

Einzellader verfügen nicht über eine Vorrichtung, die eine automatische oder manuelle Zuführung von Munition in das Patronenlager ermöglicht. Dazu muss in der Regel der Verschluss händisch geöffnet werden, die Patrone eingelegt und der Verschluss wieder verriegelt werden.

Auch eine Doppelflinte oder ein Drilling sind Einzellader im Sinne des Waffengesetzes, da aus jedem Rohr nur ein einziger Schuss abgegeben werden kann und dann per Hand nachgeladen werden muss. Gleiches gilt für **Vorderladerwaffen**.

Im Bereich der Langwaffen findet man Einzellader hauptsächlich im Bereich der Jagdwaffen und der Kleinkaliber-Matchbüchsen, bei den Kurzwaffen vereinzelt im Bereich der Matchpistolen zum Silhouettenschießen. Ein klassischer Einzel-, weil Vorderlader, ist der ein- oder zweiläufige **Terzerol**, eine besonders kleine Pistole.

8.1.2 Repetierwaffen

Repetierwaffen führen einen Vorrat an Munition in einem Magazin mit. Das Magazin ist entweder fest in die Waffe eingebaut, beispielsweise als Röhrenmagazin unter dem Lauf, oder kann von außen zugeführt werden.

Der Verschluss wird durch manuelle Betätigung eines Kammerstengels, Vorderschaftes oder Unterhebels entriegelt und geöffnet. Die leere Hülse wird ausgezogen und abgeworfen, und beim Verschließen wird die nächste Patrone mitgenommen und in das Patronenlager geführt.

Repetierbüchsen gelten im Vergleich zu Halbautomaten als präziser. Zudem sind automatische Waffen im Bereich der Jagd nicht immer gern gesehen. Auch hinsichtlich der Sicherheit bieten Repetierer einen Vorteil – der Schütze entscheidet durch seine Handbewegung selbst, wann die Waffe wieder schussbereit ist, bei einem Automaten übernimmt das die Waffe.

8.1.3 Automatische Waffen

Bei automatischen Waffen sorgen der Rückstoß des Geschosses oder der am Lauf abgenommene und zurückgeführte Gasdruck nach Schussabgabe für die Repetierbewegung des Verschlusses (siehe Ausführungen ab Seite 189). Die ursprünglich als „Selbstlader" bezeichneten Waffen sind vorwiegend im militärischen und sportlichen Bereich anzutreffen. Unterschieden werden Vollautomaten (bei einmaliger Betätigung des Abzugs mehrere

Schüsse) und Halbautomaten (bei jeder Betätigung des Abzugs wird nur ein einziger Schuss abgegeben).

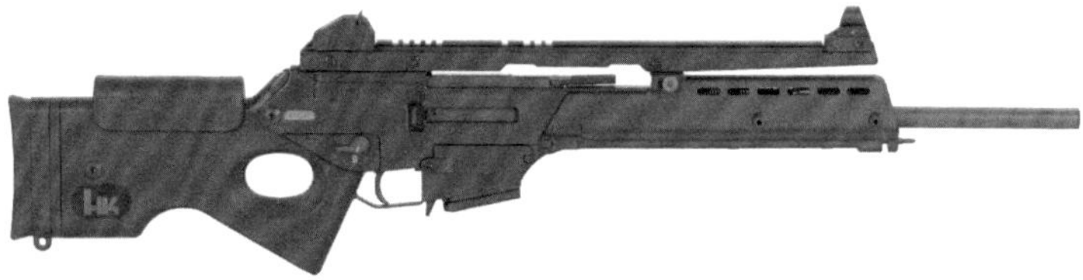

Jäger dürfen Halbautomaten verwenden, aber im Moment des Schusses auf das Wild darf die Waffe mit höchstens drei Patronen geladen sein. Bei sonstigem Schießen mit der Waffe, etwa auf dem Schießstand oder beim Ein- und Anschießen im Revier, gilt die Beschränkung auf drei Patronen nicht.

Für **Sportschützen** gilt beim sportlichen Schießen mit halbautomatischen Langwaffen eine Magazinbeschränkung auf zehn Patronen. Zudem ist § 6 AWaffV zu beachten, der bestimmte halbautomatische „**Klone**" aktueller Militärwaffen vom sportlichen Schießen ausschließt, wenn sie nicht bestimmte Anforderungen erfüllen, etwa eine Mindestlauflänge von 40 cm.[105]

8.1.4 Langwaffen

8.1.4.1 Flinte

Flinten sind **Langwaffen mit glattem Lauf**. Die Patrone wird in das Rohr eingeführt und die **Vorlage** („Schrotladung") beim Schuss ohne die Einwirkung von Zug und Feld, also ohne Drall, durch das Rohr getrieben.

Die Entwicklung der **Würgebohrung** („Choke") sorgte für kleinere Streukreise. Schon eine gleichmäßige geringe Verkleinerung des Rohrdurchmessers vom Patronenlager bis zur Mündung („konzentrische" oder „verbesserte Zylinderbohrung") verbessert die Trefferleistung um 25 Prozent.

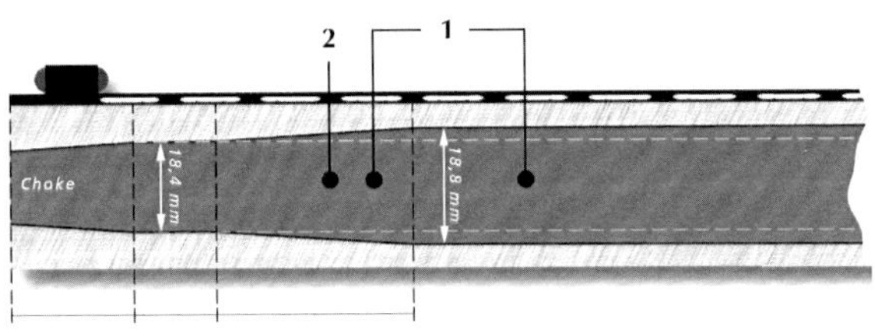

Die heute gebräuchliche Choke-Würgebohrung verengt den Lauf erst auf den letzten Zentimetern, indem meist Choke-Einsätze in die Mündung eingeführt werden. Der Choke verengt zunächst den Lauf und läuft dann zylinderförmig zur Mündung aus. Der Streukreis wird deutlich verkleinert.

Die zuvor im schematischen Querschnitt dargestellte **Tribore-Choke-Flinte** der Firma Rottweil verfügt über eine Choke-Kaskade mit zwei Verengungen vor der Laufmündung – der Lauf verengt sich bei diesem Modell zwischen Patronenlager und erstem Choke nicht. Zwischen erstem und zweitem Choke liegt ein weiterer zylinderförmiger Abschnitt. Der sanfte Übergang (Punkte zu 1) sorgt für höhere Geschwindigkeit der Schrote, die Verengung an Punkt 2 für eine verbesserte Deckung der Garbe, weil die Schrote weniger stark verformt werden.

Allerdings gibt es auch Anwendungen der Flinte, die einen größeren Streukreis erfordern, als er von einem zylindrischen Flintenlauf erzeugt werden kann, zum Beispiel das Skeet- oder Wurftaubenschießen. Bei einer Skeet-Bohrung wird der Lauf direkt nach der Verengung wieder erweitert. Durch dieses „erst enger, dann weiter" ergeben sich auf geringe Entfernung große, gleichmäßige Streukreise.

Selbst **Flintenlaufgeschosse** erzielen bei Verwendung eines Normal-Chokes (s. u.) bessere Trefferbilder – beachten Sie dazu auch die Ausführungen auf Seite 225.

Flinten mit **Wechselchokes** geben Sportschützen die Möglichkeit, die Läufe der jeweils gestellten Aufgabe anzupassen. Sie werden im Mündungsbereich eingeschraubt und ersetzen die Würgebohrung des Laufes.

Neben der schon dargestellten verbesserten Zylinderbohrung mit ihrer schwachen Verengung sind folgende Bohrungsarten üblich:

- Normal-Choke (kegelförmige Verengung kurz vor Laufmündung, auf den letzten Zentimetern dann wieder zylinderförmiger Lauf)
- Spitzbogen-Choke (bogenförmiger Verengung vor der Laufmündung ohne zylindrische Fortsetzung)
- Skeet-Choke 2 (wie Normal-Choke mit verlängertem, also weniger steil verlaufendem Kegel)

Wenn sich der Lauf vor der Mündung nicht verengt, sondern erweitert, spricht man von einer **Lauferweiterung**. Auch sie hat Einfluss auf die Garbenstreuung und wird als „verkehrter Choke" oder Glocken-Choke bezeichnet, die zu einer größeren Streuung führt. Auch der Skeet Choke 1 zählt zu Lauferweiterungen – hier verengt sich der Lauf zunächst, wird dann aber auf den letzten Zentimetern erweitert und sorgt für eine größere Streuung, die beim Wurftaubenschießen auf kurze Distanzen hilfreich ist.

Neben der schon angesprochenen Form der Bohrung ist auch die **Stärke der Bohrung** entscheidend für die Streuung der **Schrotgarbe**. Man spricht in diesem Zusammenhang auch von **Trefferleistung** und beschreibt damit einen **prozentualen Wert**, der sich aus der Zahl der Schrote, die nach dem Schuss ein definiertes Ziel (75 cm Durchmesser auf 35 m Entfernung) treffen, im Verhältnis zu den Schroten, die insgesamt in der Garbe enthalten waren, ergibt.

Die Einteilung und Trefferleistungen der Chokes (Mittelwerte):

Vollchoke	*	Laufverengung 0,875 mm	70 %
¾-Choke	**	Laufverengung 0,76 mm	65 %
½-Choke	***	Laufverengung 0,45 mm	60 %
¼-Choke	****	Laufverengung 0,25 mm	55 %
Verbesserte Zylinderbohrung	*****	bis 0,1 mm auf Lauflänge	50 %
Zylinderbohrung		keine Verengung	40 %

Ein Schrotschuss auf Kleintiere bewirkt einen Nervenschock beim getroffenen Stück. Es tötet also nicht das Eindringen eines Geschosses und das Verletzen wichtiger Organe, sondern das mehrfache Aufschlagen kleiner Geschosse, die das Nervensystem der Kreatur überlasten und zum Tode führen.

Bei Kipplaufflinten erfolgt das Spannen des Abzugs durch ein Abkippen des Laufes. Bei einigen Modellen sorgen **Ejektoren** für schnellen Auswurf der abgeschossenen Patronenhülsen. Ejektoren sind durch ihre geteilte Bauform von sogenannten **Ausziehern** zu unterscheiden, die die Hülsen bei dem Öffnen der Waffe etwas vorschieben, um die abgeschossenen Hülsen leichter entnehmen zu können.

Ein **Polychoke** wird an der Mündung einläufiger Flinten montiert, nicht im Lauf, sondern über den Lauf gezogen. Er kann mehrstufig in seiner inneren Form verändert werden und bietet so eine variable Choke-Einrichtung, die ohne großen Aufwand zu montieren ist.

8.1.4.2 Büchse

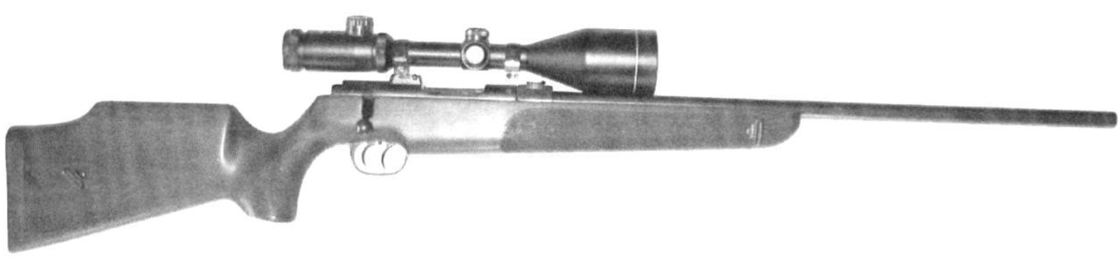

Eine Büchse verfügt im Gegensatz zur Flinte über einen gezogenen Lauf. Auch Langwaffen mit Polygonlauf werden Büchsen genannt.

Beachten Sie bei der abgebildeten Waffe die doppelte Ausführung der Züngel, den **Stecher** („Stechschloss"). Er ermöglicht es, den Abzugswiderstand auf ein Minimum zu reduzieren. Beim „Deutschen Stecher" wird dazu zunächst der hintere Abzug bis zum Einrasten zurückgezogen, die Schussabgabe erfolgt dann nach Betätigung des vorderen Abzugs. Mehr zum Stecher lesen Sie im Kapitel 8.2.1.

8.1.4.3 Kombinierte und mehrläufige Waffen

Kombinierte Waffen sind **Jagdwaffen**. Sie verfügen in der Regel über mindestens zwei verschiedene Laufarten und mindestens zwei Kaliber. Sie sind im Jagdbereich anzutreffen, zum Beispiel als Kombination aus glattem Flintenlauf und gezogenem Büchsenlauf übereinander, der **Bockbüchsflinte**. Die Bezeichnung „Bock" leitet sich vom Aufbocken der Läufe ab, im Gegensatz zur früher üblichen Anordnung nebeneinander.

Ein Phänomen dieser Waffen ist das **Klettern**. Es entsteht, wenn sich ein Lauf aufgrund von Wärme ausdehnt, der mit ihm verbundene zweite Lauf aber unverändert bleibt und so das Laufbündel „verbogen" wird. Durch die feste (gelötete) Verbindung der Läufe wird sich der benutzte (erhitzte) Lauf zumindest an der Seite, die der Laufschiene gegenüberliegt, ausdehnen. Das Schussbild ändert sich – wird bei einer Bockbüchsflinte nur der untere (erste) Lauf verwendet, „klettert" die Treffpunktlage. Insbesondere beim Einschießen von Büchsen mit Optik muss das Klettern durch längere Abkühlphasen der Waffe geringgehalten werden – schließlich wird auf der Jagd auch nicht mit dem heißen Lauf angesessen.

Die Auswahl des Laufes, aus dem der Schuss abgegeben werden soll, erfolgt mittels eines Schiebers oder durch den Einsatz zweier Abzüge (siehe nachfolgende Abbildungen, Gesamtansicht und Ausschnitt Abzug). Beachten Sie auch die Ausführungen zum Stecherabzug im Kapitel 8.2.1.

Kombinierte Waffen werden ausschließlich als Kipplaufsysteme angeboten. Neben der beschriebenen Bockbüchsflinte gibt es die verschiedensten Kombinationen von Flinten- und Büchsenläufen, darunter der **Doppelbüchsdrilling** (ein Flintenlauf, zwei Büchsenläufe) und der klassische **Drilling** (zwei Flintenläufe mit einem zusätzlichen Büchsenlauf).

Die Kombinationen von gleichen und verschiedenen Läufen, sogenannte **Laufbündel**, finden Sie in diesem Buch ab Seite 81.

Das Gehäuse von Kipplaufgewehren, in dem das Abzugssystem und die Verriegelung untergebracht sind und an dem der Kolben befestigt ist, wird **Basküle** genannt, auch Kasten oder **Verschlusskasten**.

Bei einem Drilling muss der Schütze in der Lage sein, schnell die Läufe auszuwählen, auf die der Doppelabzug wirken soll. Die hier abgebildete Waffe (Merkel Drilling mit System 96) nutzt einen **Dreistellungsschieber**, der auf dem **Kolbenhals** der Waffe positioniert ist.

In der **hinteren Position** (Bild 1) ist die Waffe sicher – die oberen Läufe sind gesichert, das Schloss für den unteren Lauf ist entspannt. Befindet sich der Schieber in der **mittleren Position** (Bild 2), sind die (vorgespannten) Schlosse der oberen Läufe entsichert und könnten durch Betätigung der Abzüge Patronen im rechten (vorderer Abzug) und linken Lauf abfeuern. Wird der Schieber in die **vordere Rast** (Bild 3) geführt, wird das Schloss des unteren Laufes gespannt (**Handspanner**) und zugleich das Schloss des rechten oberen Laufes gesichert – nun löst der vordere Abzug den unteren Lauf aus, der hintere Abzug den Lauf oben links.

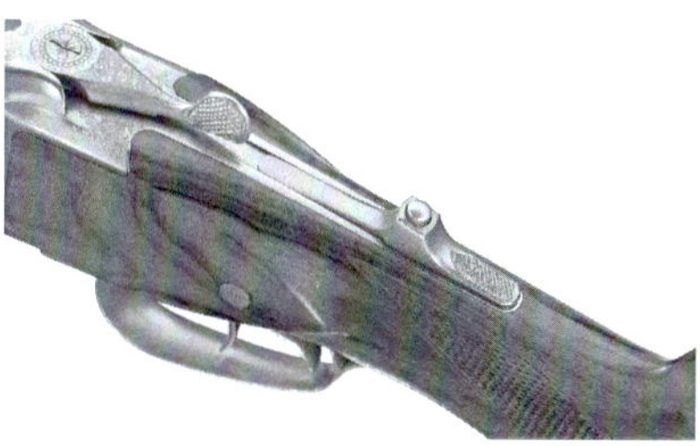

Bild 1

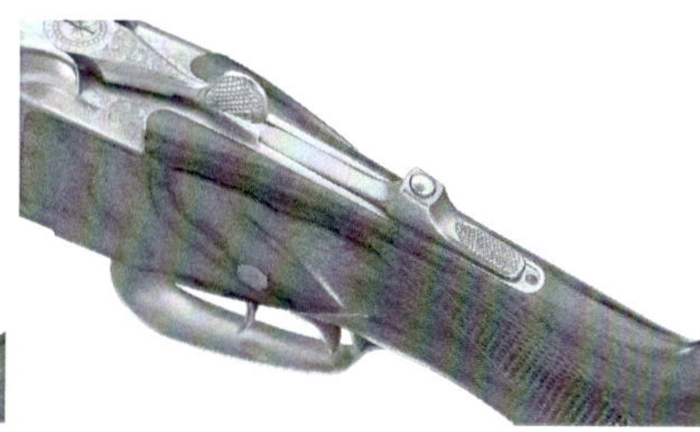

Bild 2

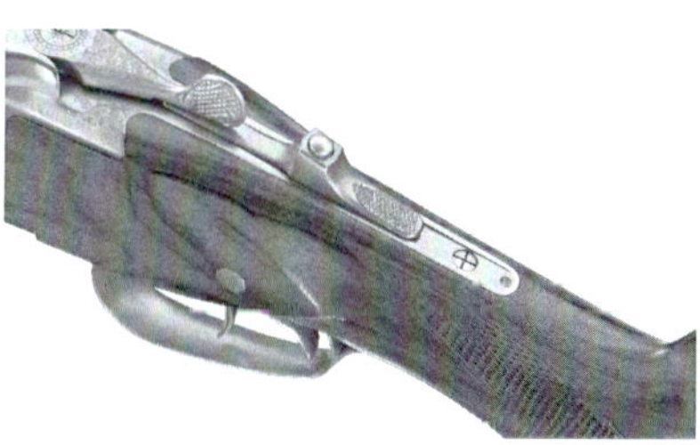

Bild 3

Beachten Sie: Bei anderen Drillingen kann der Schieber in zwei Positionen einrasten. Dann handelt es sich meist um **Selbstspanner** – die Läufe sind gesichert (hintere Stellung) oder im entsicherten Zustand mittels des vorderen Abzugs (Einabzug, der auf die Schrotläufe wirkt) und hinterem Abzug (für Kugellauf unten) abzufeuern.

8.1.5 Kurzwaffen

Weder Pistole noch Revolver sind im WaffG als Waffenart definiert, auch verwendet das Gesetz beide Begriffe nicht. Stattdessen werden zB in § 14 Abs. 5 WaffG mehrschüssige Revolver und halbautomatische Pistolen, die zum Verschießen von Patronenmunition bestimmt sind, als *mehrschüssige Kurzwaffen für Patronenmunition* in dieser Bestimmung beschrieben.

8.1.5.1 Pistole

Pistolen sind in der Regel **halbautomatische Waffen**. Aufbau und Funktion sowie die verschiedenen Abzugsarten werden im Kapitel „Waffentechnik" ab Seite 165 am Beispiel der SIG-SAUER P 220 ausführlich dargestellt. Diese Abbildung zeigt eine SIG-SAUER P 228.

Bei der Auswahl der für Sie geeigneten Pistole sollten Sie die in Frage kommenden Modelle bezüglich Ihres Griffs und der Visierung überprüfen. Je nach Handgröße und Fingerlänge scheiden einige Pistolenmodelle schon aufgrund persönlicher Merkmale des Schützen aus. Hier kann das Austauschen der Griffschalen helfen.

Zentrales Auswahlkriterium ist das Einsatzgebiet. Pistolen für das **sportliche Schießen** sollten über einen für diesen Verwendungszweck geeigneten Abzug verfügen sowie über eine gute Visierung nebst entsprechender Visierlänge. **Gebrauchspistolen** zur Verteidigung sollten dagegen kompaktere Maße aufweisen, über eine hohe Magazinkapazität verfügen und möglichst mit einem DAO-Abzug (siehe Seite 178) ausgestattet sein.

8.1.5.2 Revolver

Vor Einführung der Pistole waren Revolver für Patronenmunition die Waffe der Wahl, wenn der Schütze in der Lage sein wollte, ohne nachzuladen mehrmals nacheinander zu feuern und danach schnell wieder zu laden.

Aufbauend auf den Modellen von Smith & Wesson entwickelten deutsche Ingenieure den sogenannten **Reichsrevolver**, der die zuvor genutzten Perkussionswaffen ersetzte und in der Folge durch die Pistole 08 abgelöst wurde.

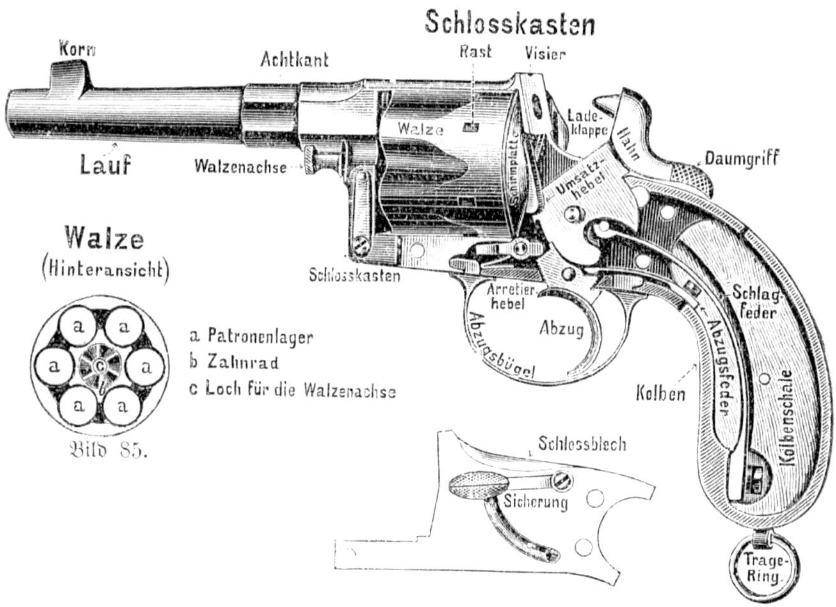

Bei den Revolvern kommen heute meist Modelle mit **ausschwenkbarer Trommel** zum Einsatz, die nach Betätigung eines meist seitlich angebrachten Daumenschiebers ausgeschwenkt werden kann. Das Bauteil, an dem die Trommel durch die Trommelachse drehbar befestigt ist und nach Freigabe ausgeschwenkt werden kann, wird als **Kran** bezeichnet. Bei Modellen mit **fest montierter Trommel** können die Patronen durch eine **Ladekammer** (schwenkbare Klappe der Schirmplatte hinter der Trommel) oder durch **Kippen** von Lauf und Trommel zugeführt und entnommen werden.

Grundsätzliches Problem aller Revolver ist der **Trommelspalt**, der Abstand zwischen der Trommel und dem **Übergangskonus** des Laufes – ein Problem, das man bei Waffen mit einem Patronenlager als Teil des Laufes nicht kennt. Durch den Trommelspalt können die Gase entweichen, der Gasdruck also stark abfallen - der Spalt sollte darum möglichst klein sein.

Die Entwicklung **gasdichter Revolver** mit einer beweglichen Trommel, die sich durch eine Bewegung auf der Laufachse über das Laufende schob, um eine gasdichte Verbindung zu ermöglichen, war nicht zielführend.

Neben dem Trommelspalt haben Revolver ein weiteres konstruktives Problem: Es muss gewährleistet sein, dass die Trommel im Moment des Schusses exakt so gestellt ist, dass die **Seelenachsen** des gerade genutzten Patronenlagers (als Teil der Trommel) und des Laufes eine gemeinsame Flucht haben, also eine Linie bilden. Hinsichtlich der Höhe der Seelenachsen ist das weniger ein Problem als bei der Frage, ob die Trommel in ihrer Drehbewegung Spiel hat und dadurch aus dieser gemeinsamen Flucht der Seelenachsen läuft. Je größer das Trommelspiel ist, desto größer ist die Gefahr, dass bei Abgabe des Schusses Teile des Geschossmantels beim Eintritt in den Konus förmlich abgehobelt werden, was die Schussleistung der Waffe deutlich verschlechtert. Im Umkehrschluss ist eine geringe Abweichung der Seelenachsen ein qualitatives Merkmal eines Revolvers – man spricht hier auch von Bewegungsbestimmung oder Timing.

Die Trommelbewegung wird durch das Zurückziehen des Hahnes oder durch den Spannabzug erzeugt, indem zunächst der **Mitnehmer** schräg in einen kleinen **Zahnkranz** auf der Ausstoßerseite der Trommel hineinstößt und die Trommel dadurch zu einer Drehung zwingt.

Die **Hohlkehlen** auf der Außenseite der Trommel zeigen deren **Drehrichtung** an - die Trommel dreht sich immer in Richtung dieser Hohlkehlen, weil über diese Schrägung die **Sperrklinke** der Trommelsperre an der Trommelwandung besser entlanggleiten und am Ende in die **Sperrnut** (in der Skizze als „Rast“ bezeichnet) fallen kann. Ein sechsschüssiger Revolver hat eine Trommel mit sechs Sperrnuten mit jeweils einer Hohlkehle, die das Hineingleiten der Sperrklinke in die Nut erleichtert.

Sobald die im unteren Bereich des Rahmens federnd gelagerte Sperrklinke in die Sperrnut gestoßen ist, wird die Trommel fixiert, im Idealfall liegen die Seelenachse (theoretische Mittelachse) von Lauf und der davor liegenden Kammer der Trommel in einer gemeinsamen Flucht. Die Sperrklinke ist verantwortlich für eine gute Bewegungsabstimmung – ist sie schlecht konstruiert oder abgenutzt, können die beschriebenen Probleme auftreten.

Informationen zu den **Abzugsarten** der Revolver lesen Sie ab Seite 179.

8.2 Waffentechnik

8.2.1 Abzug

8.2.1.1 Grundlagen

Der Abzug ist ein kleiner, aber sehr wichtiger Bestandteil jeder modernen Schusswaffe. Hier findet der entscheidende Kontakt von Schütze und Waffe statt, überträgt sich der Wille zum Schuss und die Kraft des Abzugsfingers auf die Mechanik im Innern der Waffe, die den Schuss auslöst. Die vom Abzug aktivierte Baugruppe wird **Schloss** genannt. Befindet sich die komplette Abzugsmechanik einer Waffe in einer Baugruppe, die vollständig aus dem Griffstück einer Waffe entnommen werden kann, so dass nur der Griff als solcher übrigbleibt, wird die Baugruppe als **Rahmen** bezeichnet.

Ob man sich für einen Stecherabzug entscheidet, der bereits bei leichtester Berührung den Schuss brechen lässt, oder einen Double-Action-Only-Abzug wählt, um die Waffe im Personenschutz erst im Moment der Schussabgabe zu spannen und so das Risiko einer ungewollten Schussabgabe zu verringern, ist immer eine Frage des Einsatzgebietes.

Betrachten wir zunächst moderne Pistolen und Revolver. Die technisch ältere Methode ist der **Single-Action- oder SA-Abzug**. Indem man den Abzug durch Zurückziehen des **Züngels** betätigt, löst sich der Schlaghebel, der zuvor per Hand gespannt werden muss, und der Schuss wird abgegeben. Western-Revolver sind typische SA-Waffen.

Anders beim **Double-Action-** oder **DA-Abzug**, auch **Spannabzug** genannt – hier wird der Abzug dazu genutzt, um die noch nicht gespannte Schlagfeder des Schlaghebels erst zu spannen und dann freizugeben, so dass bei geladener Waffe der Schlagbolzen in die Zündkapsel vorstoßen und die Patrone zünden kann. Der DA-Abzug wirkt bei bereits <u>vorgespanntem</u> Schlaghebel wie ein SA-Abzug.

Der Vorteil eines DA-Abzuges ist die hohe Sicherheit des Waffenträgers bei gleichzeitig schneller Schussmöglichkeit. So kann bei der im nachfolgenden Kapitel dargestellten **DA-Pistole** SIG Sauer P 220 nach dem ersten Repetieren des Verschlusses der Entspannhebel betätigt werden, um eine ungewollte Schussabgabe zu verhindern. Der Schlaghebel liegt dann entspannt vor dem gesicherten Schlagbolzen. Sollte der Waffenträger jetzt zu einem schnellen Schuss gezwungen sein, kann er die Waffe in Anschlag bringen und ohne Durchladen oder manuelles Spannen des Schlaghebels direkt den DA-Abzug betätigen und schießen. Gleiches gilt für **DA-**

Revolver, nur entfällt bei diesen ein einleitendes Repetieren – bei einer vollständig gefüllten Trommel befindet sich stets eine Patrone in der nächsten Kammer, die bei Betätigung des DA-Abzugs vor den Lauf geführt wird.

Als besonders sicher gelten Kurzwaffen, die über einen **Double-Action-Only-Abzug (DAO)** verfügen. Hier kann der Schlaghebel nur durch den Abzug gespannt werden, was die Sicherheit des Schützen und seiner Umgebung erhöht.

Insbesondere bei Jagdbüchsen kommt das **Stechschloss** mit dem **Stecher** zum Einsatz. Nach dem *Einstechen* genannten ersten Betätigen des Stechschlosses ist das zur Abgabe des Schusses erforderliche Abzugsgewicht so herabgesetzt, dass ein Abzugsfehler und damit ein Verreißen der Waffe im Prinzip nicht möglich ist. Unterschieden werden **Deutscher Stecher** (zwei Züngel; Einstechen mit dem hinteren Züngel, Schussabgabe mit dem vorderen Züngel), **Französischer Stecher** (Rückstecher, auch **Kombiabzug**; ein Züngel; nach dem Vorschieben des Züngels und fühlbarem Einrasten kann die Schussauslösung durch leichten Druck erfolgen) und **Mehrfachstecher** (Einsatz in Sportwaffen; sehr empfindlich). Alle genannten Systeme können auch ohne vorheriges Einstechen einen Schuss auslösen, allerdings ist das dafür nötige Abzugsgewicht verhältnismäßig hoch.

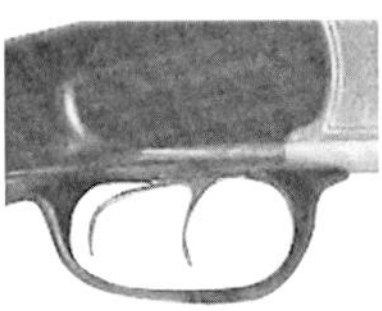

Um bei einer kombinierten Waffe die Läufe einzeln abfeuern zu können, bedarf es in der Regel mehrerer Züngel. Dabei löst der vordere der beiden Züngel dieses **Doppelabzugs** den unteren (rechten) Lauf aus, der hintere den oberen (linken).

Der Doppelabzug steht trocken, ist also ohne Vorweg sofort abzuziehen. Dabei unterscheiden sich die Abzugsgewichte – der vordere Abzug ist meist etwas leichter eingestellt als der hintere.

Auch **Drillinge** (Waffe mit drei Läufen) verfügen meist nur über einen Doppelabzug. Hier bedarf es einer zusätzlichen Auswahl der Läufe, auf die das jeweilige Züngel wirken soll (siehe auch Seite 161).

Der **Einabzug** findet sich bei doppelläufigen Gewehren, meist bei Doppelflinten. Anders als bei Schlossen mit zwei Züngeln, die unabhängig voneinander die Läufe abfeuern, ist der Einabzug in der Lage, die Läufe nacheinander abzufeuern. Nach Abgabe des ersten Schusses schaltet das Schloss auf den zweiten Lauf um, der Abzug ist wieder zur Schussabgabe bereit. Die Reihenfolge der Läufe beim Schuss kann bei entsprechend ausgestatteten Waffen eingestellt werden. Standard ist bei Bockflinten (Läufe liegen übereinander) die Reihenfolge „unten – oben", um die Belastung der

Verriegelung geringer zu halten; bei Querflinten mit Einabzug ist die Reihenfolge „rechts – links", aus Sicht des Schützen, womit als Merkhilfe auch die Straßenverkehrsregel „rechts vor links" dienen kann.

Bei einem **Druckpunktabzug** bewegt sich der Abzugsfinger bis zu einem Druckpunkt, der überwunden werden muss, um den Schuss brechen zu lassen.

Der trocken stehende **Flintenabzug** hat keinen Vorweg, durch den der Abzug zu ziehen ist. Er löst unmittelbar aus, wenn der Schütze die Kraft aufgebracht hat, um den Schuss brechen zu lassen. Dieser Abzug eignet sich besonders für den schnellen Schuss.

Der **Feinabzug** ist eine besondere Art des Flintenabzugs, der vor allem bei Jagdbüchsen zum Einsatz kommt. Er hat wie der Flintenabzug keinen Vorweg, steht also trocken, erfordert aber nur rund ein Drittel der Abzugskraft.

Ein weiteres Unterscheidungsmerkmal bezieht sich auf die Art und Weise des Spannens der Schlosse.

Typische **Selbstspanner** sind **Kipplaufwaffen**, etwa die klassischen Bockflinten. Hier spannt die Bewegung der Läufe beim Öffnen (das **Brechen** oder **Auskippen** der Waffe) über Hebel auf verschiedene Arten die Schlosse. Waffen mit **Zylinderverschluss**, bei denen manuell repetiert wird, aber eine Spannung des Abzugs von Hand nicht nötig ist, sind Selbstspanner. Im Grunde sind auch Halbautomaten (Ausnahme: Double-Action-Revolver, diese sind keine halbautomatischen Waffen) Selbstspanner, da die Verschlussbetätigung die Schlosse spannt.

Als **Handspanner** bezeichnet man solche Jagdgewehre, deren Schlosse erst durch einen Seitenhebel oder einen Schieber (auch Hahn) von Hand gespannt werden. Das entspannte, ungesicherte Schloss bietet dabei mehr Sicherheit als das zwar gesicherte, aber gespannte Schloss – versagt die Sicherung, weil etwa die Sicherheitsrast durch ihr Alter abgenutzt ist oder ein Teil des Schlosses bricht, kann sich der Schuss trotz Sicherung lösen. Diese Gefahr besteht nicht, wenn zunächst das Schloss gespannt werden muss.

Der Abzug ist, wie schon zu Beginn des Kapitels dargestellt, ein besonders wichtiges Bauteil jeder Waffe. Das gilt insbesondere für den zuvor dargestellten Sicherheitsaspekt. Außerhalb des statischen Schießens, ob man nun das Wurftaubenschießen, die Jagd oder den Einsatz der Waffe zu Verteidigungszwecken betrachtet, ist der Abzug bzw. seine Funktionalität ein entscheidendes Leistungsmerkmal jeder Waffe. Ist der Schütze bei der Jagd auf ein rasches Reagieren der Waffe, also auf schnelles und sicheres Auslösen angewiesen, ist ein trocken stehender Abzug eine gute Wahl – allerdings sollte aus Gründen der Sicherheit ein vergleichsweise hohes Abzugsgewicht gewählt werden, um ein unbeabsichtigtes Auslösen zu verhindern. Dies ist auf dem Schießstand nicht nötig, hier kann ein geringeres Abzugsgewicht die Leistung des Schützen verbessern. Bei einem praktischen Einsatz der Waffe im Personenschutz darf dagegen zu keiner Zeit das Risiko einer ungewollten Schussauslösung bestehen, während die Waffe zugleich unmittelbar schussbereit sein muss, um auf einen Angreifer reagieren zu können – das manuelle Betätigen von Sicherungen wäre da unter Umständen ein tödliches Risiko.

Die Wahl der Waffe ist somit auch immer eine Wahl des Abzugs – und der sollte dem Schützen, neben dem Aspekt der Sicherheit, auch gut „am Finger liegen". Hier spielt der Abzug eng mit der Form des Handgriffs zusammen. Moderne halbautomatische Pistolen für den Polizeibereich werden bereits mit Umbausätzen geliefert, die ein Anpassen des Griffs an die Größe der Hand ermöglichen. Und auch der Abzug kann bei solchen Waffen (zB Heckler & Koch P 30, Walther P 99) bei der Bestellung speziell ausgewählt werden. Welcher Abzug den Wünschen und Bedürfnissen des Schützen dabei am nächsten kommt, kann nur ein intensives Ausprobieren der verschiedenen Waffen zeigen.

8.2.1.2 Abzugsarten bei halbautomatischen Pistolen

Als Sportschütze oder Waffenträger müssen Sie nicht über Fertigkeiten und Kenntnisse eines Büchsenmachers verfügen. Trotzdem stellt das Waffengesetz bezüglich der Sachkunde auch in diesem Bereich grundlegende Anforderungen, was die Kenntnisse zur Funktionsweise der Bauteile einer Waffe beziehungsweise zum Zusammenspiel der verschiedenen Baugruppen betrifft.

Die grundlegenden Funktionen von Pistolen werden in diesem Buch am Modell der halbautomatischen Pistole SIG Sauer P220 erläutert.

Die Bezeichnungen der wichtigsten Bauteile von Pistolen, die nachfolgend verwendet werden, zeigt diese Übersicht:

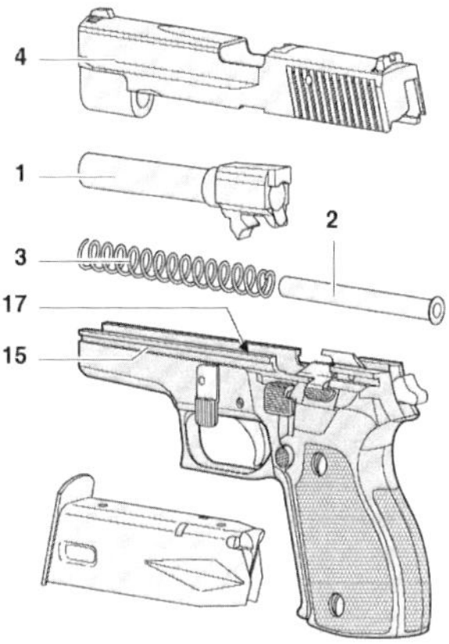

Elemente einer Pistole:

Lauf (1) mit Patronenlager

Federführungsstange (2)

Schließfeder (3)

Verschluss (4), Schlitten

Griffstück (15) mit Verriegelungsblock (17)

Magazin (liegend)

Schlagbolzen: beweglich Stift im Verschluss, der durch Feder oder Schlagstück beschleunigt wird und in das Anzündhütchen schlägt.

Schlagstück (**Hahn)**: meist außenliegendes Bauteil, schlägt durch Federspannung nach Betätigung des Abzugs auf den Schlagbolzen

Schließfeder und **Federführungsstange**: diese Bauteile bewirken das Schließen der geöffneten Waffe, sind aber <u>keine wesentlichen Teile</u> im Sinne des Waffengesetzes.

Liste der Nummern und Bauteilbezeichnungen in den nachfolgenden Abbildungen der SIG Sauer P220

P	*Patrone*	*28*	*Auslösehebel*
H	*Hülse*	*29*	*Schlaghebel, „Hahn"*
1	*Lauf*	*29a*	*Single-Action-Raste*
2	*Federführungsstange*	*29b*	*Sicherheitsraste*
3	*Schließfeder*	*29c*	*Spannabzugsraste*
4	*Verschluss / „Schlitten"*	*31*	*Schlaghebelachse*
10	*Auszieherkralle*	*32*	*Auswerfer*
11	*Schlagbolzen*	*33*	*Schlagstange*
13	*Sicherungsschieber*	*34*	*Schlagfeder*
17	*Verriegelungsblock*	*40*	*Entspannhebel*
20	*Abzug*	*43*	*Magazinlöseknopf*
22	*Abzugsstange*	*52*	*Magazinfeder*
24	*Fangklinke*		

Den Anfangszustand der Waffe zeigt die folgende Grafik – die Pistole ist „**unterladen**“, das mit Patronen gefüllte Magazin befindet sich in der Waffe, der Schlaghebel ist entspannt, das Patronenlager ist leer. Der Magazinhalter (43) sorgt dafür, dass das Magazin sicher verriegelt, also nicht aus der Waffe gleiten und zu Boden fallen kann. Die Magazinfeder (mit Pfeil markiert, im unteren Teil des Magazins) drückt von unten die Patronen gegen die Verschlussunterseite.

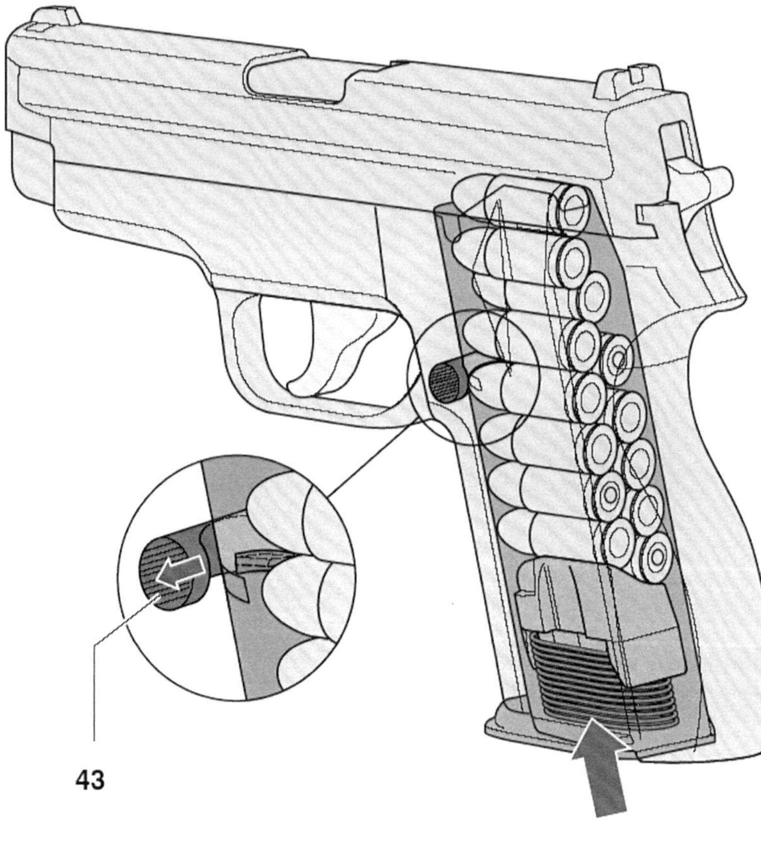

Abb. W-1

8.2.1.2.1 Single-Action-Modus (SA)

Durch vollständiges Zurückziehen des Verschlusses (4) mit der linken Hand (bei rechtshändigen Schützen) erhält die erste Patrone im Magazin Platz zum Aufstieg – die dafür notwendige Energie liefert die Magazinfeder (52). Beim Zurückziehen des Verschlusses wird zugleich der Schlaghebel (29), auch „Hahn" genannt, gespannt. Wenn nun der Verschluss freigegeben („losgelassen") wird, drückt die Kraft der gespannten Schließfeder (3) den Verschluss nach vorn - der Verschluss nimmt die erste Patrone (P) mit und schiebt sie in den Lauf, genauer: in das Patronenlager ein.

*Der **Verschluss**, auch Schlitten genannt, wird im Kapitel 8.2.3 ausführlich behandelt. Betrachten Sie ihn zunächst als Bauteil, das das Patronenlager verschließt, indem es den Patronenboden stützt. Dieses Verschließen oder Abschließen ist kein Abdichten, dieses erfolgt durch das „Lidern" genannte Ausdehnen der Patronenhülse im Patronenlager, aus dem der Verschluss die Hülse nicht nach hinten „entkommen" lässt.*

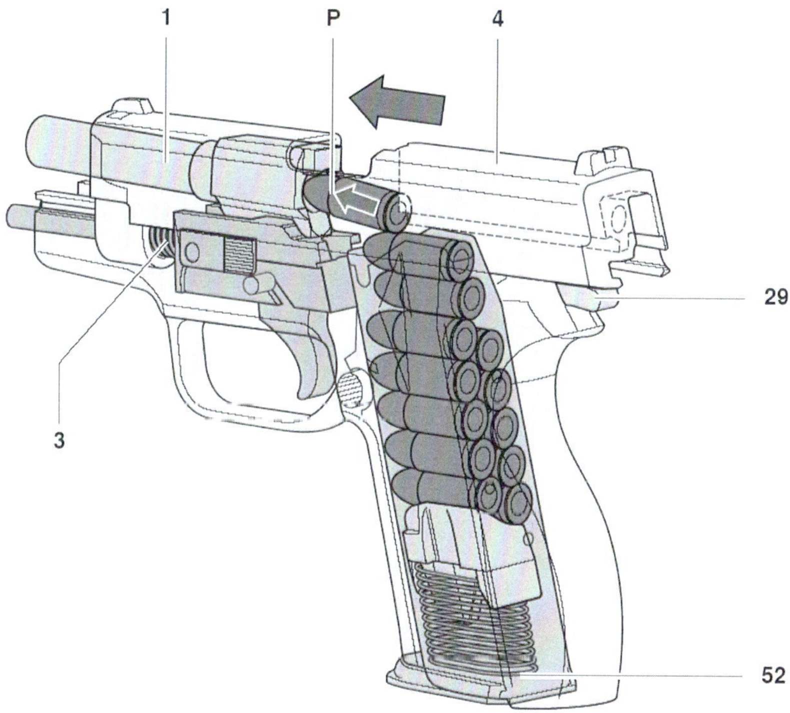

Abb. W-2

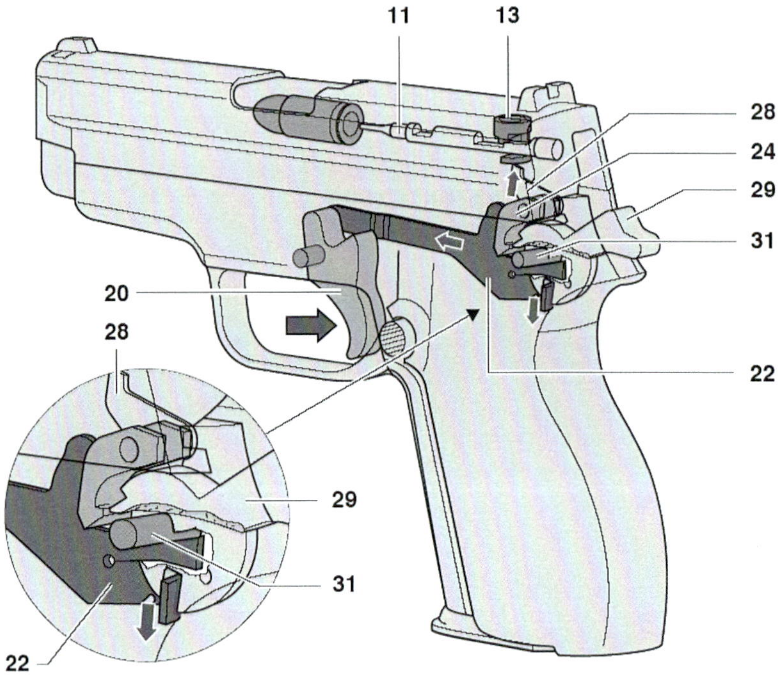

Abb. W-3

Nun ist die Pistole **geladen** und **schussbereit**. Sobald der Schütze den Abzug betätigt und die Abzugsstange (22) nach vorn geführt wird, bricht der Schuss und das Geschoss verlässt den Lauf. Da moderne DA-Pistolen oftmals über keine zusätzlichen Sicherungen verfügen, sondern mit automatischen Sicherungen ausgestattet sind, um eine schnelle Schussabgabe zu ermöglichen, ist keine weitere Betätigung etwaiger Sicherungshebel notwendig. Der Sicherungsschieber (13) gibt den Schlagbolzen nur frei, wenn der Abzug betätigt wird – die versehentliche Auslösung des Schusses, etwa durch Herabfallen der Waffe, wird damit ausgeschlossen.

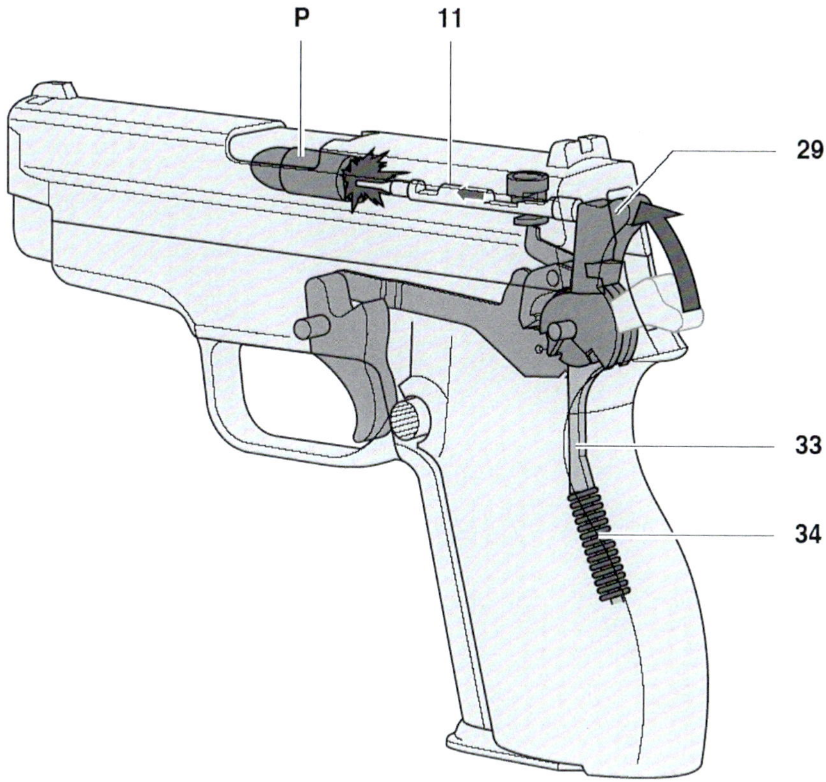

Abb. W-4

Der Schlaghebel (29) schnellt, getrieben von der Kraft der Schlagfeder (34), nach vorn und schlägt auf den Schlagbolzen (11). Der Schlagbolzen bewegt sich daraufhin nach vorn in die Zündkapsel der Patrone (P) – die Patrone zündet (Abb. W-4). Durch den Rückstoßimpuls wird der Verschluss danach zurückbewegt (Abb. W-5 und W-6).

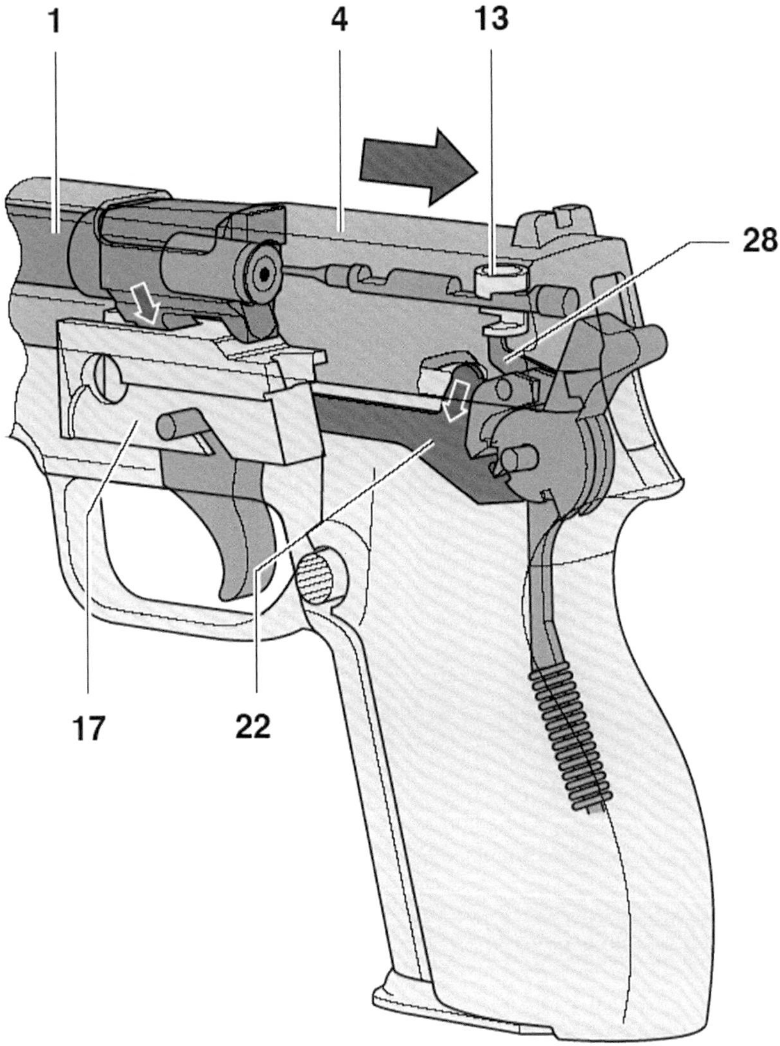

Abb. W-5

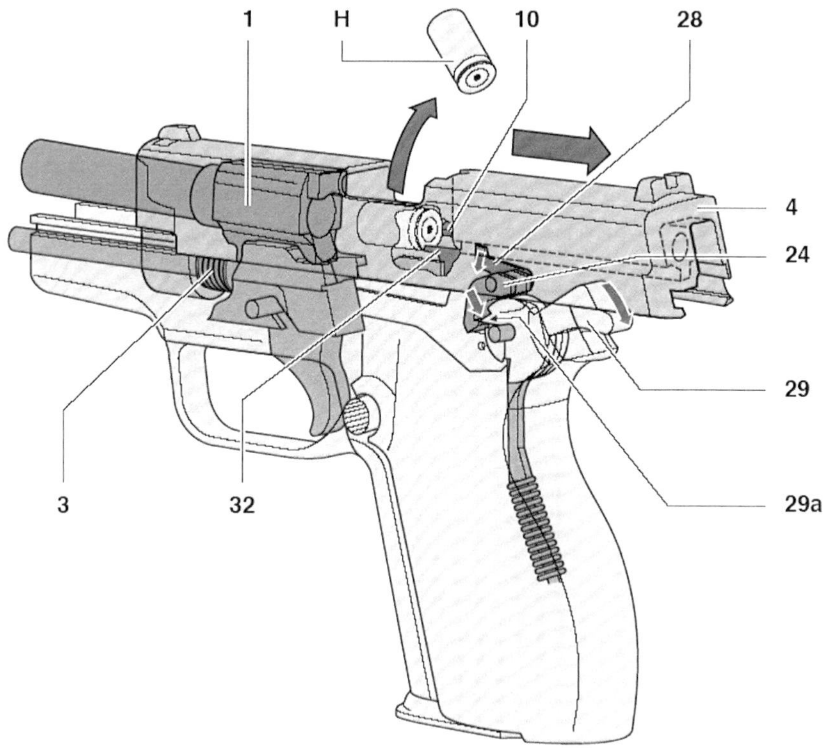

Abb. W-6

Die automatische Verschlussbewegung ist komplex, insbesondere die Bewegung des Laufes bei einer Pistole mit einem Verschluss nach dem „Browning-Prinzip", auch als „verriegelter Verschluss" bezeichnet. Im Moment der Schussabgabe ist der Lauf in seiner Schussposition verriegelt - sobald sich nun der Verschluss nach hinten bewegt, bewegt sich auch der Lauf. Die Kippbewegung des Laufes, der sich mit dem Patronenlager leicht abwärts bewegt, ist deutlich sichtbar. Der Lauf wird abgesenkt, löst sich aus dem Verschluss und verharrt, während der Verschluss weiterläuft. Die Hülse wird dabei von der Ausziehkralle aus dem Lager gezogen und ausgeworfen, der Schlaghebel gespannt. In der folgenden Schließbewegung, also quasi auf dem Weg nach vorn (Abb. W-2), durch den Druck der Schließfeder bewirkt, zieht der Verschluss eine Patrone aus dem Magazin nach. Der gesamte Vorgang entspricht dem Durchladen der Waffe per Hand, dem vollständigen Zurückziehen und Loslassen des Verschlusses.

8.2.1.2.2 Double-Action-Modus (DA)

Die erste Frage lautet hier: Wie kommt eine Pistole in den entspannten, geladenen Zustand? In der Regel durch das Laden des Patronenlagers durch Zurückziehen des Verschlusses (Abb. W-2) und nachfolgendes Entspannen des Schlaghebels, wie es die Abbildung W-7 zeigt.

Der in der P 220 verwendete Entspannhebel erspart dem Schützen das mit Daumen und Zeigefinger auszuführende manuelle Entspannen durch Abdrücken bei gehaltenem Schlaghebel. Zudem sichert der Entspannhebel den Schlaghebel gegen unbeabsichtigtes Vorschnellen. Die **Fangklinke** (Abb. W-6, 24) fängt den nach vorn gehenden Schlaghebel auf und hält ihn in der **Sicherheitsrast** (Abb. W-7, 29b), der Schlagbolzen wird während des gesamten Entspannvorgangs blockiert. Ein Abzugssystem mit Sicherheitsrast, in die der Hahn nach Auftreffen auf den Schlagbolzen automatisch zurückspringt, wird auch als **Rückspringschloss** bezeichnet.

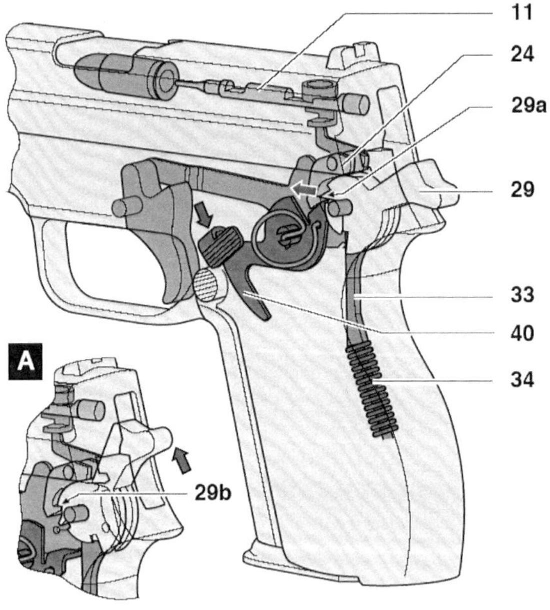

Abb. W-7

Wird nun der Abzug betätigt, wird der Schlaghebel zunächst mittels der Abzugsstange (22) gespannt und schließlich von der Kraft der Schlagfeder nach vorn geführt.

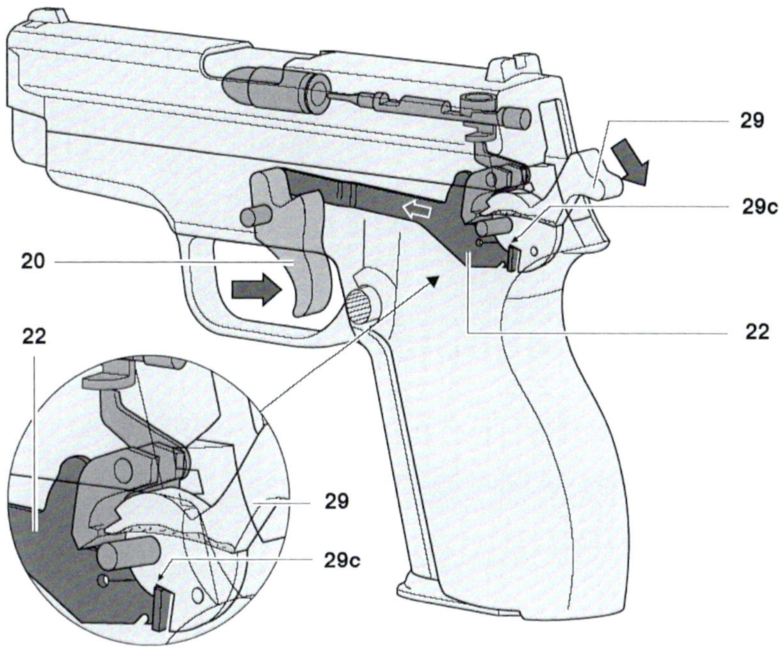

Abb. W-8

Um den Abzug nicht unnötig weit zu bewegen, kann im Griffstück ein **Triggerstop** montiert werden, meist in Form einer Schraube. Der Abzug drückt gegen den Schraubenkopf und kann diesen Widerstand nicht überwinden. Die Schraube wird so weit eingedreht, dass der Abzug bei seiner Bewegung den Schuss gerade auslöst und danach nur etwa 0,3 mm weiter nach hinten gezogen werden kann. So wird verhindert, dass bei hohem Abzugswiderstand die Waffe nach Schussauslösung nicht mehr sicher gehalten wird und es somit zu einem Verreißen des Schusses kommt.

Wenn es sich um eine Pistole mit DA-System handelt, folgt nun der in Kapitel „Single-Action" dargestellte Ablauf (Seite 171). Der Schuss wird abgegeben, der Rückstoßimpuls treibt den Verschluss zurück, die Schlagfeder wird gespannt und eine neue Patrone nachgeführt. Die Waffe ist danach schussbereit und kann mit weniger Abzugswiderstand abgefeuert werden. Anders bei einer Waffe mit **DAO-Abzug** – hier würde die Schlagfeder nicht gespannt, sondern nur eine neue Patrone zugeführt.

Warum feuert die Waffe bei gehaltenem Abzug jetzt nicht weiter wie ein **Vollautomat**? Das liegt an dem **Unterbrecher**. Er löst den Kraftschluss von Abzug und Abzugsstange beim Zurückgleiten des Verschlusses und macht es dadurch notwendig, den Abzug wieder freizugeben, bevor der Abzug wieder kraftschlüssig mit der Abzugsstange verbunden wird. Das bei der Abzugsfreigabe fühlbare leichte Knacken ist für erfahrene Schützen das Signal für das erneute Krümmen des Abzugsfingers, wenn es um rasche Schussfolge, etwa im Bereich des Verteidigungsschießens, geht.

8.2.1.2.3 Double-Action-Only-Modus (DAO)

Der fühlbare Unterschied zwischen einem SA- und DA-Abzug ist der **Abzugswiderstand** – in einer physikalischen Größe, der Kraft, ausgedrückt, benötigt man einen Druck (oder Zug) von 20 N (Newton), um den SA-Abzug zu betätigen. Zur Erklärung: 20 N sind das Maß an Kraft, das aufgewendet werden muss, um ein Gewicht von 2 kg zu heben. Für die Abgabe eines Schusses im DA- oder DAO-Modus sind 55 N notwendig, also fast die dreifache Abzugskraft. Zum Vergleich stellen Sie sich folgendes Experiment vor: Binden Sie eine Zwei-Liter-Packung Saft mit einem Schnürsenkel an Ihren leicht gebeugten Abzugsfinger und heben Sie bei gespanntem Senkel die Packung nur durch Beugen des Abzugsfingers. Und nun wiederholen Sie das Gedankenexperiment nicht mit 2 kg, sondern mit einem Gewicht von 5,5 kg. Dieser Gewichtsunterschied entspricht den unterschiedlichen Abzugswiderständen. Sie werden feststellen, dass der Unterschied beträchtlich ist.

Doch welche Bedeutung hat das für den Schützen?

Für Präzisions- und Sportschützen ist ein SA-Abzug oder zumindest ein DA-Abzug mit SA-Funktionalität unerlässlich – für den präzisen Schuss ist in der Regel nur ein SA-Abzug mit geringem Abzugswiderstand geeignet.

Für eine **Verteidigungswaffe** ist dagegen ein DAO-Abzug die optimale, ein DA-Abzug zumindest eine gute Lösung. Denn hier kommt es meist nicht darauf an, ein kleines Ziel über eine große Distanz zu bekämpfen, sondern die Waffe schnell in Anschlag zu bringen und einen oder mehrere Schüsse abzugeben, ohne dass man lange überlegen muss, ob die Waffe gespannt, gesichert, entspannt, entsichert, unterladen oder geladen ist. Eine DAO-Waffe kann aufgrund des hohen Abzugswiderstandes eigentlich nur abgefeuert werden, wenn es der Waffenträger will – selbst ein „erschrockenes Verkrampfen" des Abzugsfingers reicht meist nicht aus, den Widerstand des DAO-Abzugs in Verbindung mit dem längeren Abzugsweg zu überwinden.

8.2.1.3 Abzugsarten bei Revolvern

8.2.1.3.1 Single-Action

Der abgebildete Revolver ist optisch ein typischer Single-Action-Revolver – charakteristisch sind der tief sitzende Griff, der stummelartige Abzug und der große, vergleichsweise hoch stehende Hahn.

SA-Revolver verfügen meist nicht über eine ausschwenkbare Trommel. Das Be- und Entladen der Kammern erfolgt über eine Öffnung, die „Ladekammer", die mit der Ladeklappe verschlossen wird. Die Trommel ist hier fest eingebaut.

Der Abzug eines SA-Revolvers steht in der Regel trocken und muss nur einen minimalen Weg zurücklegen, da er lediglich den Hahn auslöst.

Diese Abzugsart ist heute nur noch im sportlichen Bereich vertreten. Da sich das Abzugssystem präziser einstellen lässt als bei einem DA-Abzug, lassen sich mit einem SA-Abzug in der Regel bessere Ergebnisse erzielen. So kann das Abzugsgewicht meist auf ein Minimum reduziert werden.

8.2.1.3.2 Double-Action

Der DA-Revolver ist aufgrund der Wahlmöglichkeit zwischen DA- und SA-Abzug die beliebteste Abzugsvariante. Anders als beim SA-Revolver ist der Hahn etwas kompakter ausgeführt.

Für den Einsatz als Gebrauchswaffe spricht die systembedingte Sicherheit eines Revolvers mit DA-Abzug – mit entspannter Waffe, sofern alle Kammern der Trommel (zumindest die als nächste vorgeführte) mit einer Patrone gefüllt sind, kann der Schütze ohne zeitraubendes Entsichern, Repetieren oder Vorspannen einen Schuss abgeben. Dazu kommt das höhere Abzugsgewicht eines DA-Systems – hier ist eine bewusste Entscheidung zur Schussabgabe Voraussetzung für das Durchziehen des Abzugs.

Selbst eine DA-Pistole bietet nicht diese Sicherheit – ist sie unterladen, also keine Patrone im Patronenlager, wird die Betätigung des Abzugs nichts bewirken. Gleiches gilt für Zündversager – während beim Revolver einfach noch einmal der Abzug betätigt wird und sich die nächste Patrone vor den Lauf legt, ist bei einer Pistole eine Repetierbewegung des Schlittens notwendig.

Beachten Sie: **DA- und DAO-Revolver** sind **keine halbautomatischen Waffen** im Sinne des Waffengesetzes (Anlage 1 Abschnitt 1 Nr. 2.2 WaffG).

8.2.1.3.3 Double-Action-Only (DAO)

Charakteristisch für Revolver mit Double-Action-Only-Abzug ist der deutlich ausgeführte „Buckel", in dem sich der Hahn ungehindert und ohne Zugriffsmöglichkeit für den Schützen bewegen kann. Gleichzeitig hat die Waffe keine hervorstehenden Teile, die beim Ziehen, insbesondere aus einem Schulterholster, das verdeckt unter dem Sakko getragen wird, in der Kleidung „hängenbleiben" könnten.

Derartige Revolver sind im sportlichen Bereich kaum anzutreffen, da aufgrund des höheren Abzugswiderstands im Vergleich zu vorgespannten DA- oder reinen SA-Revolvern ein sportlicher Präzisionsschuss kaum möglich ist.

Wie schon im Kapitel „Waffentechnik" und bei der Beschreibung des DA-Revolvers dargestellt, bietet der DAO-Abzug ein Stück passive Sicherheit - die DAO-Waffe kann aufgrund des hohen Abzugswiderstandes eigentlich nur dann abgefeuert werden, wenn es der Schütze wirklich will. Selbst ein „erschrockenes Verkrampfen" des Abzugsfingers reicht in der Regel nicht aus, den Widerstand des DAO-Abzugs zu überwinden.

8.2.2 Lauf und Patronenlager

Der **Lauf** gibt dem Geschoss, das nach Anzündung des Treibsatzes in der Patronenhülse durch ihn hindurch getrieben wird, Führung und nimmt gemeinsam mit dem Verschluss den Gasdruck auf. Man unterscheidet **glatte** und **gezogene** Läufe. **Polygonläufe** zählen zu den gezogenen Läufen. Die **Bohrung** des Laufes (der Hohlraum, durch den das Geschoss getrieben wird) nennt man **Seele**, den Mittelpunkt der Bohrung die **Seelenachse**.

Das **Patronenlager** befindet sich, von der Mündung gesehen, im rückwärtigen Bereich des Laufes und ist somit Teil der Laufbohrung. Im Patronenlager ruht die zu verfeuernde Patrone. Zwischen dem Patronenlager und dem Teil des Laufes, der dem Geschoss Führung geben soll, befindet sich der **Übergangskegel** (Übergangskonus), in den das Geschoss eintritt, wenn es in Bewegung gesetzt wird. Beim Revolver dient die **Trommel** als Patronenlager, somit ist hier das Patronenlager nicht Teil des Laufes. Patronenlager, Lauf und Trommel sind **wesentliche Teile** einer Waffe.

Für die Verwendung von randloser Munition wird das Patronenlager so konstruiert, dass es entweder durch seine Innenform bei flaschenförmigen Patronen (Patrone mit **Schulter**, **„Schulteranlieger"**, linke Skizze; meist für Büchsen, aber auch für einige Kurzwaffen) oder durch eine definierte **Kante** (**„Hülsenmundanlieger"**, rechte Skizze) verhindert, dass die Hülse tiefer als vorgesehen in das Patronenlager gleiten kann.

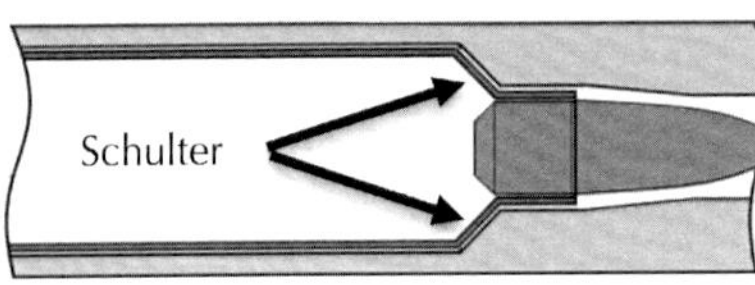

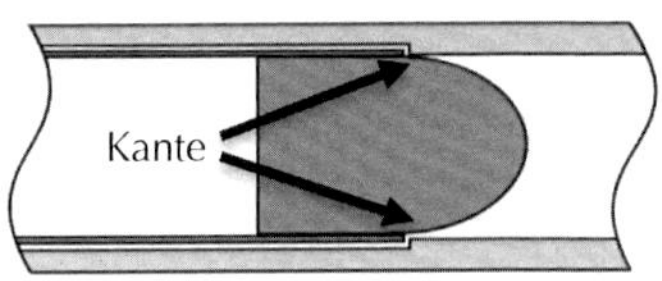

Um Waffensprengungen zu vermeiden, muss die Patrone nahezu spielfrei, insbesondere in der Längsrichtung, im Patronenlager ruhen. Der **Verschlussabstand** ist technisch der mit engen Toleranzen gesetzlich festgelegte Abstand zwischen dem Stoßboden des Verschlusses und dem vorderen Anschlagpunkt oder Anlagepunkt der jeweiligen Patronenart. Damit wird sichergestellt, dass die Patrone *gasdicht lidern*[106] kann, das Anzündhütchen in der Zündglocke bleibt, die Hülse nicht reißt und der Schlagbolzen das Anzündhütchen erreicht. Ist beispielsweise der Verschlussabstand unzulässig groß, kann der Schütze durch austretende Gasschwaden oder ein Abreißen von Teilen der Waffe schwer verletzt werden.

Form und **Maßhaltigkeit** von Patronenhülse und Patronenlager sind sehr wichtig – während der Verschluss am Hülsenboden dafür sorgt, dass sich die Hülse nicht aus dem Patronenlager herausbewegen kann, sorgt am anderen Ende der Hülse der Hülsenmund (**Hülsenmundanlieger**) beziehungsweise die Schulter der Patronenhülse (**Schulteranlieger**) dafür, dass die Hülse nicht zu weit in das Patronenlager hineingleitet, dabei aber ein geringstmöglicher Abstand zwischen Hülsenboden und Verschluss verbleibt.

Bei **Randpatronen** stellt sich dieses Problem meist nicht: Als typische Munition für Hinterlader (Kipplaufwaffen) und Revolver können sie nur bis zum Rand des Hülsenbodens in das Patronenlager eingeführt werden. Passt sich die Hülse dabei exakt in das Patronenlager ein, bewirkt das Lidern der Patronenhülse bei Schussabgabe einen gasdichten Abschluss des Laufes. Darum kann von dem Grundsatz, dass nur Munition des auf dem Patronenlager angegebenen Kalibers verwendet werden darf, bei Randpatronen abgewichen werden, wenn bei gleichem Geschoss- oder Patronendurchmesser die Hülsenlänge nach dem Schuss geringer ist als diejenige der Munition, die zum Verschießen aus der betreffenden Waffe vorgesehen ist. Dies gilt insbesondere bei **Schrotpatronen** mit kürzerer Hülsenlänge – aus einer Flinte im Kaliber 12/76 dürfen Patronen im Kaliber 12/70 verschossen werden. Umgekehrt würde das unter Umständen zu einer Waffensprengung führen, da sich die Patrone zwar einführen lässt, aber bei Anzündung nicht vollständig öffnen kann – beim Umgang mit Flinten ist darum immer sehr genau auf die richtige Wahl der Patronen zu achten.

Ein weiteres Beispiel sind Patronen im Kaliber .38 Special – sie haben eine etwa 3,4 mm kürzere Hülse bei gleichem Geschossdurchmesser und geringerem Gasdruck als die Patrone .357 Magnum und dürfen darum auch aus einer Waffe des Kalibers .357 Magnum verschossen werden. Umgekehrt ist dies nicht zulässig (und wird technisch durch eine kürzere Trommel des Revolvers im Kaliber .38 Special verhindert).

Unterschiede bei den Formen des Hülsenrandes werden bei der Bezeichnung der Kaliber häufig berücksichtigt. Zu unterscheiden sind (von links nach rechts) Hülsen **„mit Rand"**, **„mit Gürtel"** und **„ohne Rand"**, hier dargestellt am Beispiel einer RWS-Patrone (Ausschnitt des Hülsenkörpers).

Die **Hülse mit Gürtel** wird für Kaliber mit besonders hohem Gasdruck verwendet. Vornehmlich dient der Gürtel dazu, dass sich die Patrone mit der vorderen Kante des Gürtels an einer Ausfräsung im Patronenlager abstützt, um so eine verbesserte Messung und Einstellung des Verschlussabstands zu ermöglichen. Für die ebenfalls vertretene Auffassung, der Gürtel sei eine Art „Sicherungsmaßnahme", um besonders stark geladene Patronen nicht in das Patronenlager einer älteren Waffe einführen zu können, oder verstärke die Hülse, liegen dagegen keine belastbaren Quellen vor.

Der zuvor bereits mehrfach erwähnte **Verschlussabstand** führt in der Praxis nicht selten zu Verwirrung. Denn es sind zwei Arten von Verschlussabstand zu unterscheiden, nämlich der <u>tatsächliche</u> Verschlussabstand einerseits und andererseits das im Beschussgesetz festgelegte <u>Maß</u>, das sich auf die Abstände vom **Stoßboden** des Verschlusses (der dem Hülsenboden nächste Punkt des Verschlusses) zu einem Anlagepunkt oder Anschlagpunkt der Patronenhülse im Patronenlager bezieht. Ein minimaler Abstand von Stoßboden zu Hülsenboden muss dabei immer vorhanden sein, da eine Schusswaffe wie jede Maschine etwas „Spiel" braucht, um eine Bewegung aller Waffenteile und der Patrone zu ermöglichen; zugleich darf der tatsächliche Abstand aber auch nicht den gesetzlich festgelegten Maximalwert überschreiten, der zB bei Waffen im Kaliber 9 mm x 19 bis zu 0,25 mm betragen darf, bei Waffen im Kaliber 8 x 57 IS jedoch nicht mehr als 0,1 mm. Die Erforderlichkeit eines minimalen Spiels ist auch bei Randpatronen gegeben.

Zur **Messung des Verschlussabstandes** muss zunächst die Hülsenform bekannt sein, da sich nach ihrer Beschaffenheit die Messmethode bestimmt. Bei **Randpatronen** (Schrotpatronen, typische Revolverpatronen) beschreibt das Verschlussabstandsmaß die Entfernung vom Stoßboden bis zur Vorderseite des Randes (gemeint ist die vom Verschluss gesehen entferntere Seite des Randes). **Randlose Hülsen**, die <u>flaschenförmig</u> sind, sind in der Regel Schulteranlieger; sie stützen sich also vorn an der Auflagefläche mit der Schulter der Hülse ab, darum wird das Maß des Verschlussabstands bei Schulteranliegern als Abstand zwischen dem Stoßboden und dem Anlagepunkt der Schulter angegeben und gemessen. Bei **Hülsenmundanliegern** (Pistolenpatronen) wird der rechnerische Verschlussabstand zwischen dem Stoßboden und dem Anschlagpunkt der Hülse im Patronenlager gemessen.

*Zu Unterschieden und Eigenschaften der unterschiedlichen Laufarten lesen Sie bitte im Kapitel „Innenballistik" ab Seite 243 nach. Informationen zum **Flintenlauf** können Sie dem Kapitel „Flinte" ab Seite 156 entnehmen.*

Bei Abgabe des Schusses treten im Lauf, insbesondere im Bereich des Patronenlagers, sehr hohe Gasdrücke auf, die Werte bis zu mehreren tausend bar erreichen können. Das Material, aus dem der Lauf gefertigt wird, muss fest genug sein, um diesen Drücken zu widerstehen. Und wenn Sie das

Kapitel über den Beschuss bedenken, muss der Lauf im Zuge der Beschussprüfung auch höhere Drücke verkraften, als ihn die Munition erzeugt, für die er konstruiert wurde. Neben der Festigkeit muss das Material zugleich flexibel genug sein, um sogenannten „Sprödbrüchen" vorzubeugen.

Moderne Läufe werden **nahtlos** hergestellt, aus Legierungen auf Basis von Stahl. Da die Laufinnenseiten nicht nur dem enormen Gasdruck der Munition, sondern gleichzeitig auch hohen Temperaturen, der mechanischen Belastung der Geschosse sowie der chemischen Reaktion mit Pulverrückständen ausgesetzt sind, ist eine spezielle Oberflächenveredelung keine Seltenheit, zum Beispiel eine Hartverchromung.

Ein **Wechsellauf** muss vom Büchsenmacher an die Waffe angepasst werden. Ein **Austauschlauf** kann dagegen ohne Nacharbeiten in die Waffe eingesetzt werden. Der Austauschlauf ist in seinen äußeren Abmessungen vollständig identisch mit dem Originallauf, so dass die optimale Führung in der Waffe, insbesondere die Funktion des Verschlusses unter Beibehaltung des zulässigen Verschlussabstands, gewährleistet ist, ohne dass weitere Anpassungsarbeiten an Lauf oder Waffe vorgenommen werden müssen.

Ein **Wechsel<u>system</u>** besteht aus einem Austauschlauf und dem für die Verwendung notwendigen Verschluss.

Wechseltrommeln sind Trommeln für ein bestimmtes Waffenmodell, die ohne Nacharbeit gewechselt werden können, um Munition eines kleineren Kalibers zu verschießen.

Der Einsatz von **Austauschläufen**, **Wechseltrommeln** oder **Wechselsystemen** kann sinnvoll sein, wenn man mit einem Revolvermodell, das man mit einem kurzen Lauf zur Selbstverteidigung trägt, an einem Scheibenschießen teilnehmen will. Um eine längere Visierlänge sowie mehr Präzision zu erreichen, bedient man sich in diesem Fall eines Austauschlaufes von 6 Zoll Länge, der gegen den 3-Zoll-Lauf ausgetauscht wird. Ein oft genanntes Argument ist zudem die Nutzung eines Wechselsystems, um im Training günstigere Munition eines kleineren Kalibers verwenden zu können.

Für **Inhaber einer WBK** ist der **Erwerb** eines **Austausch**- oder **Wechsellaufes** sowie eines notwendigen Verschlusses (**Wechselsystem**) für die bereits eingetragene Waffe **erlaubnisfrei** (Anlage 2 WaffG), es besteht aber eine **Eintragungspflicht** (§§ 37a, 37g WaffG). Der **Besitz** wird durch Eintragung des erworbenen Waffenteils in eine WBK durch die Behörde genehmigt.

Während der <u>Austauschlauf</u> bei geringfügig kleineren Hülsenboden-Durchmessern mit dem <u>vorhandenen</u> Verschluss in der Regel problemlos funktioniert und somit also einfach ausgetauscht werden kann, muss in der Regel zumindest das Magazin der Waffe ausgetauscht werden, da die Magazinlippen Patronen eines kleineren Kalibers nicht optimal positionieren.

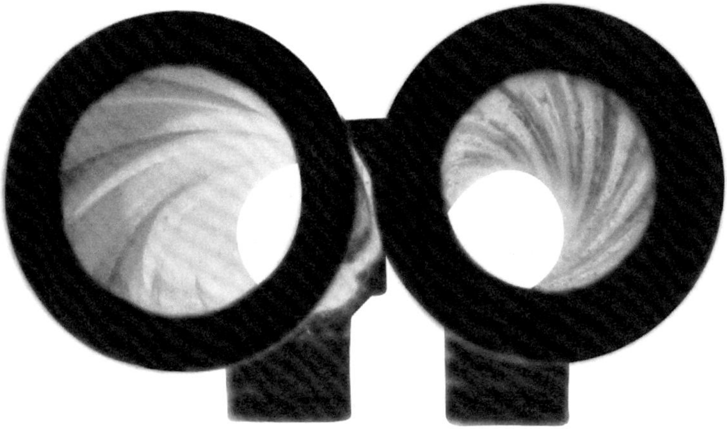

Austauschlauf-Modell von IGB-Austria - die Außenabmessungen des Austauschlaufes (9 mm x 19, rechts) entsprechen denen des Originallaufes (.40 S&W, li.), so dass der Lauf in den Verschluss der Grundwaffe (Glock 22) problemlos eingesetzt werden kann. Die größere Wandstärke des Austauschlaufes (rechts) ist in dieser Abbildung deutlich zu erkennen.

Einsteckläufe werden in dem Lauf der Waffe eingelegt und befestigt, um Geschosse eines geringeren Kalibers ohne weitere Veränderungen an der Waffe verschießen zu können. **Einstecksysteme** sind dagegen Einsteckläufe einschließlich des für sie bestimmten Verschlusses sowie der für sie bestimmten Gehäuseteile.

Einsteckläufe und Einstecksysteme können erlaubnisfrei erworben und besessen werden, wenn die für ihre Verwendung vorgesehene Waffe bereits in der WBK eingetragen ist.

*Zu **rechtlichen Voraussetzungen** für den Erwerb von Austausch-/ Wechselläufen und Einsteckläufen sowie Systemen beachten Sie die Kapitel 1.3.1.5 und 1.3.1.6 dieses Buches.*

*Beachten Sie zum Thema **Laufbündel** Kapitel 8.1.4.3 dieses Buches.*

8.2.3 Verschluss

Der Verschluss soll das Patronenlager nach hinten abschließen und zudem die Patronen beim Schießen im Patronenlager festhalten. Das Vorantreiben des Geschosses durch den Lauf soll die einzige Möglichkeit für das sich ausbreitende Gas sein, sich auszudehnen. Der Stoßboden des Verschlusses liegt mit festgelegtem, äußerst geringem Abstand am Boden der Patrone an, die im Patronenlager liegt. In den Stoßboden integriert ist meist eine Öffnung für den Schlagbolzen. Allerdings sorgt nicht der Verschluss für die Dichtheit des Laufes, sondern die Patronenhülse. Die Hülse hat im Moment der Zündung keine Möglichkeit, dem Druck nach hinten auszuweichen und dehnt sich im Patronenlager aus, sie „**lidert**". Diese Ausdehnung der Hülse dichtet das Patronenlager zum Verschluss hin ab. Je stärker die Liderung, desto gasdichter kann das Gesamtsystem aus Patronenlager und Lauf auf diese Weise abgedichtet werden. Hülsen aus Messing lidern besser als solche aus Stahl, da Messing das weichere Material ist.

Eine weitere Aufgabe des Verschlusses kann darin bestehen, den Schlagbolzen oder Hahn zu spannen – bei halbautomatischen Pistolen geschieht dies bei der Öffnungsbewegung des Verschlusses zum Auswerfen der abgeschossenen Hülse.

Die Einführung des Verschlusses war für die Handhabung der Schusswaffen ein entscheidender Schritt – es war das Ende der Vorderlader (wenn man von Traditionsschützen absieht). Nun war es möglich, moderne Waffensysteme zu entwickeln, bis hin zu den heutigen automatischen Waffen.

Bei automatischen Waffen stellt der enorme Gasdruck im Patronenlager die Konstrukteure vor eine besondere Aufgabe. Dies gilt für **verriegelte** wie für **unverriegelte** Verschlusssysteme. Insbesondere bei Gasdruckladern muss in der Regel eine **Steuerung** entwickelt werden, die mit Blick auf die Lauflänge und den von der Munition erzeugten Gasdruck ein Aufheben des Verschlusses verhindert, solange der Gasdruck in Lauf und Patronenlager noch nicht auf ein ungefährliches Maß abgesunken ist.

Beim **unverriegelten Verschluss**, auch „**Masseverschluss**" genannt, wird der Verschluss allein mit Federkraft gegen den Patronenboden gepresst. Bei schwachen Patronen wie .22 lfB ist das ausreichend – Patronen, die einen höheren Gasdruck erzeugen, erfordern dagegen den Einsatz eines **verriegelten Verschlusses.** Durch mechanische Blockierungen oder durch Drehen des Verschlusses in eine verriegelte Position kann im Lager ein hoher Druck erzeugt werden, da sich der Verschluss **nicht durch den Druck** bewegen bzw. entriegeln lässt.

Bei **Pistolen mit Masseverschluss** (Federverschluss) ist der Lauf fest mit dem Griffstück verbunden und nicht beweglich. Der Verschluss (auch als **Schlitten** bezeichnet) gleitet nach Abgabe des Schusses zurück, angetrieben vom Gasdruck. Da der Verschluss mittels der Schließfeder fest an den Hülsenboden gedrückt wird und erst noch aus seiner Ruheposition bewegt werden muss (Trägheit), muss der Gasdruck so groß sein, dass der Verschluss in Bewegung kommt und seine **Masseträgheit** und die Federkraft überwindet.

Die nachfolgenden Skizzen verdeutlichen das Prinzip. Im ersten Bild wird die Masse durch den Federdruck gegen den Boden der Patrone gedrückt, die sich im Patronenlager befindet. Das zweite Bild zeigt den Zustand der Waffe mit fast vollständig geöffnetem Verschluss.

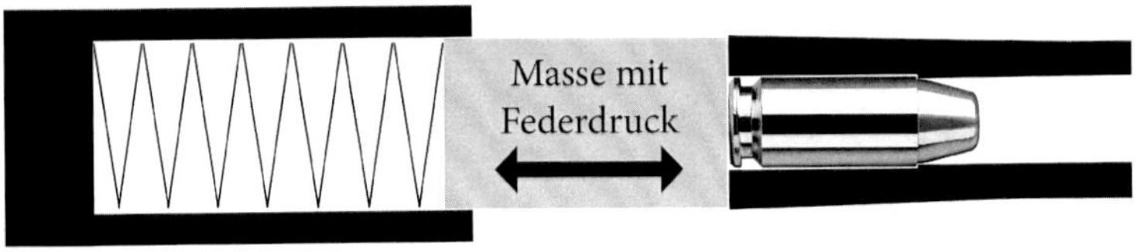

Entscheidend für das Funktionieren des einfachen Masseverschlusses sind die Dimensionierung der Schließfeder sowie die Masse des Verschlusses im Verhältnis zur Masse und Bewegungsenergie des Geschosses. Während es bei „leichter" Munition wie etwa .22 lfB mit vergleichsweise geringer Bewegungsenergie nur geringer Kräfte bedarf, um den Verschlusszustand ausreichend lange beizubehalten, ist bei Kalibern ab etwa 9 mm x 19 eine simple Feder-Masse-Kombination nicht mehr zu realisieren. Denn bei besonders schweren oder energiereichen Geschossen müsste die Masse des Verschlusses deutlich zunehmen, um ein vorzeitiges Freigeben der Hülse zu verhindern. Denn um es noch einmal deutlich zu machen: Nur wenn das Patronenlager lang genug verschlossen wird, weil die Feder ausreichend stark, die Masse des Verschlusses ausreichend groß und der Verschluss damit ausreichend träge ist, kann der Gasdruck in Lauf und Patronenlager vor dem Öffnen auf das Maß absinken, das den Schützen nicht mehr gefährdet. Die perfekte Abstimmung der Bewegungen von Lauf, Verschluss und Geschoss ist die Voraussetzung für eine gut funktionierende und präzise Waffe mit Masseverschluss.

Ein vernünftiger Kompromiss aus Federstärke und Masse des Verschlusses ist bei größeren Kalibern nicht realisierbar – hier bedarf es ausgefeilterer Konstruktionen wie etwa des Browning-Verschlusses oder gasgebremster Masseverschlüsse, wie sie nachfolgend dargestellt werden.

Eine effektive Form der **Verriegelung** nutzt der Revolver mit ausschwenkbarer Trommel. Anders als bei Waffen, in denen das Patronenlager Teil des Laufes oder fest mit diesem verbunden ist, wird durch Drehung der Revolvertrommel jeweils eine einzelne Kammer so positioniert, dass die Mittelachse der Kammer und die Laufseelenachse eine Linie bilden. Der Gasdruck wirkt hier auf die Trommelwandungen und den Rahmen des Revolvers, der mit dem Lauf fest verschraubt ist und verhindert, dass die gezündete Patrone nach hinten auf der Trommelkammer entkommen kann – der Gasdruck kann aber die Trommel selbst nicht seitlich bewegen. Dies kann nur der Schütze per Hand durch Bedienung des Daumenschiebers und anschließendes Herausdrücken der nun frei beweglichen Trommel.

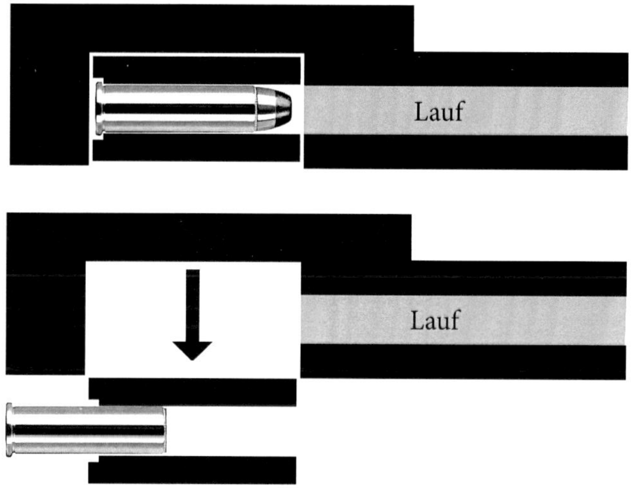

Grundsätzlich arbeiten alle verriegelten Verschlüsse nach diesem Prinzip, dass die Betätigung des Riegels nicht durch eine direkte Einwirkung des Gasdrucks erfolgt, sondern entweder zeitverzögert durch eine Verschluss-Steuerung (wie nachfolgend der Browning-Verschluss) oder durch händische Bedienung durch den Schützen (siehe auch Zylinder-Verschluss).

Das **Prinzip des verriegelten Verschlusses** bei Waffen, in denen das Patronenlager ein Teil des Laufes oder fest mit dem Lauf verbunden ist, unterscheidet sich zwar in der Art der Verriegelung, das Prinzip bleibt aber stets gleich: Der Druck auf den Verschluss ist nicht in der Lage, diesen aus seiner Verriegelungsposition zu bewegen, in der er, je nach Art der Verriegelung, sicher gestützt wird. Die Entriegelungsrichtung steht dabei in der Regel in einem rechten Winkel zur Richtung der Kraft, die auf den Verschluss wirkt. Erst durch eine weitere, in der Regel äußere Kraft, die die Verriegelung durch Drehung, Auslenkung oder eine andere Bewegung löst, kann die Patrone wieder aus dem Patronenlager herausgleiten, wie es in der nachfolgenden Prinzip-Darstellung verdeutlich wird. Der Verschlussblock kann sich nur auf und ab bewegen, während Kraft, der durch den Patronenboden auf den Verschlussblock einwirkt, lediglich im rechten Winkel zu dieser Bewegungsmöglichkeit angreift und unwirksam ist.

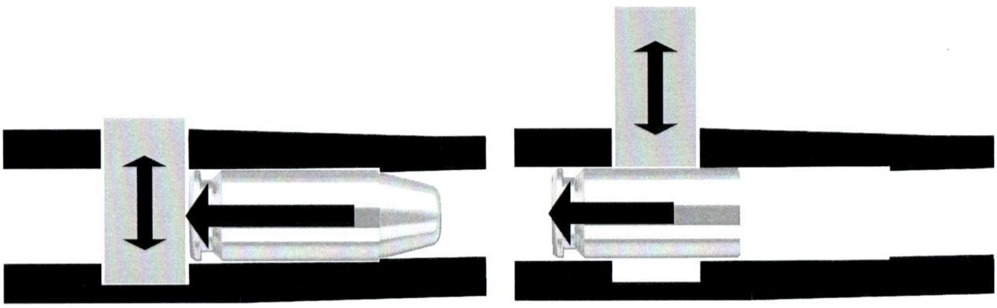

Pistolen mit verriegeltem Verschluss („Browning-Prinzip") sind für Patronen mit stärkerer Ladung konstruiert, bei denen ein vernünftiger Kompromiss aus Federstärke und Masse des Verschlusses nicht realisierbar ist, ein Feder-Masse-Verschluss also nicht praktikabel ist.

Als Beispiel sehen sie unten die Walther P 99 - ein Ausschnitt mit **Steuerkurve** (A) (Unterseite Patronenlager, „Nase") und **Verriegelungsblock** (B).

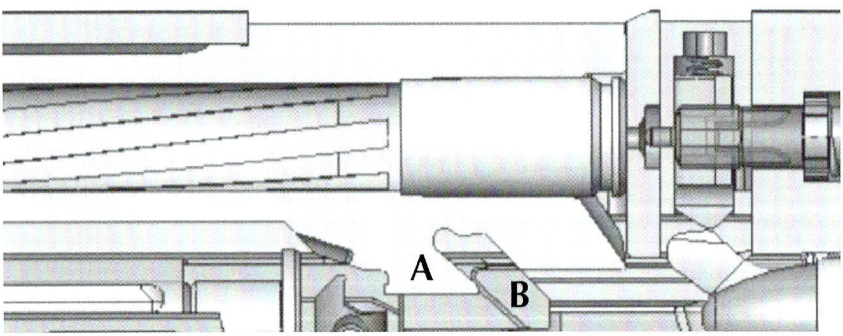

Nachdem der Schlitten gemeinsam mit dem Lauf wenige Millimeter nach hinten geglitten ist (Bild oben, Geschoss abgefeuert), läuft die Steuerkurve auf den Verriegelungsblock. Der Lauf lässt sich zwar innerhalb des

Verschlusses in verriegeltem Zustand nicht in Längsrichtung bewegen (also in Wirkrichtung des Gasdrucks), aber senkrecht nach unten (aus dem Auswurffenster des Schlittens, der Verriegelung). Indem der Verriegelungsblock für die schräge Fläche der Steuerkurve in Bewegungsrichtung des Verschlusses ein unüberwindliches Hindernis ist, weicht die Steuerkurve nach unten aus und löst die Verriegelung. Der Verschluss läuft weiter und zieht die Hülse aus, der Lauf verharrt am Verriegelungsblock. Durch die Kraft der Schließfeder gleitet der Verschluss dann wieder vor, der Lauf wird mitgenommen und durch die Steuerkurve in das Auswurffenster auf der Oberseite des Verschlusses gehoben, die Verriegelung wird wiederhergestellt.

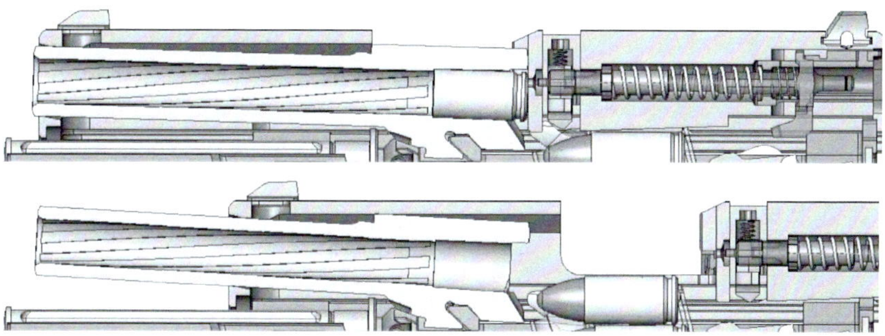

Eine Videosequenz mit der Darstellung des Browning-Prinzips bietet ein Lehrvideo zum Buch, entweder durch Scan des QR-Codes oder unter https://www.e-busy.de/34501brw.mp4

Eine andere Art des Verschlusses findet sich in der **P 7** von Heckler & Koch (HK), die auf der folgenden Seite abgebildet ist – diese Waffe arbeitet mit einem unverriegelten, **gasgebremsten** (Gasdruck-verzögerten) **Masseverschluss**. Der Lauf ist unbeweglich mit dem Griffstück verbunden, was diesem Modell eine große Präzision verleiht. Ein **Kolben** ist mit der Spitze des Schlittens (Verschlussträger) verbunden. Seine Spitze befindet sich in einem **Zylinder**, der unterhalb des Laufes angebracht ist. Eine **Bohrung** (Detailbild) verbindet Lauf und Zylinder (Bohrung mit Pfeil markiert). Beim Schuss wird ein Teil des Gasdrucks aus dem Lauf in den Zylinder geleitet. Der Kolben und damit der Verschluss werden so lange fest nach vorn gepresst, bis das Geschoss den Lauf verlassen hat und der Gasdruck im Lauf und damit auch im Zylinder rapide abnimmt. Erst dann gleitet der Verschluss nach hinten, da er jetzt allein gegen den Widerstand der Verschlussfeder bewegt wird.

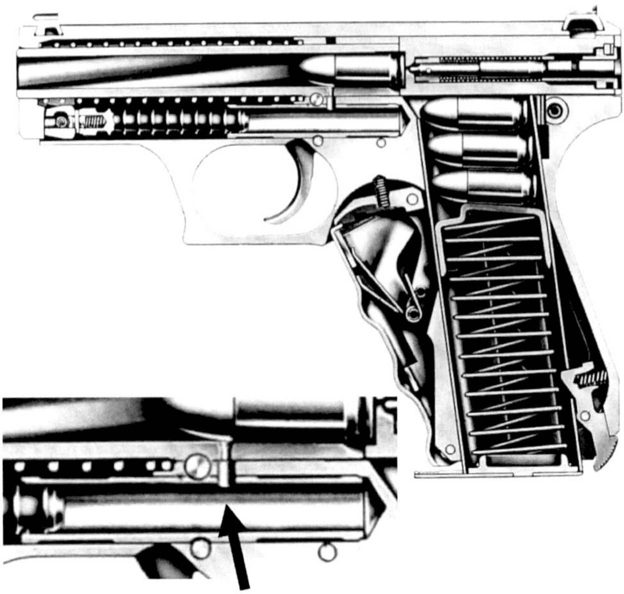

Gasdrucklader wie Halbautomaten oder Vollautomaten nutzen für die Bewegung des Verschlusses den Gasdruck im Lauf. Dazu wird ein Loch im Lauf gesetzt, durch das der Gasdruck entweichen kann. Ist das Loch im vorderen, der Laufmündung zugewandten Hälfte des Laufes, kann der Gasdruck zwischen Geschoss und Patronenhülse erst dann durch dieses Loch entweichen, wenn das Geschoss dieses Loch passiert hat. Jetzt kann über eine Druckleitung der Gasdruck durch das Loch beispielsweise Druck auf einen Kolben ausüben, der den Verschluss entriegelt – auf diese Weise wird der Repetiervorgang, der sonst manuell durch den Schützen ausgeführt wird, von der Waffe automatisch durchgeführt. Die Kraft wird dabei in manchen Waffen mit Hilfe eines Gestänges (Gasdruckgestänge) vom Kolben auf den Verschluss übertragen. Einige Gasdrucklader wie das M 16 verzichten auf ein Kolbensystem – hier wirkt der Gasdruck, der durch ein Rohrsystem umgeleitet wird, direkt auf Verschluss oder Verschlussträger.

Gasdrucklader „entriegeln" mit der Energie des Gasdrucks – die Verriegelung selbst erfolgt durch Verdrehung des Verschlusses über Rollen oder einrastende Warzen, wobei die dazu notwendige Energie durch die beim Rücklauf des Verschlusses gespannte Rückholfeder geliefert wird. Der Druck des Patronenbodens gegen den Verschluss hat auf die Bewegung des Verschlusses zunächst keinen Effekt – schließlich ist es ja gerade Aufgabe des verriegelten Verschlusses, den enormen Druck zu halten. Erst wenn durch die Steuerung des Verschlusses die Verriegelung gelöst wird, kann sich der gesamte Verschlussblock rückwärts gegen die Kraft der Rückholfeder bewegen, die schließlich genügend Gegendruck aufbaut, um den Verschluss wieder nach vorn zu schieben.

Der entscheidende Vorteil des Prinzips „Gasdrucklader“ beim Einsatz in automatischen Waffen ist die Fähigkeit, den Verschluss sicher abstützen zu können und durch die Konstruktion die Entriegelung so lange herauszuzögern, dass der Repetiervorgang erst bei ungefährlichen Druckverhältnissen im Lauf beginnt. Bei besonders starken Kalibern hätte eine direkte Steuerung des Entriegelns über den Rückstoß oder die direkte Einwirkung auf den Verschluss schlimmste Folgen – der Gasdrucklader vereint die Sicherheit und Stabilität des traditionellen Verschlusses einer großkalibrigen handverriegelten Büchse mit den Vorzügen einer automatischen Waffe.

Das Gewehr HK SL 8 verfügt über einen **Drehkopf-Verschluss**. Zur Verriegelung wird der **Verschlussträger** zunächst mit Hilfe des Federdrucks nach vorn geführt. Der **Verschlusskopf** ist drehbar und längsverschiebbar im Verschlussträger gelagert.

In verriegelter Stellung (Grafik links) liegen die **Verriegelungswarzen** des Verschlusskopfes hinter den **Verriegelungsnasen** des Verriegelungsstückes (Gegenstück des Verschlusskopfes). Das Verriegelungsstück selbst ist mit Lauf und Patronenlager im Gehäuse der Waffe fest verschraubt. Der von vorn auf den Verschlusskopf wirkende Druck müsste also erst die Verriegelungswarzen oder die Verriegelungsnasen brechen lassen, um den Verschluss zu sprengen. Nur die Drehung des Verschlusskopfes kann die Verriegelung lösen, erst dann kann der Verschlusskopf zurückgleiten.

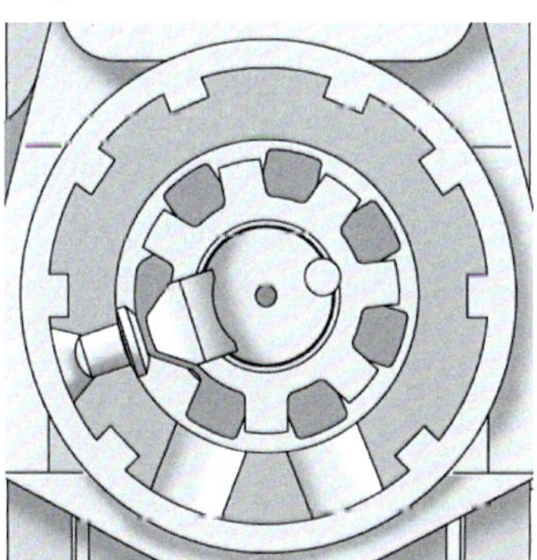

Nachdem die Patrone gezündet wurde, treibt der Gasdruck das Geschoss durch den Lauf. Sobald das Geschoss die Stelle passiert hat, an der sich die **Gasbohrung** befindet, wird ein Teil des Gasdrucks durch die Bohrung aus dem Lauf in die Gasabnahme geführt.

In der Gasabnahme wirkt der Gasdruck auf den Gaskolben. Der Gaskolben ist mit der Antriebsstange verbunden, die auf den Verschlussträger wirkt. Während sich der Verschlussträger allmählich rückwärts bewegt, sitzt der Verschlusskopf zunächst noch sicher im Verriegelungsstück, kann die Rückwärtsbewegung nicht mitmachen, da die Verriegelungswarzen noch hinter den Verrieglungsnasen sitzen. Der Verschlusskopf wird dabei aus dem Verschlussträger herausgezogen. Der **Steuerbolzen** (unten, Pfeil) ist Teil des Verschlusskopfes. Er liegt in der **Steuerkurve**, hier eine Aussparung im Verschlussträgergehäuse. Der Verschlusskopf wird durch seine Rückwärtsbewegung und die Form der Steuerkurve, in der sich der Steuerbolzen bewegt, zu einer Drehung gezwungen, weil er durch die Steuerkurve geführt („gesteuert“) wird. Der Verschlusskopf dreht sich, damit treten die Warzen hinter den Verriegelungsnasen hervor, die Verriegelung wird aufgehoben und der Verschlusskopf kann mit dem Verschlussträger gemeinsam zurücklaufen. Am Ende dieses Rücklaufes, bei dem die leere Hülse ausgeworfen wird, sorgt die Schließfeder für eine Umkehrung der Bewegung. Sie schiebt den Verschluss nach vorn, die Verriegelung wird wiederhergestellt.

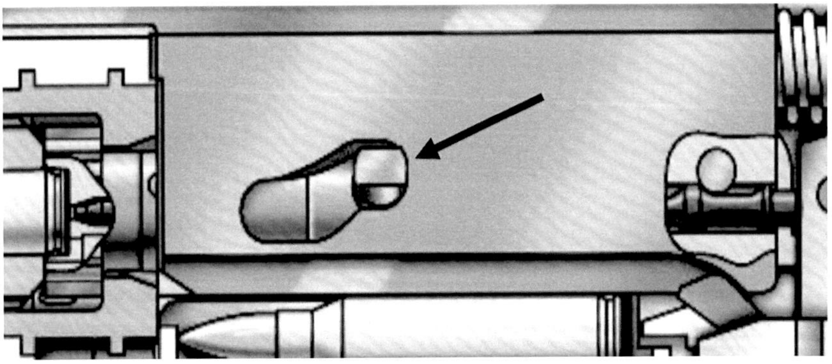

Anders als Gasdrucklader nutzen **Rückstoßlader** wie das HK G 3 die Masseträgheit des Verschlusses zur Steuerung der Verriegelung. Wie beim Drehverschluss ist der Kopf des **beweglich abgestützten Rollenverschlusses** im Verschlussträger gelagert, aber nur in Längsrichtung verschiebbar.

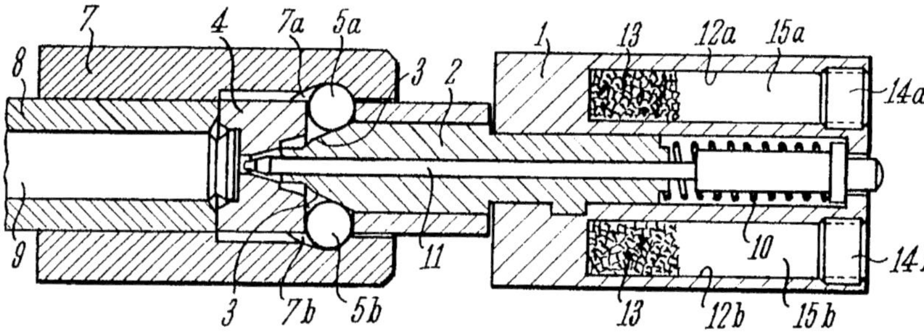

Unten der Verschluss allein mit „eingefahrenen" Rollen (5a/5b) – in der ersten Zeichnung verhindern die Rollen durch ihre Stellung in Widerlagern (7a/7b), dass sich der Verschluss zurückbewegt. Die Steuerung der Rollen erfolgt durch das Zurückgleiten des Verschlussträgers (1) und den dadurch geschaffenen Raum an der schrägen Fläche (3) des Steuerstücks (2). Der Verschlussträger wird durch den Rückstoß der Waffe und seine Masseträgheit beschleunigt und nach hinten bewegt, zieht Steuerstück und Verschlusskopf mit.

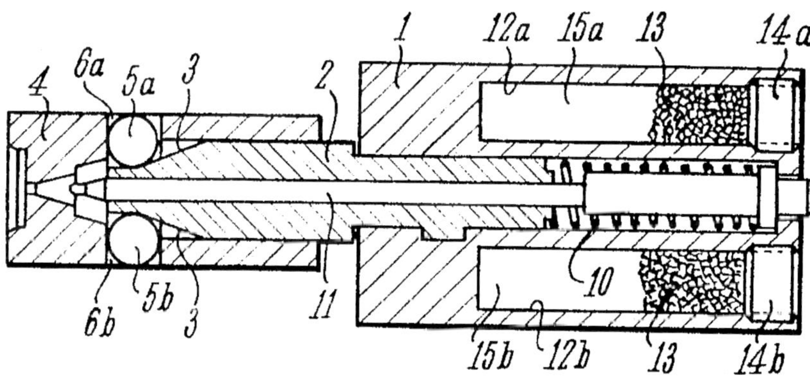

Der Effekt der Masseträgheit wird durch frei bewegliches Wolframpulver im Innern des Verschlussträgers noch verstärkt (13).

Langwaffen mit starren Läufen nutzen oft den seit Einführung des Dreyse-Zündnadelgewehres gebräuchlichen **Zylinder-Verschluss**, auch **Kammer-Verschluss** genannt. Die Art der Verriegelung wird auch von Drehverschlüssen automatischer Waffen verwendet, deren Automatik die Aufgaben der Hand des Schützen beim Bewegen der Kammer übernimmt. Dazu wird der Verschluss mit Hilfe eines **Kammerstengels** in der **Kammerhülse**, bestehend aus **Hülsenkopf** und **Hülsenbrücke** (siehe auch nachfolgende Bildreihen) vorwärts bewegt und gedreht – durch die Drehung wird er im Hülsenkopf ver- oder entriegelt, indem die **Verriegelungswarzen** (Erhebungen auf der Kammer) durch Drehung der Kammer ihre Stellung zu den **Verriegelungsnasen** verändern. Die Verriegelungsnasen befinden sich im Hülsenkopf, der fest mit dem Lauf verbunden ist. Im System Mauser dient eine **Sicherungswarze** (mit Spiel) in der Hülsenbrücke als „Back-up", um bei einer Verschlusssprengung die Kammer aufzuhalten. Zylinder-Verschlüsse widerstehen höchsten Drücken und kommen in schweren Büchsen und in Repetierflinten des Kalibers 12/89, **Gänseflinte** genannt, zum Einsatz.

Verschluss offen, aber Kammer in der Kammerhülse.

Verriegelung im Hülsenkopf wurde hergestellt – der Kammerstengel wurde nach vorn und zur Seite bewegt.

Der Verschlussvorgang im Innern der Waffe wird durch die nachfolgenden Darstellungen verdeutlicht. Die Kammer wird nach vorn geführt, bis eine Drehung durch eine Abwärtsbewegung des Kammerstengels möglich ist. Durch die Drehung kann sich die Kammer nicht mehr rückwärts bewegen, widersteht also dem Gasdruck, der nicht die Drehung der Kammer bewirken kann, durch die der Verschluss wieder geöffnet wird.

Die nachfolgenden Zeichnungen demonstrieren die drei Phasen der Verriegelung. Der Verriegelungsvorgang ist in der Realität dem Blick vollkommen entzogen – darum wird durch Schnittdarstellungen die Funktionsweise des Kammerverschlusses illustriert. Zur Darstellung der Entriegelung sind die Zeichnungen in umgekehrter Reihenfolge zu betrachten.

Vorwärtsbewegung *(Verschluss nicht verriegelt, Drehung der Kammer nicht möglich) – der Schütze bewegt durch Druck von hinten auf den Kammerstengel die Kammer nach vorn. Diese Bewegung nach vorn endet, sobald die Patrone im Patronenlager positioniert ist – dann ist nur noch eine Drehbewegung der Kammer möglich.*

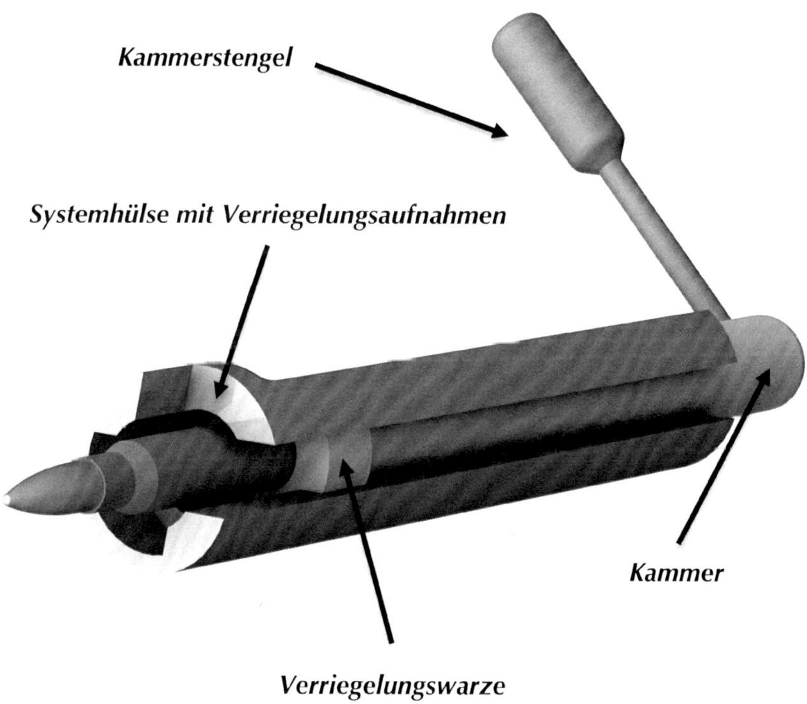

Kammer in vorderste Position geschoben *(Verschluss nicht verriegelt, Drehung der Kammer möglich) – nun bewegt die Hand des Schützen die Kammer nicht mehr vorwärts, sondern leitet durch eine leichte Neuausrichtung des Handdrucks die Abwärtsbewegung des Kammerstengels ein, der dadurch die Kammer zu einer Drehung zwingt und unmittelbar eine Bewegung der Kammerwarzen in die Aufnahmen bewirkt. Diese Abwärtsbewegung des Kammerstengel ist erst jetzt möglich, da die Verriegelungswarze vorher eine Drehung der Kammer verhinderte.*

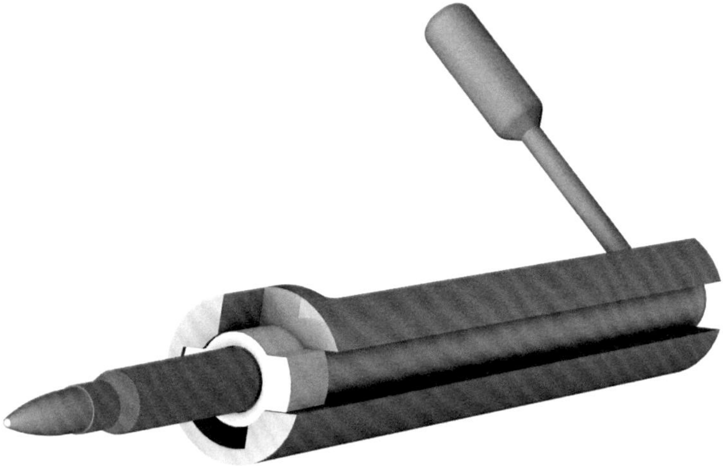

Verschluss hergestellt *(Rückwärtsbewegung nicht möglich, Drehung der Kammer möglich) – die Kammerwarzen haben ihre Endposition eingenommen, erst durch eine Aufwärtsbewegung des Kammerstengels wird der Verschluss wieder aufgehoben. Die Verriegelungswarze stützt sich an der Verriegelungsaufnahme der Systemhülse ab, der Verschluss ist hergestellt.*

Bei Kipplaufgewehren stellt der **Laufhakenverschluss**, auch **Keilverschluss** genannt, die simpelste Form der Verriegelung bei einem **Baskülverschluss** (Sammelbezeichnung für Verschlüsse von Kipplaufwaffen) dar. Ein oder zwei Laufhaken, die unter der Laufschiene montiert sind, werden von einem Verschlusskeil (auch als Riegelplatte bezeichnet) gehalten, der durch Betätigung des **Oberhebels** (Hebel auf dem Kolbenhals) zurückgezogen wird und so die Haken freigibt.

8.2.4 Schloss

Das Schloss ist die Auslösevorrichtung für den Schuss – der Wille des Schützen wird nach Betätigung des Abzuges über eine Mechanik an den Schlagbolzen weitergegeben, der durch das Schlagstück aus seiner Ruhelage beschleunigt wird und die Patrone zündet.

Das Schloss eines modernen Gewehres besteht in der Regel aus Schlagbolzen, Schlagstück, Schlagfeder, Abzugsstange und Abzug sowie aus Abzugs- und Stangenfeder.

Selbstspanner-Kipplaufwaffen ersetzen das Spannen der Schlagfeder per Hand (wie es bei Gewehren mit außenliegendem Hahn üblich ist) meist durch ein automatisches Spannen. Beim Öffnen (Brechen) der Waffe wird, ohne dass es der Schütze aufgrund der Masse des Laufbündels oder Laufes bemerkt, die Schlagfeder gespannt. Verwendet werden in modernen Kipplauf-Gewehren

- **Kastenschloss** (Anson-Deeley-Schloss),
- **Blitzschloss** und
- **Seitenschloss.**

Die Schlossmodelle haben unterschiedliche Konstruktionsmerkmale und Abmessungen. Da sie im Bereich des Schafthalses montiert werden, ist der Schaft entweder größer zu dimensionieren oder das Schloss möglichst raumsparend zu gestalten. Kastenschloss und Seitenschloss ist dabei der Vorzug zu geben, weil beide relativ flach konstruiert sind und so den Bau eines schmalen Schafthalses bei guter Stabilität ermöglichen.

8.2.4.1 Kastenschloss

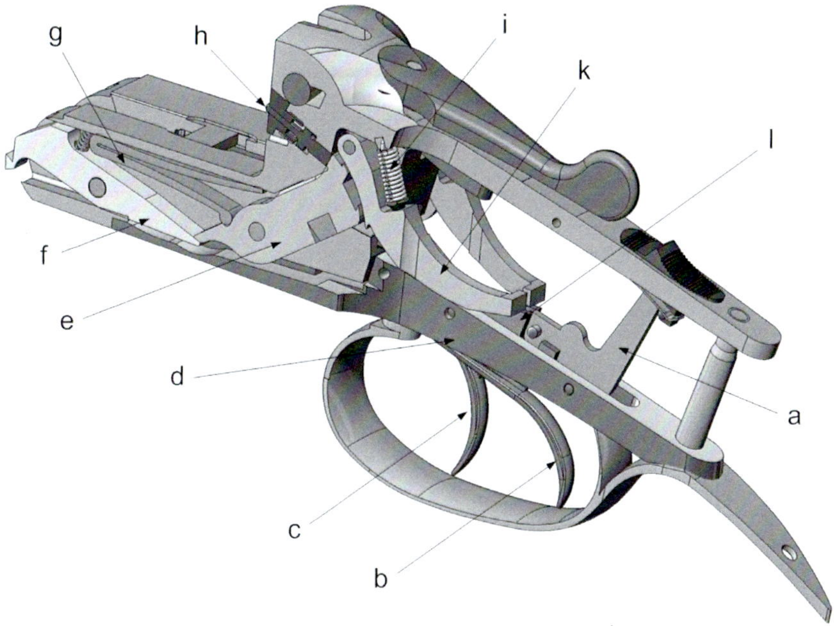

a) Sicherungselement; b) Abzug für oberen/linken Lauf;

c) Abzug für unteren/rechten Lauf; d) Abzugsblech;

e) Schlagstück; f) Spannhebel; g) Schlagfeder; h) Schlagbolzen;

i) Abzugsstangenfeder; k) Abzugsstange; l) Abzugsblatt

Das Kastenschloss, nach seinen Erfindern auch als Anson & Deeley-Schloss bezeichnet, entstand Ende des 19. Jahrhunderts und wird heute meist in Doppelflinten verbaut. Es liegt für jeden Lauf einer Waffe einzeln vor.

8.2.4.2 Blitzschloss (Drillingsschloss mit Handspannung)

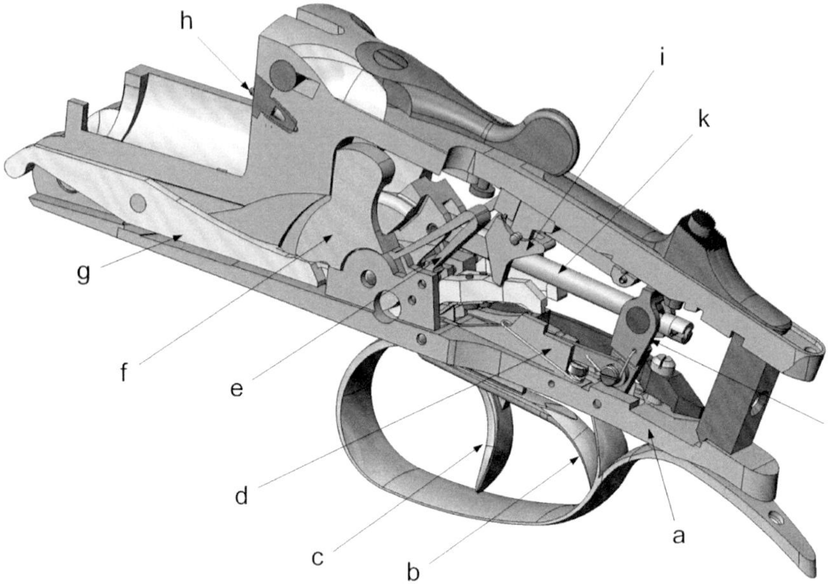

a) Schlossboden; b) Abzug für oberen/linken Lauf;

c) Abzug für unteren/rechten Lauf; d) Abzugsblatt; e) Schlagfeder;

f) Schlagstück; g) Spannhebel; h) Schlagbolzen; i) Abzugssicherung;

k) Federhülse für Kugellauf; l) Galgen

Das in Deutschland aus dem Kastenschloss entwickelte Blitzschloss (hier dargestellt als Drillingsschloss mit Handspannung) ist besonders wegen seiner raschen Zerlegbarkeit sehr beliebt. Die Schlagfedern können als Spiral- oder Schenkelfedern ausgeführt sein, als Spiralfeder auch in einem Gehäuse (siehe k).

8.2.4.3 Seitenschloss

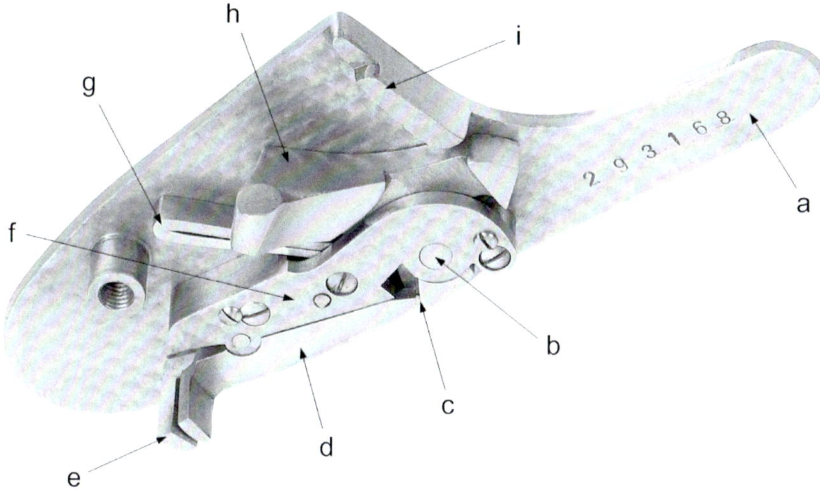

a) Schlossplatte; b) Schlagstückachse; c) Spannrast;

d) Sicherheitsfangstange; e) Schlagstückachse; f) Studel;

g) Schlagfeder; h) Schlagstück; i) Widerlager für Schlagstück

Anders als bei den zuvor dargestellten Schlossen befindet sich das Seitenschloss nicht in, sondern an der Basküle – seine Schlossplatte ist oftmals außen mit verzierenden Gravuren versehen. Seitenschlosse sind wie Blitzschlosse leicht zu entnehmen und darum sehr wartungsfreundlich. Konstruktiv ähneln Seitenschlosse dem Modell des Kastenschlosses nach Anson & Deeley, sind aber aufwändiger gefertigt. Die **Sicherheitsfangstange** verhindert das Vorschnellen des Schlagstücks, wenn die Abzugsrast durch einen mechanischen Fehler das Schlagstück freigeben würde; aus diesem Grunde bietet ein Seitenschloss mehr Sicherheit als andere Konstruktionen.

8.2.5 Zündungsarten

Heute gebräuchliche Arten der Zündung sind **Zentralfeuer**- und **Randfeuer**-Zündung. Hier genügt ein Aufschlagen des Schlagbolzens (Zentralfeuer) oder das Zusammenpressen der Zündmasse im Hülsenrand (Randfeuer), um die Zündung auszulösen, die das Pulver in der Patrone zur Umsetzung (Vorgang der Verbrennung) bringt. Weitere Einzelheiten entnehmen Sie bitte dem Kapitel „Munitionskunde" ab Seite 217.

Vor Einführung von Patronenmunition Mitte des 19. Jahrhunderts war der Gebrauch einer Feuerwaffe weitaus umständlicher. **Vorderladerwaffen** mussten in mehreren Schritten schussbereit gemacht werden. Zunächst füllte der Schütze Pulver ein, führte dann von vorn ein Zwischenmittel und ein Geschoss in den Lauf ein und bereitete schließlich die Zündung vor.

Die Art der Zündung änderte sich im Laufe der Jahre. Bei den ersten Handfeuerwaffen erfolgte sie noch in einer Weise, die an das Abfeuern einer Kanone erinnert. Mit Hilfe einer glimmenden Lunte, die man in das **Zündloch** des Gewehres hineinstieß, kam es zur Entzündung des Pulvers im Innern der Waffe. Es wurden zur Sicherheit beide Enden der Lunte entzündet, um bei Verlöschen eines Endes der Lunte weiterhin feuerbereit zu sein – diese „Sicherheitsmaßnahme" gefährdete allerdings den Schützen, der mit doppelt glimmender Lunte und offenem Pulver hantieren musste.

Dieses Problem konnte durch die nächste Stufe der Entwicklung, die Erfindung des Luntenschlosses, nicht restlos behoben werden. Beim **Luntenschloss** wird eine Lunte an einem Hahn befestigt. Durch Betätigung des Abzuges wird die glühende Lunte in das Zündloch bewegt, entweder durch direkte Bewegung des Hahnes mittels des Abzuges oder durch Auslösung des Hahnes, wenn dieser unter Federspannung steht.

Erst mit dem **Radschloss** gelang es, auch bei Regenwetter die Funktionsfähigkeit der Feuerwaffe sicherzustellen, zudem wurde die Schussauslösezeit verkürzt. Nicht durch eine außenliegende glimmende Lunte, sondern durch geschlagene Funken wird hier das Pulver entzündet. Noch heute ist dieses Prinzip allgegenwärtig bei Einweg-Feuerzeugen zu beobachten. Ein gezacktes Rad wird in Drehung versetzt, wobei es mit einem funkenschlagenden Material in Berührung gebracht wird (zB Schwefelkies). Das Rad muss dabei mit Hilfe eines Schlüssels „aufgezogen" werden, ähnlich einem Uhrwerk. Die Betätigung des Abzugs löst dann die Sperre, das Rad dreht sich und die entstehenden Funken können das Pulver entzünden.

Beim **Steinschloss** (auch: **Feuersteinschloss, Schnappschloss**) wird der Funken durch das Aufschlagen eines Feuersteines erzeugt, der, ähnlich wie bei der Luntenzündung, an einem Hahn befestigt ist und nach Betätigung des Abzugs an einer Reibfläche (**Batterie**) in Richtung der Pulverpfanne bewegt wird. Der Pulverraum im Innern der Waffe ist mit der Zündpfanne über einen **Zündkanal** verbunden.

Die **Perkussionszündung** (hier wurden die Konstruktionsmerkmale des Steinschlosses weiterverwendet) stellt eine Zwischenstufe der Entwicklung vom Luntenschloss zur Zentralfeuerzündung moderner Waffen dar. Möglich wurde dies erst durch die Erfindung des **Anzündhütchens**[107]. Der Pulverraum der Waffe hat auch eine kleine Öffnung, die in einem **Zündstöckel** (**Piston**) nach außen mündet. Auf diesen Piston wird ein Anzündhütchen aufgesetzt, das nach Aufschlagen des Hahnes eine Zündflamme durch den hohlen Zündstöckel in das Pulver schickt.

Bei der **Lefaucheux-Zündung** (**Stiftfeuerzündung**) wird ein in der Patronenhülse angebrachter Stift (seitlich nach außen vorstehend) vom Hahn in die Hülse geschlagen. Der Stift bringt dabei eine im Innern der Patrone eingebaute Zündmasse zur Entzündung. Vorsicht ist geboten, weil beim Herabfallen der Patrone (unsachgemäße Handhabung) eine Zündung außerhalb der Waffe erfolgen könnte.

Die Entwicklung des **Zündnadelgewehrs** durch Nikolaus von Dreyse (vorgestellt 1827) fand ihren Höhepunkt mit der Vorstellung eines Hinterladers 1836 – es wurde fünf Jahre später bei der preußischen Armee eingeführt und ist das erste Militärgewehr, das mit einer standardisierten Patrone (**Einheitspatrone** oder **Zündnadelpatrone**) von hinten geladen wurde. Das Dreyse-Zündnadelgewehr führte zu einer schnelleren Schussbereitschaft nach der ersten Salve und war ein enormer taktischer Vorteil. Der im Dreyse-Gewehr verbaute Kammerverschluss war Vorläufer der noch heute oftmals in Militär- und Jagdwaffen verwendeten **Zylinderverschlüsse**.

Die **ursprüngliche Einheitspatrone** als Vorläufer der heute verwendeten Metallpatronen fasste in ihrer Papierhülse das Geschoss, die Zündung und die Treibladung zusammen. Die Besonderheit ist die Art und Weise der Zündung: Mittels einer Nadel wurde der Boden der Hülse durchstochen, und zwar durch die Treibladung (Schwarzpulver) hindurch bis zum Boden des Treibspiegels, der das Geschoss nicht nur von der Treibladung trennte, sondern es auch umfasste und so ein Verbleien des Laufes verhinderte. Traf die Nadel auf die **Zündpille** im Boden des Treibspiegels, wurde nicht nur das Geschoss aus Weichblei mit fast 300 m/s aus dem Lauf geschossen (800 m Reichweite bei einem Gewicht von 31 g), sondern es verbrannte auch die Papierhülse – ein Ausziehen der Hülse wie bei heute gebräuchlichen **Metallpatronen** war nicht notwendig.

Damit nahm die Einheitspatrone eine Entwicklung voraus, die als Gewehr G11 von Heckler & Koch breitere Bekanntheit erlangte – **hülsenlose Munition**. Ziel der Entwicklung war eine recht einfache Überlegung – wenn der Soldat nicht das Gewicht der Patronenhülse mit sich tragen muss, kann er mehr Geschosse mit ins Feld nehmen, gegenüber dem G3 die fünffache Menge. Die Geschosse waren in Ladestreifen konfektioniert.

Die **heutige Einheitspatrone für Büchsen** hat eine metallene Hülse, in der neben dem **Anzündhütchen** die Treibladung und das Geschoss verwendungsbereit zusammengefasst werden. Eine weitere, insbesondere im Entwicklungsprozess hülsenloser Munition unterschätzte Aufgabe der Hülse ist der Abtransport von Wärme aus dem Patronenlager.

8.2.6 Sicherungsvorrichtungen

8.2.6.1 Sicherungsvorrichtungen von Kurzwaffen

Moderne Pistolen verfügen über verschiedene, meist **automatisch wirkende Sicherungseinrichtungen** – darum verzichten viele Hersteller auf mechanische Sicherungen, die vom Schützen vor Abgabe des Schusses bewusst bedient werden müssen. Insbesondere bei Waffen für die Selbstverteidigung kann so eine ständige Schussbereitschaft bei gleichzeitiger Sicherung gegen ungewollte Abgabe eines Schusses erreicht werden.

Sicherungen wirken auf den Übertragungsweg zwischen Abzug und Patronenboden. Sie können dabei beispielsweise die Abzugsstange blockieren, den Schlaghebel und/oder seinen Weg und natürlich den Schlagbolzen.

Auf der nachfolgenden Darstellung der SIG-SAUER P 220 können Sie deutlich erkennen, dass sich die Sicherungsschieber so in den Schlagbolzen verkantet, dass der Schlagbolzen nicht nach vorn gleiten kann (**Schlagbolzensicherung**) – erst mit Durchziehen des Abzugs wird der Sicherungsschieber nach oben bewegt und gibt den Schlagbolzen frei. Fällt die Waffe beispielsweise zu Boden direkt auf den Schlaghebel und drückt diesen auf den Schlagbolzen, würde der Sicherungsschieber den Schlagbolzen blockieren.

Den außenliegenden **Sicherungshebel** der Heckler & Koch P8 zeigt die erste Abbildung – „S“ für „sicher“, „F“ für „Feuer“. Darunter die **Züngelsicherung** einer Walther P 99 – das Abzugszüngel ist geteilt, nur wenn der Finger den Abzug berührt, wird eine Bewegung des Züngels möglich.

Weitere bewährte Prinzipien sind die **Handballensicherung** und die **Handspannung** der Waffe. Während die Handballensicherung nur dann den Abzug freigibt, wenn die Hand den geringen Widerstand einer am Griffstück angebrachten Wippe überwindet (durch Erfassen der Waffe), sind Waffen mit **Handspannsystem** so lange entspannt und damit sicher, bis der Schütze mit einem deutlichen Kraftaufwand das Griffstück zusammendrückt und dadurch den Schlagbolzen spannt. Lässt er den Griff vor Abgabe des Schusses los oder fällt die Waffe zu Boden, ist sie entspannt und damit sicher.

Beim Revolver sorgt eine **Sicherheitsrast** für eine quasi automatische Sicherung. Der Schlaghebel kann den Patronenboden nur erreichen, wenn der Abzug gedrückt wird. Somit kann sich auch beim **Herabfallen** der Waffe auf den Hahn kein Schuss lösen.

Die **Magazinsicherung** verhindert eine Schussabgabe aus einer nur vermeintlich entladenen Waffe. Bei entnommenem Magazin ist der Abzug blockiert, so dass auch eine im Patronenlager „vergessene“ Patrone nicht zu einer Gefahr werden kann.

Abzugssicherungen verhindern nur eine Betätigung des Abzuges und blockieren nicht den Schlagbolzen – sie sind nicht Stand der Technik und bieten keine ausreichende Sicherheit.

Die an einer Schusswaffe vorhandenen Sicherungen sollten grundsätzlich aktiviert werden, um eine ungewollte Schussauslösung zu verhindern. Wichtiger aber als die aktivierte Sicherung ist die ungeteilte Aufmerksamkeit des Waffenbesitzers – denn keine Sicherung ist in der Lage, eine ungewollte Schussabgabe eigenständig zu verhindern. Gleiches gilt für das Sichern einer Waffe vor dem Entladen nach einem Zündversager – Sicherungen können schadhaft sein, weshalb auch bei aktivierter Sicherung niemals der Abzug betätigt oder berührt werden darf und die Waffe immer in Richtung des sicheren Kugelfangs zu richten ist.

Oben: Flügelsicherung der Heckler & Koch Pistole P 8 mit Markierungen

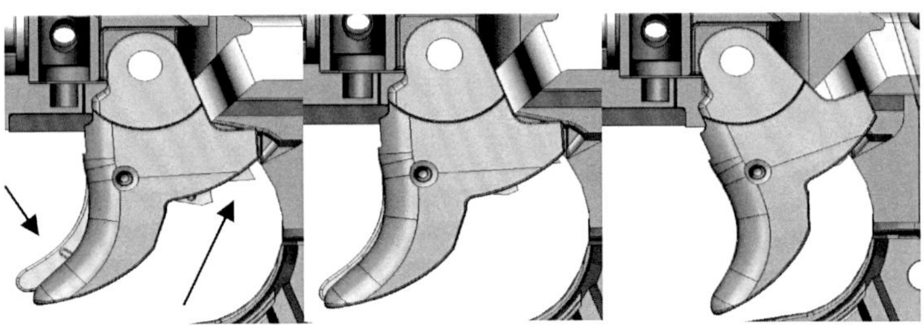

Oben: Züngelsicherung der Walther P 99 DAO – deutlich zu erkennen ist die „Nase", die ein Teil der beweglich gelagerten Züngelhälfte ist. Erst wenn beide Hälften deckungsgleich sind, ist die Nase so weit zurückgezogen, dass der Abzug freigegeben wird.

Unten: Schlagbolzensicherung der SIG-SAUER P 220.

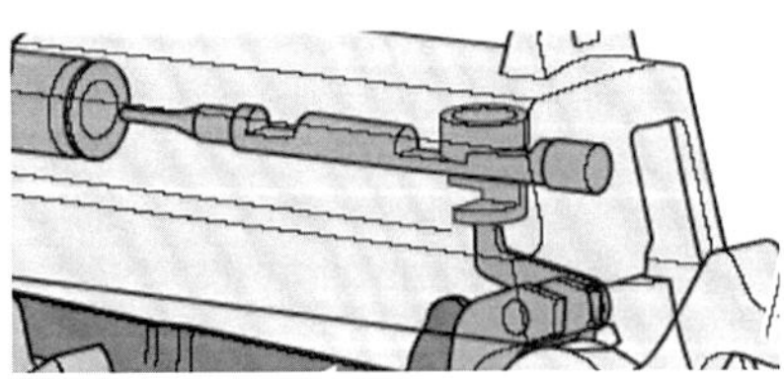

8.2.6.2 Sicherungsvorrichtungen von Langwaffen

Prinzipiell treffen die im vorigen Kapitel getroffenen Aussagen auch auf die Sicherungsvorrichtungen an Langwaffen zu.

Besonderheiten zeigen sich bei **Kipplaufwaffen**, insbesondere bei Jagdwaffen. Zu unterscheiden sind hier die **Art der Sicherung** und die **Art der Bedienung**. Gebräuchlich sind als Art der Sicherung

- Stangensicherung
- Schlagstücksicherung oder Schlagbolzensicherung
- Abzugssicherung

Während bei einer **Stangensicherung** die Stange als Übermittler der Auslösung blockiert wird, wird bei einer **Schlagstücksicherung** oder **Schlagbolzensicherung** das für die Abgabe des Schusses entscheidende Element blockiert – damit ist der Schlagstücksicherung in jedem Falle der Vorzug zu geben. Die **Abzugssicherung** blockiert allein den Abzug – von den drei vorgestellten Sicherungsarten ist diese Art der Sicherung die unsicherste.

Gebräuchliche Arten der Bedienung sind

- Schiebesicherung
- Flügelsicherung
- Druckknopfsicherung

Bei einer **Schiebesicherung** befindet sich das Bedienelement in Form eines **Schiebers** auf dem Kolbenhals (Oberseite des Schaftes hinter der Basküle, unten abgebildet). Hier kann der Schütze die Sicherung mit dem Daumen aktivieren und deaktivieren, ohne umgreifen zu müssen – die Abzugshand umgreift den Kolbenhals und der Daumen liegt auf Höhe des Sicherungsschiebers. Als **automatische Sicherung** befindet sich die Schiebesicherung nach dem Schließen der Waffe in gesicherter Stellung und muss vor der Schussabgabe betätigt werden.

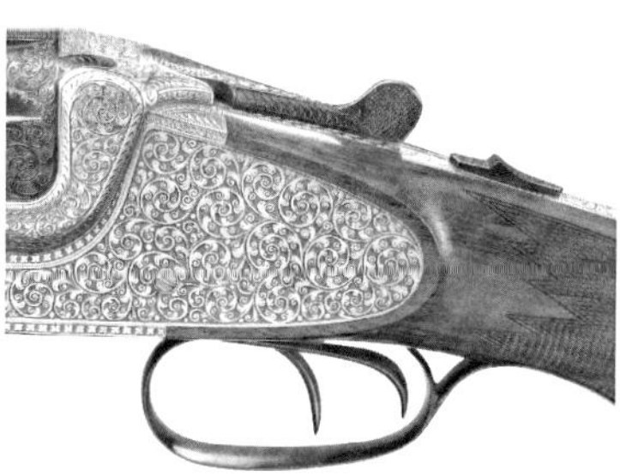

Die **Flügelsicherung** kann als Drehflügel (zum Beispiel bei einem Kammerverschluss System Mauser) oder als Hebel an der Außenseite des Verschlussgehäuses (HK SL 8, siehe unten) ausgeführt sein.

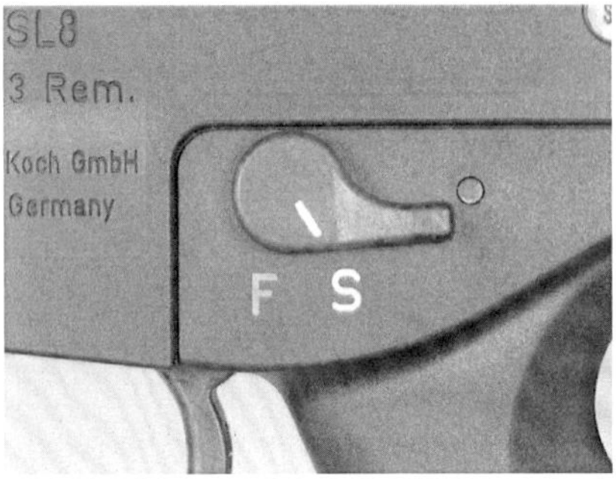

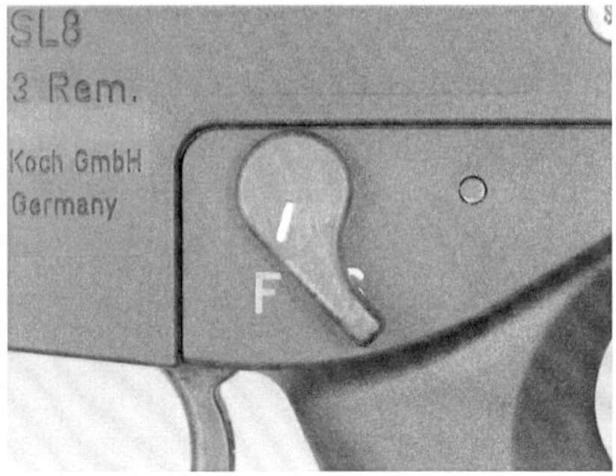

Eine **Druckknopfsicherung** findet sich meist am Abzugsbügel – hier kann der Schütze leicht die Waffe sichern und entsichern, ohne die Schusshand vom Kolbenhals nehmen zu müssen. Die Sicherung erfolgt durch Eindrücken des Knopfes, der dadurch auf der anderen Seite des Bügels herausgedrückt wird und so für Entsichern wieder gedrückt werden kann.

8.2.7 Magazin

Das Magazin befindet sich bei Gebrauchspistolen meist als **Wechselmagazin** im Griffstück. Es wird entweder durch einen Magazinhalter, der in Daumenhöhe in das Griffstück integriert ist und in eine Aussparung des Magazins greift, gehalten (siehe Abbildung, links) oder von einem Hebel im Griffboden (siehe Abbildung, rechts), der das Magazin am Herausgleiten hindert. Zum Lösen kann es nötig sein, den Hahn zu spannen (zB Tokarev-Pistolen). Das Magazin kann auch als zusätzliche Sicherung wirken (**Magazinsicherung**, bei Entnahme wird die Schussauslösung blockiert).

Der Magazinboden wird oftmals mit einem **Magazinschuh** gegen Schäden beim Herabfallen geschützt. Der Magazinschuh kann durch eine besondere Formgebung auch zum schnelleren Magazinwechsel dienen.

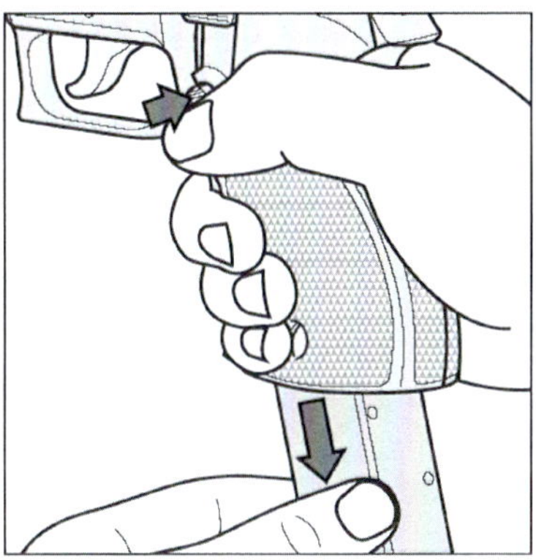

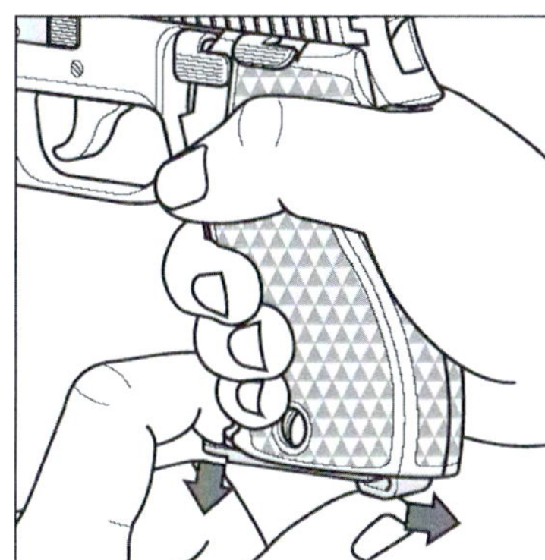

Die **Magazinfeder** drückt die im Magazin befindlichen Patronen, die auf dem **Magazinzubringerstück** liegen, gegen die „Magazinlippen", die das Magazin nach oben begrenzen. Die Patronen können nur nach vorn aus dem Magazin geschoben werden, und diese Aufgabe erledigt der nach vorn gleitende Verschluss sozusagen im „Vorübergehen". Die oberste Patrone im Magazin wird bei geschlossenem Verschluss gegen die Unterseite des Verschlusses gedrückt und erreicht dabei nicht die Magazinlippen. Sobald nun der Verschluss nach hinten läuft, gibt er den Raum über der Patrone frei – die Magazinfeder schiebt nun die Patronen minimal aufwärts bis zu den Magazinlippen, und die stehen dann hoch genug, um dem vorgehenden Verschluss „im Wege zu stehen". Der Verschluss nimmt die oberste Patrone mit, die über eine Zuführung in das Patronenlager gleitet.

Nach Auszug der letzten Patrone übt die Magazinfeder Druck auf den Verschlussfanghebel aus – damit wird nach Schussabgabe der nach hinten gelaufene Verschluss am Vorwärtsgleiten gehindert. Das Magazin kann durch Betätigen des Magazinhalters aus dem Griff gleiten und durch ein gefülltes Magazin ersetzt werden; das Betätigen des Verschlussfanghebels oder ein Zurückziehen des Verschlusses lässt diesen dann durch den Druck der Schließfeder vorschnellen.

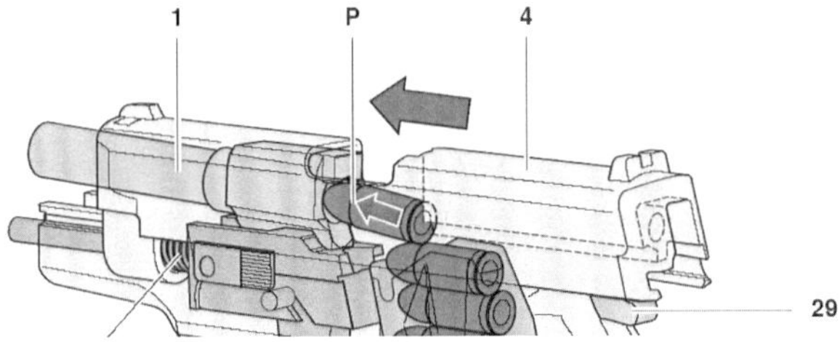

Im Gegensatz zur **Trommel** eines Revolvers, die den Patronenvorrat der Waffe in sich trägt, aber als Patronenlager auch wesentliches Teil ist, sind Magazine <u>kein</u> wesentliches Teil einer Schusswaffe im Sinne des Waffengesetzes. Sie sind **Waffen im Sinne des Waffengesetzes**, unterliegen aber nicht der Erlaubnispflicht. Das hat zur Folge, dass sie beispielsweise ohne nachgewiesenes Bedürfnis erworben werden können. Zu beachten sind aber Verbotsvorschriften für Magazine mit großer Kapazität.

Neben Wechselmagazinen sind **Kastenmagazine** (fest eingebautes Patronenmagazin in Repetierlangwaffen), **Röhrenmagazine** (Vorderschaft-Repetierflinte, Unterhebelrepetierer nach Modell der „Winchester") und **Trommelmagazine** (meist vollautomatische Waffen, Patronen liegen in schneckenartig geformtem Rundmagazin) bekannt.

8.2.8 Trommel

Anders als das Magazin ist die Trommel, früher „Walze" genannt, wesentliches Teil einer Schusswaffe, da sie nicht nur den Patronenvorrat enthält, sondern auch **Patronenlager** ist. Anders als bei der Pistole, bei der das Patronenlager Teil des Laufes ist und bei der Berechnung der Lauflänge berücksichtigt wird (Abstand zwischen Mündung und Stoßboden des Verschlusses), wird bei einem Revolver nur die wirkliche Lauflänge gemessen, die Trommel als „Kammer" dagegen nicht dazugerechnet.

Die Trommeln der gängigsten Großkaliber-Gebrauchsrevolver fassen fünf oder sechs Patronen. Beim Spannen des Schlaghebels, sei es nun direkt durch Zurückziehen oder durch Durchziehen des Abzugs bei DA-Revolvern, wird zunächst die Trommel um eine Patronenkammer gedreht – damit liegt eine Patrone vor dem Schlaghebel und kann durch den jetzt vor ihr liegenden Lauf verschossen werden. Das Befüllen erfolgt entweder nach Ausschwenken der Trommel oder mittels einer Zuführung am Griffstück („Ladekammer"), die Zugriff auf nur eine Kammer der Trommel gibt.

8.2.9 Schalldämpfer

Schalldämpfer stehen nach Anlage 1 WaffG den Schusswaffen gleich, für die sie bestimmt sind. Somit ist ein Schalldämpfer für eine Großkaliber-Pistole erlaubnispflichtig, für eine Druckluftwaffe mit Kennzeichen „F im Fünfeck" dagegen erlaubnisfrei ab 18 Jahren. Alle Vorschriften, die auf die Waffe anzuwenden sind, etwa zu Aufbewahrung, Transport oder Erlaubnis- und Eintragungspflicht, gelten auch für den Schalldämpfer.

Der Schalldämpfer ist ein meist röhrenförmiges Gebilde, das in den Lauf der Waffe integriert ist oder auf den Lauf geschraubt werden kann. Dazu muss der Lauf allerdings in der Regel über ein **Außengewinde** verfügen. Außerdem wird der Lauf, im Falle einer Pistole, in der Regel länger sein als der Serienlauf und deutlich sichtbar hervorstehen.

Ein Schalldämpfer vermindert den **Mündungsknall** des Gases, indem er die Gaswolke verwirbelt, die sich explosionsartig nach vorn ausdehnt. Ab einer Dämpfung von 3 bis 5 dB ist ein Unterschied subjektiv wahrnehmbar, womit die vom Gesetz geforderte Eigenschaft einer „wesentlichen Dämpfung" (Anlage 1 Abschnitt 1 Nr. 1.3 WaffG) erfüllt wird. Außerdem vermindert er den **Mündungsfeuerschein** der Waffe.

Die nachfolgende Skizze zeigt beispielhaft den schematischen Aufbau eines Schalldämpfers im Querschnitt.

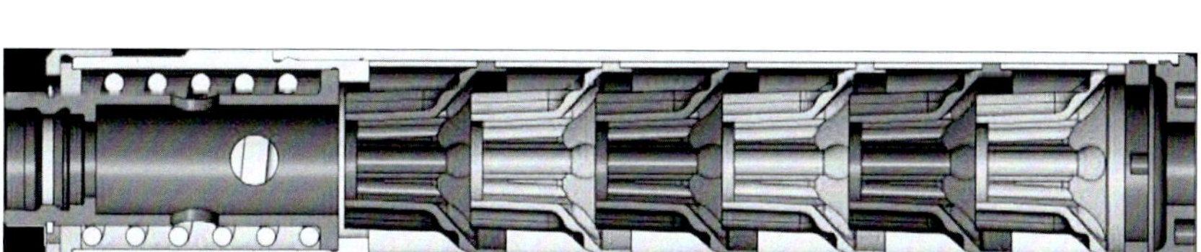

Im Dämpfergehäuse befinden sich mehrere Objekte (ähnlich Trichtern), hier abwechselnd hell und dunkel dargestellt, die in der Mitte der engeren Trichterseite ein Loch im Durchmesser des Geschosskalibers aufweisen. Das Geschoss fliegt nun aus dem Lauf (in der Abbildung von links) in den Dämpfer und durchquert nun die Reihe der Objektöffnungen. Die Mündungsgase verfangen sich im Verlauf dieses „Durchfluges" in den Hohlräumen zwischen den Objekten und der Gehäusewand. Dabei werden sie verwirbelt, so dass eine wahrnehmbare Dämpfung erreicht wird. Beachten Sie, dass mit dem Schalldämpfer allein der Überschallknall der Mündungs**gase** gedämpft wird, nicht des austretenden Geschosses.

Der beste Dämpfer kann darum nur dann wirksam arbeiten, wenn auch die für den Schalldämpfer-Einsatz geeignete Munition verwendet wird. Diese sogenannte „**Subsonic**"-Munition, übersetzt also „Unterschall"-Munition, tritt mit Unterschallgeschwindigkeit aus dem Lauf, so dass der Überschallknall, der vom austretenden Geschoss erzeugt wird (**Geschossknall**) und als ein Gesamtereignis mit dem Mündungsknall der Gase wahrgenommen wird, ausbleibt.

Die **Verwendbarkeit** eines Schalldämpfers im Rahmen der **Jagdausübung**[108] lässt in der Regel nur den Einsatz von normaler Munition zu, da für den Schuss auf Wild durch das Bundesjagdgesetz bestimmte **Mindestenergiemengen** verbindlich festgelegt werden, die mit gängiger Subsonic-Munition nicht zu erreichen sind.[109] Lediglich bei der Bejagung von Raubzeug und Raubwild, etwa im Rahmen der Tätigkeit eines **Stadtjägers** oder **Friedhofsjägers**, ist die Schalldämpfung durch Verwendung von Unterschall-Munition zulässig, da hier keine Mindestenergiemengen gefordert werden.

Doch auch bei der Verwendung mit normal geladener Munition bedeutet ein Schalldämpfer für den Schützen und für Personen in der Nähe der Laufmündung eine deutlich geringere Impulsbelastung für das Gehör. Darum ist die Verwendung von Schalldämpfern bei der Jagd eine sinnvolle Maßnahme zum Schutz von Mensch und Hund.

8.2.10 Visierung

Der Treffer setzt in der Regel ein genaues Zielen voraus. Dabei helfen entweder ein Zielfernrohr, eine Leuchtpunkt-Visierung oder die klassische Visierhilfe „Kimme und Korn", die **offene Visierung**. Dabei bezeichnet der Begriff „Korn" die näher an der Laufmündung aufgesetzte Zielhilfe („Korn ist vorn").

Bei einer Pistole ist die offene Visierung auf dem Schlitten befestigt. Der nahe der Laufmündung befindliche Teil der Visierung ist das Korn, das Gegenstück am Ende des Schlittens die Kimme. Aufgabe der Visierung ist es, dem Schützen beim Blick über Kimme und Korn das Ziel zu zeigen, das er nach Abgabe des Schusses treffen wird – bei gleicher Laborierung der Patrone und gleicher Distanz zum Ziel sollte jeder Schuss das Ziel im anvisierten Bereich treffen.

Liegen die Treffer links vom anvisierten Ziel, muss die Visierung so verändert werden, dass die Treffer nach rechts wandern – die Kimme wird verstellt, und zwar nach rechts, da auch der Lauf weiter nach rechts gehalten werden muss.

Zum Verstellen von Kimme oder Korn bedient man sich eines **Visierschiebers**, der die im Schlitten eingeklemmte Kimme in kleinsten Schritten in ihrer Position verschieben kann (unten links). **Mikrometervisierungen** (unten Mitte und rechts) können dagegen „Klick für Klick" horizontal und vertikal verstellt werden.

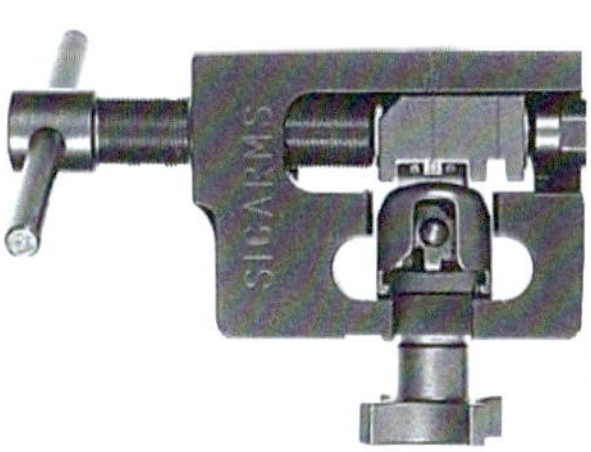

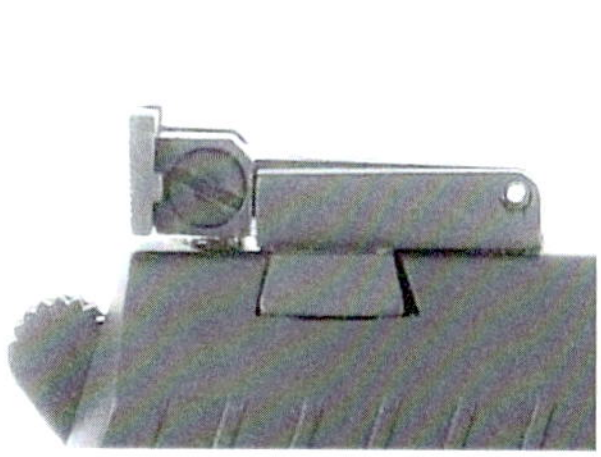

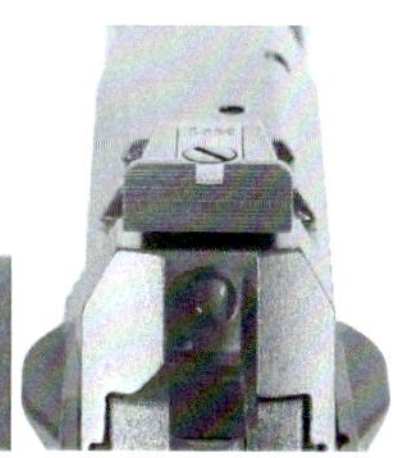

Zum Zielen werden Kimme und Korn in Deckung gebracht (siehe oben), so dass das Korn in der mittleren Aussparung der Kimme zu sehen ist und die Oberkanten beider Objekte bündig abschließen. Das Ziel muss dabei über dem mittleren Punkt zu sehen sein. Nur wenn Sie diese Konstellation von Kimme und Korn sehen und darüber das Ziel, dürfen Sie schießen!

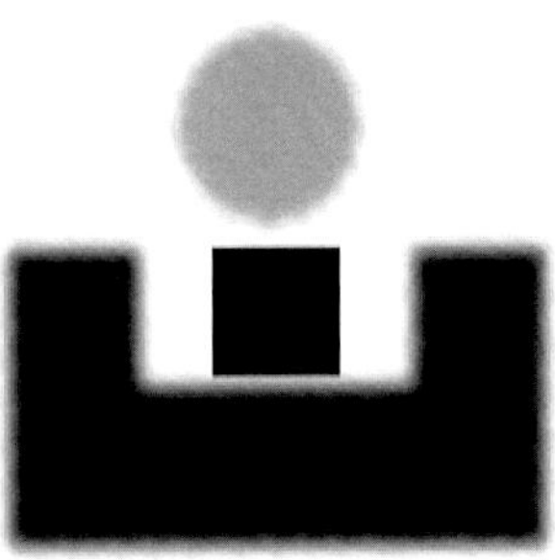

Der Schütze muss gleichzeitig die Zielscheibe, die Kimme und das Korn „im Auge behalten". Scharfgestellt wird auf das Korn – Kimme und Zielscheibe sind leicht unscharf zu sehen. Dabei sollte der **Haltepunkt**, also jener Punkt, auf den man zielt, um den Treffer zu erzielen, unterhalb der dunklen Fläche der Scheibe sein, um dem Auge eine Hilfe zu geben. Dies ist aber eine Frage der Einstellung des Visiers und damit von Waffe zu Waffe unterschiedlich – bei fremden Waffen sollten Sie den Besitzer nach dem Haltepunkt fragen.

Die für Ihre Bedürfnisse und Voraussetzungen, insbesondere ihre individuelle Sehfähigkeit, geeignete Zieltechnik können Sie nur durch beständiges Ausprobieren und die Unterstützung anderer erfahrener Schützen herausfinden. Die Zahl guter Ratschläge und Faustregeln ist unüberschaubar groß – mit Eigeninitiative und Geduld werden Sie zu Ihrer persönlichen Technik des präzisen Schusses kommen.

9 Munitionskunde

9.1 Grundlagen

Sie werden in der Regel Patronen für Ihre Waffe verwenden – was heute selbstverständlich ist und es dem Schützen ermöglicht, nacheinander aus einem Lauf mehrere Schüsse abzugeben, war in alten Zeiten nicht denkbar. Damals hieß es vor jedem Schuss: Schwarzpulver einfüllen, Geschoss in den Lauf einführen, stopfen, und dann darauf hoffen, dass die Lunte oder der Zündfunken den Schuss auslösen – mehr zu diesem Thema finden Sie im Kapitel „Zündungsarten" ab Seite 204.

Zentralfeuerpatronen bestehen in der Regel aus **Hülse**, **Anzündhütchen**, **Treibladung** und **Geschoss**, bei **Randfeuerpatronen** befindet sich das Anzündmittel im Rand des Patronenbodens. Der Hülse kommen gleich zwei Aufgaben zu: Einerseits soll sie alle Bestandteile der Patrone vor äußeren Einflüssen **schützen** und das Geschoss festhalten, andererseits trägt sie durch das **Lidern** wesentlich zum **Abdichten** des Patronenlagers (siehe dazu auch die Kapitel 8.2.2 und 8.2.3) bei. Außerdem sorgt sie dafür, dass **Wärmeenergie** aus dem Patronenlager abgeleitet wird.

Im Folgenden werden Sie grundsätzliche Informationen zu verschiedenen Munitionssorten erhalten – dabei werde ich Ihnen nur die gängigsten Kaliber und Arten vorstellen. Gleiche Kaliber können unterschiedliche Geschossgewichte und Pulvermengen enthalten – man spricht in diesem Zusammenhang von unterschiedlichen **Laborierungen**. Je nach Einsatzzweck und Patronenart werden als Treibladung Schwarzpulver oder Nitrocellulose-(NC-) Pulver verwendet.

Schwarzpulver war vor Erfindung des NC-Pulvers über Jahrhunderte die Treibladung von Kanonen und Handfeuerwaffen. Es besteht aus einer Mischung von Kalisalpeter, Schwefel und Holzkohle. Schwarzpulver ist leicht entflammbar, der Umgang sollte darum nur durch Fachkundige erfolgen. Es ist massenexplosionsgefährlich, das bedeutet, dass die gesamte Schwarzpulvermenge sofort umgesetzt wird. Die Brandgeschwindigkeit von Schwarzpulver liegt zwischen 600 m und 800 m pro Sekunde. Es wird heute hauptsächlich zum Böllern oder in Vorderladerwaffen sowie in Kartuschenmunition und in der Pyrotechnik verwendet.

NC- oder Nitro-Pulver dagegen brennt mit 10 cm pro Sekunde extrem langsam ab und ist dadurch im Freien auch nicht so explosionsgefährlich wie Schwarzpulver. Erst in einem begrenzten Raum, also unter Druck, entwickelt NC-Pulver seine enorme Wirkung. Es wird durch die Behandlung von

Cellulose mit Nitriersäure (Mischung aus Schwefel- und Salpetersäure) und anschließendes Auswaschen hergestellt. Man setzt verschiedene Sorten von NC-Pulver je nach dem gewünschten Abbrandverhalten ein: Langsam abbrennende Sorten kommen in Büchsenpatronen zum Einsatz, schnell abbrennende in Kurzwaffen- und Schrotpatronen. Die Abbrenngeschwindigkeit wird durch die Form der einzelnen Pulverkörper bestimmt – zusätzlich wird bei Sorten, die besonders langsam abbrennen sollen, eine Behandlung mit Chemikalien vorgenommen, die die einzelnen Pulverteile umhüllen und sie so weniger reaktiv werden lassen.

Alle nachfolgend gemachten ballistischen Angaben unterliegen je nach Hersteller teilweise deutlichen Unterschieden. Die hier angegebenen Werte beziehen sich auf Patronen und Geschosse der Marken GECO, RWS, NORMA und HIRTENBERGER sowie ROTTWEIL und auf das angegebene Geschossgewicht.

Informationen zu **pyrotechnischer Munition** finden Sie im später folgenden Kapitel „**Seenotsignalmittel**" in diesem Buch ab Seite 253.

9.2 Geschossarten

Der Begriff Munition bezeichnet in der Regel patronierte Munition – Geschosse sind keine Munition im Sinne des Waffengesetzes und unterliegen nicht seinen Regeln bezüglich des Erwerbens und Besitzens (Ausnahmen: unpatronierte pyrotechnische Munition, also Geschosse mit einem pyrotechnischen Satz, sowie verbotene Geschosse). Geschosse sind als Waffen oder für Schusswaffen bestimmte feste Körper beziehungsweise gasförmige, flüssige oder feste Stoffe in Umhüllungen.

Unterschieden werden **Vollgeschosse** und **Mantelgeschosse**. Vollgeschosse bestehen aus einem einzigen Material (in der Regel Blei), Mantelgeschosse dagegen aus einem Kern und einem ihn umgebenden Mantel (Kernmaterial meist Blei, Mantel Stahl, Kupferlegierung oder Tombak). Welches Geschoss für den jeweiligen Einsatzzweck geeignet oder erforderlich ist, ist Gegenstand der Jägerprüfung und auch der Fachkundeprüfung.

Bei den Mantelgeschossen wird nach Art des Mantels unterschieden zwischen **Vollmantelgeschoss (VM)** und **Teilmantelgeschoss (TM)**. Während bei einem Vollmantelgeschoss das Mantelmaterial den Kern vollständig oder mit Ausnahme des Geschossbodens vollständig umschließt, ist bei einem Teilmantelgeschoss die Geschossspitze nicht vom Mantel umschlossen, so dass hier der Kern sichtbar ist.

Teilmantelgeschosse können weiter differenziert werden - bei einem **Lochgeschoss** ist der Mantel geöffnet und gibt einen Teil des formgebenden Geschosskerns frei, bei einem **Hohlspitzgeschoss** ist der Kern eingehöhlt.

Die Form der **Geschossspitze** kann zur Unterscheidung dienen:

- Spitzgeschosse
- Halbspitzgeschosse
- Rundkopfgeschosse
- Kupferhohlspitzgeschosse (HMK)
- Kupfer-Teilmantel-Flachkopfgeschoss (KTM)
- Kegelspitz-Geschoss (KS)
- Kegelstumpfgeschosse
- Wadcutter-Geschosse

Für die ballistischen Eigenschaften kommt es aufgrund des Einflusses auf das Strömungsverhalten auch auf das „Heck", den **Geschossboden**, an. Hier sind unterschiedliche Ausformungen erhältlich. Unterschieden werden beispielsweise **Bootschwanz** („Heck-Konus") und **Torpedoheck**.

Speziell für Jagdwaffen haben sich als Spezialgeschosse bewährt:

- Teilmantel-Spitz-Geschoss (TMS)
- Teilmantel-Rundkopf-Geschoss (TMR)
- Teilmantel-Flachkopf-Geschoss (TMF)
- H-Mantel-Geschoss (mit H-Rille)
- Torpedo-Ideal-Geschoss (TIG)
- Torpedo-Universal-Geschoss (TUG)
- Kegelspitz-Geschoss (KS)
- Doppelkern-Geschoss (DK)

Um die Wirkung eines Geschosses beurteilen zu können, betrachtet man den **Restkörper**. Der Restkörper ist das, was von einem Geschoss nach Eintritt in das Ziel übrigbleibt. Das können Fragmente des ursprünglichen Geschosses sein, aber auch vollständige Geschosse, die sich beim Eintritt lediglich verformten, um ihre Energie an das Ziel abzugeben.

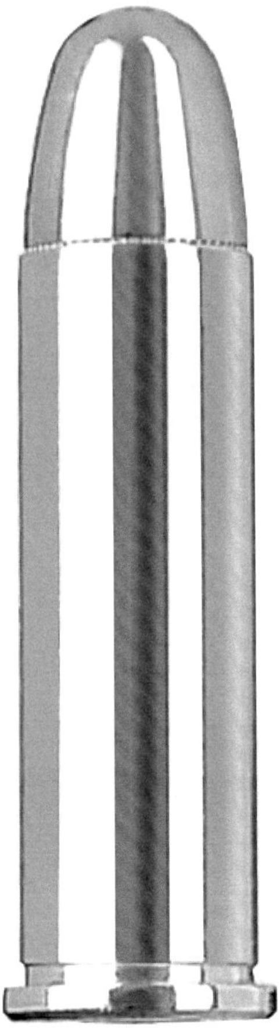

Vollmantelgeschosse (**VM**, hier auch als Teil einer Patrone GECO .38 Special VM) bestehen aus einem Bleikern, der in einen Mantel aus Stahl eingepresst wird. Auf den Stahl wird meist **Tombak** „plattiert", eine Messinglegierung mit einem Kupferanteil von mehr als 70 Prozent. Die durch das Tombak glattere Oberfläche des Geschosses verringert den Durchpresswiderstand. Der gesamte Mantel aus Stahl und Tombak passt sich den Zügen im Lauf besser an.

Der Mantel ermöglicht höhere Geschwindigkeiten als reine Bleigeschosse. Zudem erhöht sich die Durchschlagsfähigkeit im Vergleich zu einem reinen Bleigeschoss, da das Geschoss nicht verformt wird (siehe auch unten dargestellter Restkörper, formstabil, aber mit Verfeuerungsspuren) und aufgrund der „Zäpfchenform" einen Körper mit geringer Energieabgabe durchschlägt. Gleichzeitig ist damit aber eine geringe Wirkung verbunden, weshalb die Mannstopwirkung von VM-Munition als eher gering einzustufen ist.

Jagdlich ermöglicht die Verwendung von VM-Geschossen die Jagd auf schweres Wild, weil sie auch Knochen sicher durchdringen. Dazu sind schwerere Geschosse an ihrer Spitze zusätzlich verstärkt. VM-Geschosse kleinerer Kaliber werden mit spitzer, im größeren Kaliber mit runder Kopf-Form verwendet.

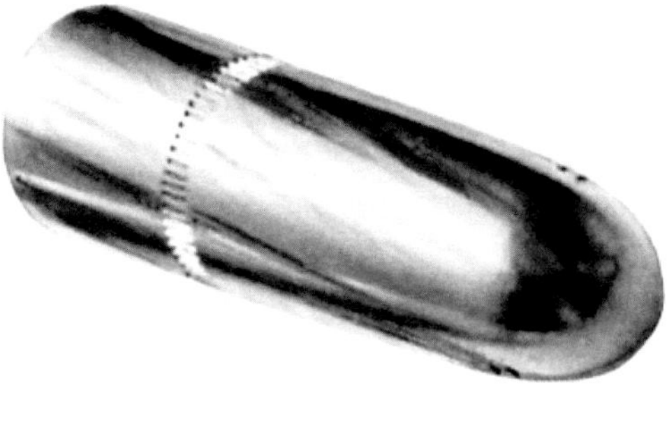

Teilmantelgeschosse (**TM**, hier auch als Teil einer Patrone GECO .357 Magnum TM-Flachkopf, unten links Restkörper) bestehen wie Vollmantelgeschosse aus einem Bleikern und einem Mantel aus Stahl oder Tombak, das Geschoss gleicht einem stumpfen Kegel. Der Mantel bedeckt nicht die gesamte Bleimasse. Eine „Verbleiung" des Laufes, also eine Ablagerung von verschmierten Bleiresten insbesondere in den Zügen, wird mit diesem Geschosstyp ebenso effektiv vermieden wie bei einem Vollmantelgeschoss – allerdings verformt sich ein Teilmantelgeschoss sehr stark beim Auftreffen, so dass ein deutlich größerer Teil der Bewegungsenergie des Geschosses am Ende auf das getroffene Ziel übertragen werden kann. Die Mannstopwirkung von schnellen Teilmantel-Laborierungen ist im Vergleich zur Wirkung von Vollmantel-Laborierungen sehr hoch.

Jagdlich ermöglicht ein TM-Geschoss eine hohe Energieabgabe an den Tierkörper, durch die starke Splitterwirkung ergibt sich meist aber kein sauberer Ausschuss.

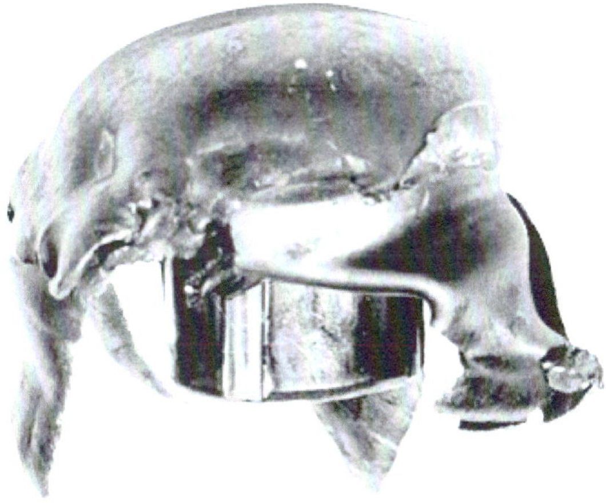

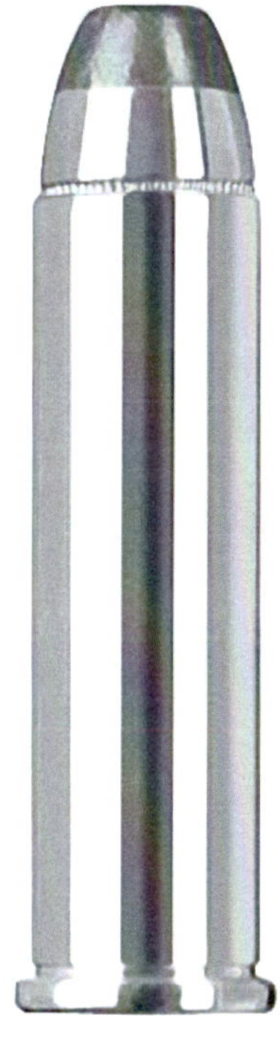

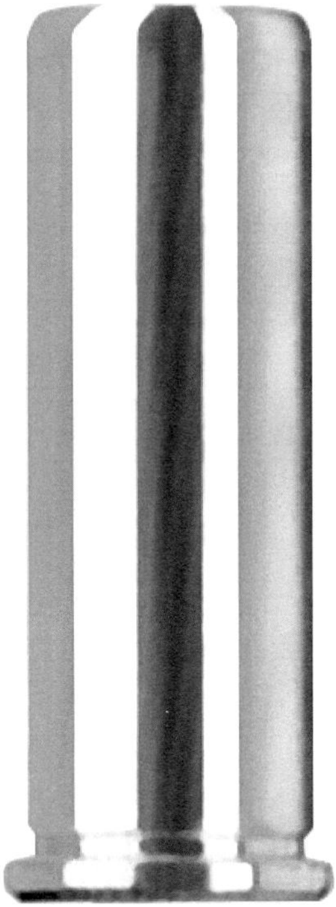

Ein typisches **Bleigeschoss** für sportliche Zwecke ist der sogenannte **Wadcutter (WC)**. Das nebenstehende Bild zeigt eine Patrone GECO .32 S&W long WC. Das 6,5 g schwere Geschoss selbst ist in der Seitenansicht nicht zu sehen – es befindet sich vollständig in der Hülse und wird als zylinderförmiger Bleikörper aus der Hülse in den Lauf getrieben. Wadcutter-Geschosse werden ausschließlich zum Scheibenschießen eingesetzt, weil sie ein kreisrundes und damit gut auswertbares Loch in die Scheibe „stanzen".

Der Begriff „wadcutter" leitet sich von den englischen Begriffen „wad" für „Pappe" und „to cut" für „schneiden" her.

Die hier im Seitenanschnitt abgebildete Patrone (RWS-Büchsenpatrone mit Gürtel) zeigt die typische Flaschenform der mittleren bis schweren **Büchsenpatronen**. Im Vergleich zu Kurzwaffen-Kalibern wie 9 mm Luger sind Geschosse für halbautomatische Büchsen wie die HK SL8 im Kaliber .223 Rem. mit 5,56 mm im Querdurchmesser vergleichsweise klein.

Einige Büchsenpatronen (wie 9,3 x 72 R oder Großwildmunition) entstanden bereits zu einer Zeit, als die Patronen noch mit Schwarzpulver geladen wurden – dazu musste eine große Menge an Pulver eingebracht werden. Der Pulverraum wurde durch die Verlängerung der Hülse vergrößert. Moderne Zentralfeuerpatronen sind dagegen „short and fat" – hier ist die Hülse deutlich kürzer, hat aber einen größeren Querdurchmesser. Ein Vorteil der kurzen Bauform ist, dass die Zündflamme die Pulversäule schneller durchschlagen kann.

Auf den folgenden Seiten werden verschiedene Geschosse für Büchsenpatronen in Aufbau und Wirkung dargestellt. Beachten Sie, dass dies nur eine Übersicht und keine finale Aufzählung ist – Geschosse und Munition allgemein sind ein weites Feld, das sich ständig erweitert.

Das Innere einer **Schrotpatrone,** nebenstehend im Viertelschnitt. Über dem Anzündhütchen in der Bodenkappe befindet sich die Treibladung. Die Schrote im oberen Teil der Patrone werden vom Pulver durch das sogenannte „Zwischenmittel" getrennt, bestehend aus Filz oder Holzfasern, Kork oder Kunststoff. Das Zwischenmittel gibt den Stoß der Verbrennungsgase als Schub auf die Schrotladung, die als „Vorlage" bezeichnet wird, weiter und schützt die Bleischrote vor der Hitze des Pulvergases. Die Oberkante der Hülse ist nach innen umgebördelt und drückt in der Regel eine Scheibe aus Kunststoff oder Pappe auf die Schrotladung; eine Verdämmung der Ladung durch eine sternförmige Faltung der Hülse ist ebenfalls eine gängige Methode.

Schrote mit einem Durchmesser von mehr als 4 mm werden Posten oder **Postenschrot** genannt.

Flintenlaufgeschosse (auch **FLG**, **„slugs“**) werden aus dem glatten Lauf verschossen. Die an Züge erinnernde Oberfläche des Bleigeschosses bleibt dabei ohne wirksamen Einfluss auf die Schussbahn und erzeugt auch keinen wirksamen Drall; es kommt nur zu einer minimalen Rotation im Flug. Um dem Geschoss einen Drall zu verschaffen, muss es aus einem gezogenen Flintenlauf verschossen werden.

Der Bleikörper des Brenneke-FLG hat eine Kegelspitze. Die Stabilisierung der Flugbahn erfolgt nach dem „Pfeilprinzip“ – eine schwere Spitze und ein leichtes Hinterteil, hier dargestellt durch einen angeschraubten Filzpfropfen.

Die schräggestellten Rippen sorgen für eine leichtere Anpassung des Geschosses an den Laufdurchmesser – Verengungen durch Chokes („Würgebohrung“) können mit einem FLG meist problemlos passiert werden (Hinweise des Waffenherstellers beachten).

9.3 Kaliberbezeichnungen

9.3.1 Schrotpatronen

Für die **Kaliberangabe von Flinten** wird historisch eine Art „Gewichtsverfahren" benutzt, die sich auf ein englisches Pfund Blei (454 g) bezieht. Ähnliches findet sich bei Kaliberangaben von Kanonen („X-Pfünder").

Die Berechnung für das Kaliber 12: Aus einem englischen Pfund Blei werden 12 gleich große Bleikugeln gegossen. Jede dieser Kugeln entspricht im Durchmesser dem eines Laufes im Kaliber 12. Somit ergeben sich daraus:

10 = 19,7 mm　　12 = 18,5 mm　　16 = 16,8 mm　　20 = 15,6

Je kleiner **die erste Zahl** der Kaliberangabe (etwa **12**/70), desto weiter ist also die Lauföffnung. Die **zweite Zahl** der Kaliberangabe (12/**70**) beschreibt die **Hülsenlänge nach Abschuss** der Schrote. Die Angabe der Schrotkorngröße findet sich nicht in der Kaliberangabe, ebenso wenig das Gewicht der Schrotladung (Vorlage). Sie lassen sich meist auf der Hülse ablesen.

9.3.2 Kugelpatronen

Kaliberangaben für Kugelpatronen geben insbesondere den äußeren Durchmesser des Geschosses an. „9 mm x 19" etwa nennt erst den Durchmesser des Geschosses (9 mm), aber auch die Länge der Hülse (19 mm). Im englischsprachigen Raum wird das **Kaliber in Zoll** (1 Zoll entspricht 25,4 mm) angegeben. Zur **Umrechnung** muss lediglich die Kaliberangabe mit 25,4 multipliziert werden. So ergibt sich für eine Patrone im Kaliber .40 S&W eine Kaliberangabe von 10,16 mm (0,4 multipliziert mit 25,4). Auch der **Innendurchmesser des Laufes** wird mit dem Kaliber angegeben.

Während Schrotpatronen problemlos aus längeren Patronenlagern verschossen werden dürfen (siehe Seite 183), darf bei Kugelpatronen grundsätzlich nur die Patrone in das Patronenlager eingeführt werden, deren Kaliberangaben mit denen des Lagers übereinstimmt – Ausnahmen gelten lediglich für einige Patronen mit Rand (zB Patrone Kaliber .38 Spec. aus Revolver im Kaliber .357 Mag.). Bei nicht passender Hülsenlänge kann es aufgrund von Spiel und daraus resultierender mangelnder Abdichtung zu schwersten Verletzungen des Schützen kommen (siehe auch Kapitel 8.2.2).

Die Kaliberangabe kann durch Zusätze wie „Magnum" oder Firmennamen ergänzt sein, um bei gleichem Geschossdurchmesser weitere Differenzierungen zu ermöglich. Diese Zusätze sind unbedingt zu beachten, da es sich um deutlich abweichende Hülsenformen und -längen handeln kann.

9.4 Munitionsarten

Rechtlich ist **Munition**[110] zum Verschießen aus Schusswaffen bestimmte

- **Patronenmunition** (auch Geschosse mit Eigenantrieb)
- **Kartuschenmunition** (Hülse mit Ladung, aber ohne Geschoss)
- **hülsenlose Munition**
- **pyrotechnische Munition** (siehe dazu Kapitel 11 des Buches)

Eine waffenrechtliche Besonderheit stellt die **hülsenlose Munition** dar – sie ist nach der Definition der Anlage 1 WaffG eine „Ladung mit oder ohne Geschoss, wobei die Treibladung eine den Innenabmessungen einer Schusswaffe ... angepasste Form hat" – damit sind auch **Presslinge** (in Form gepresstes Pulver zur Verwendung insbesondere in Schwarzpulverwaffen) Munition und erfordern für den Erwerb eine behördliche Erlaubnis, etwa in Form eines Munitionserwerbsscheins.

Die **Ladung** ist der Haupt-Energieträger der Munition, entweder als Treibladung in der Hülse, Pressling oder verdämmtes Pulver im Lauf einer Waffe und dient zum Antrieb von Geschossen und Wirkstoffen.

9.5 Munition für Langwaffen

Büchsenpatronen bestehen aus der Hülse, dem Geschoss, dem Anzündhütchen und Pulver. Die Herstellung der **Hülse** ist ein aufwendiger Prozess, bei dem strengste Maßstäbe an Material und Passgenauigkeit gestellt werden. In Büchsenpatronen werden regelmäßig Drücke um 4.000 bar erzeugt.

Je nach Einsatzgebiet werden unterschiedliche **Geschosskörper** verwendet. Sport-Munition enthält meist Geschosse mit Bleikern, die mit einem Stahl- oder Tombak-Mantel überzogen sind.

Unterschieden werden bei den heute gebräuchlichen Patronensorten **Zentralfeuerzündung** und **Randfeuerzündung**. Letztgenannte wird hauptsächlich für Waffen im Kaliber .22 lfB sowie für Zimmerstutzen (4 mm) verwendet. Eine **Patrone mit Zentralfeuerzündung** trägt im Hülsenboden ein **Anzündhütchen**. Schlägt der Schlagbolzen auf das Anzündhütchen, entzündet sich der Inhalt des Anzündhütchens. Im Anzündhütchen befindet sich in der Regel ein Sinoxid- oder ein Sintox-Zündsatz.

Der **Sinoxid-Zündsatz**, auch als „rostfreier Zündsatz" bezeichnet, begegneten einer schlechten Eigenschaft von Nitropulver – im Gegensatz zu Schwarzpulver entstehen bei seiner Umsetzung Stoffe, die im Lauf zu

Rostbildung führten, allerdings nur dann, wenn das Pulver durch eine **Kaliumchlorat-Zündung** umgesetzt wurde. Der Sinoxid-Zündsatz, entwickelt 1926 bei RWS, gilt als erster rost- und erosionsfreier Zündsatz.

Der **Sintox-Zündsatz** moderner Patronenmunition, insbesondere für Sportschützen, geht noch einen Schritt weiter – er schützt nicht nur die Waffen, sondern auch die **Gesundheit** der Schützen. Er ist nicht nur rostfrei (siehe Sinoxid), sondern auch frei von Blei und Barium.

Das Anzündhütchen ist direkt mit dem Pulverraum verbunden – durch Öffnungen kann die Zündflamme in das Pulver schlagen und die Pulverladung zünden. **Boxer-Anzündhütchen** haben eine einzige Öffnung zum Pulverraum der Patrone, **Berdan-Anzündhütchen** in der Regel mehrere Öffnungen. Bei einer **Patrone mit Randfeuerzündung** sitzt die Anzündladung im Rand des Hülsenbodens und wirkt direkt auf das Pulver.

Werden Patronen mit stärkerer Ladung hergestellt, die in den Außenabmessungen Patronen mit schwächerer Ladung gleichen, wird die Hülse der stärkeren Patronen bei einigen Kalibern mit einem **Gürtel**[111] versehen. Der Gürtel dient dabei vornehmlich der Bildung des Verschlussabstands.

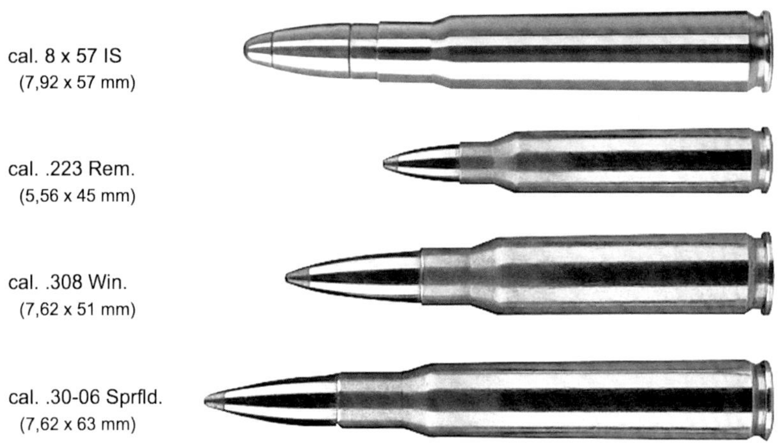

9.5.1 Schrotpatrone

Nur für Flinten, aus denen Randpatronen verschossen werden, gilt: Patronen für kürzere Lager dürfen auch aus längeren Patronenlagern verschossen werden, umgekehrt führt die Schussabgabe zu gefährlich hohen Gasdrücken – beim Laden der Waffe ist das meist nicht zu bemerken. Grund dafür ist das Verhalten der Hülse bei Abgabe des Schusses.

Schnittmodell einer Rottweil-Tribore-Choke-Flinte ohne Laufverengung vor der Patrone mit eingelegter Patrone mit Teilanschnitt

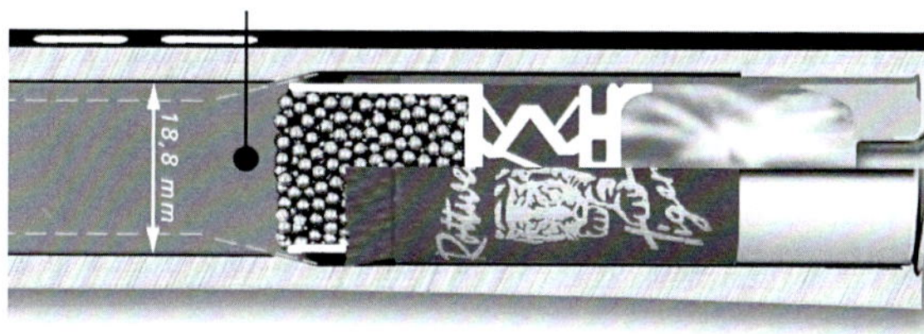

Der vorn umgebördelte Teil rollt sich nach Zünden des Pulvers nach vorn aus und gibt so den Weg frei für die Schrote. Wenn nun das Patronenlager zu kurz ist, ragt die abgeschossene Hülse in den Übergang hinein und verengt den Weg der Schrote – dadurch entsteht im Lauf unter Umständen ein gefährlich hoher Gasdruck, der zu Laufsprengungen führen kann und damit zu schwersten Verletzungen des Schützen und umstehender Personen.

Schrotvorlage

GECO Jagd 30

Geschossart:
Schrote

36 g / 2,7 mm

$V_{2,5}$ = 380 m/s

Flintenlaufgeschoss

GECO Competition Slug

Geschossart:
Solid (Bleikörper)

28,5 g

$V_{2,5}$ = 435 m/s

Flintenlaufgeschosse erzielen größere Schussweiten als Schrotgarben. Mit einem Gewicht um 30 g haben sie zudem eine „überzeugende Wirkung“. Im Polizeibereich werden sie erfolgreich zum „Ausschalten“ von Fahrzeugmotoren eingesetzt. Dabei wird bei einem Treffer der Motor-Block nicht durchschlagen, sondern so stark erschüttert, dass Kolben, Wellen etc. aufgrund der Vibration blockieren – der Motor stirbt ab.

9.5.2 .308 Win. / 7,62 x 51 mm NATO

In Sportschützenkreisen ist diese Patrone sehr beliebt. Munition dieses Kalibers ist aufgrund der großen Verbreitung günstig in der Anschaffung.

Die tiefgestellte Zahl ist der Abstand des Geschosses zur Laufmündung, m/s steht für „Meter pro Sekunde", J steht für die Energie-Einheit „Joule":

v_0	***Geschwindigkeit*** *bei Verlassen des Laufes, „Mündungsgeschwindigkeit"*
v_{100}	*Geschwindigkeit nach 100 m Flugstrecke*
E_0	***Energie*** *bei Verlassen des Laufes*
E_{100}	*Energie nach 100 m Flugstrecke*

Hinweis: Alle Angaben sind beispielhaft.

Geschossgewicht / Lauflänge	10,7 g / 600 mm
v_0	820 m/s
v_{100}	731 m/s
E_0	3.597 J
E_{100}	2.859 J

Ende 1953 wurde diese Patrone als NATO-Standardpatrone eingeführt. Sie löste die bis dahin im amerikanischen Militär verwendete .30-06 Springfield (eingeführt 19**06**, wie auch aus dem Namen hervorgeht) ab. Entwicklungstechnisch wurde die .308 Win. durch Kürzen der Hülse aus der .30-06 Springfield abgeleitet.

Zu beachten sind die minimalen Unterschiede in den Maßen der Patronen aus militärischer und ziviler Fertigung für diesen Patronentyp. Da sich unter anderem die Geometrie der Hülsenschulter von .308 Win. und 7,62 x 51 NATO unterscheidet, kann es bei besonders exakt gearbeiteten Waffen zu Problemen kommen, insbesondere bei halbautomatischen Waffen.

9.5.3 .223 Rem. / 5,56 x 45 mm NATO

Die Patrone des M16 und des G36 sowie der HK SL8 – das geringe Gewicht ist ein Vorteil dieser Patrone (im Vergleich zur .308 Win. nur 11 g gegenüber 24 g).

Geschossgewicht / Lauflänge 3,6 g / 600 mm

v_0	990 m/s
v_{100}	834 m/s
E_0	1.764 J
E_{100}	1.252 J

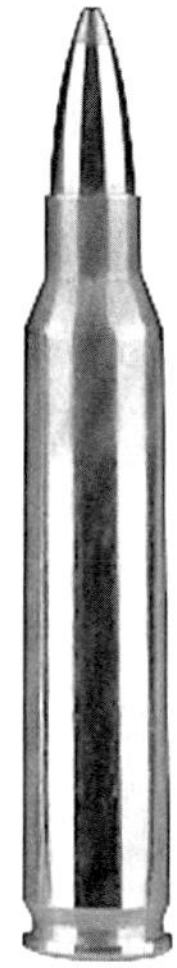

Schon Ende der 50er Jahre entwickelte Remington diese Patrone, die die 7,62 x 51 mm NATO in der US-Armee ablösen sollte. Der Grund lag im taktischen Bereich – das geringere Gewicht. Das AR-15-Gewehr sollte mit dieser Patrone die Überlegenheit der amerikanischen Truppen erhöhen. Spätestens das Versagen der leichten Geschosse im Dschungel Vietnams machte die Überlegenheit der schwereren 7,62 x 51 mm NATO oder der 7,62 x 39 mm Kalashnikov zumindest für diesen Bereich aber deutlich, und auch in der Gegenwart werden in einzelnen Teilen der Bundeswehr wieder Waffen im alten Kaliber 7,62 x 51 mm NATO beschafft und eingesetzt.

Heute ist die Patrone als .223 Rem. im Bereich des Sportschießens weit verbreitet. Die Einführung im Bereich der Bundeswehr durch Umstellung vom Gewehr G3 auf das Gewehr G36 sorgte für eine stärkere Beachtung dieser Patrone.

9.5.4 .30-06 Springfield (7,62 x 63 mm)

In der US-Armee eingeführt im Jahre 1906. In Deutschland als Jagdkaliber gebräuchlich, da es auch für größere Wildarten geeignet ist.

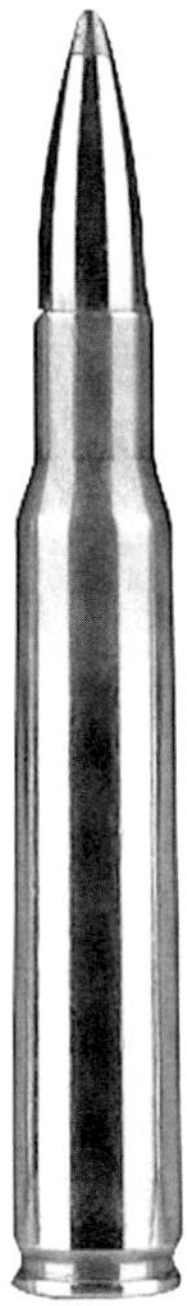

Geschossgewicht / Lauflänge 10,7 g / 600 mm

v_0	870 m/s
v_{100}	767 m/s
E_0	4.049 J
E_{100}	3.147 J

Vor Ablösung durch die Patrone 7,62 x 51 NATO war die .30-06 Springfield die Standardpatrone der US-Armee. Sie war aus der Armeepatrone .30-03 entwickelt worden.

Noch heute schätzen Jäger die Eigenschaften des schlanken, aber energiereichen Geschosses, bei der Jagd auf größeres Wild. Darum werden Neuentwicklungen im Bereich der Jagdwaffen meist auch in diesem Kaliber angeboten.

9.5.5 8 x 57 IS / 7,92 x 57 mm

In Deutschland wird diese Patrone vorwiegend von Jägern und Besitzern des Karabiners 98 verwendet.

Geschossgewicht / Lauflänge 11,7 g / 600 mm

v_0	820 m/s
v_{100}	717 m/s
E_0	3.934 J
E_{100}	3.007 J

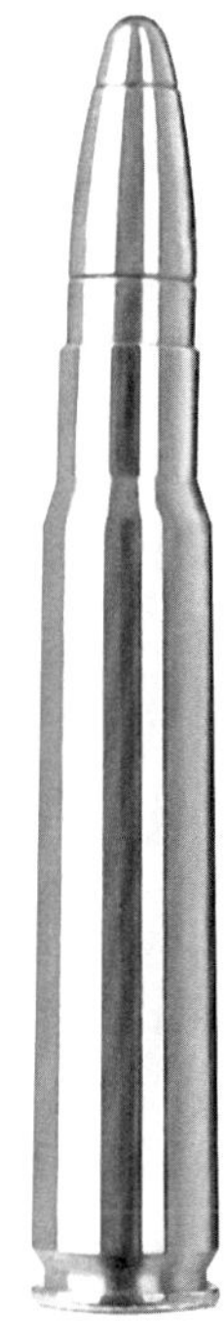

1888 führte das Deutsche Reich diese Patrone als neue Standard-Militärpatrone mit der Bezeichnung 8 x 57 I („I" für „Infanterie") ein. 1905 wurde das bis dahin verwendete **Ogival-Geschoss**, das zu den Rundkopfgeschossen gezählt wird, durch ein **Spitzgeschoss** ersetzt – die neue Bezeichnung der Patrone lautete „IS" für „Infanterie Spitz", der Geschossdurchmesser wurde vergrößert. Bei der Kaliberbezeichnung wird synonym auch das Kürzel JS anstelle von IS verwendet. Patronen, die einen **Rand** aufweisen (idR Patronen für Kipplaufbüchsen), werden als 8 x 57 IR bzw. IRS bezeichnet.

9.5.6 .22 lfB / .22 lr („Kleinkaliber")

Das Kürzel „lfB" steht für „lang für Büchse", engl. „long rifle", „lr". Preiswerte Übungsmunition **für Lang- und Kurzwaffen**, in Wechselsystemen oder Einsteckläufen. Die Angaben gelten für ein **Bleigeschoss von 2,6 g**, verschossen aus Langwaffe (Lauflänge 650 mm) und Kurzwaffe (Lauflänge 150 mm).

Lauflänge	650 mm	150 mm
v_0	330 m/s	285 m/s
v_{50}	295 m/s	262 m/s
E_0	142 J	106 J
E_{50}	113 J	89 J

Mit dem Begriff „Kleinkaliber", der zunächst mehrere Kaliber unterhalb von sechs Millimeter Durchmesser umfasste, wird heutzutage nur noch **Randfeuer-Patrone** im Kaliber .22 lfB. bezeichnet. Davon abzugrenzen sind die ebenfalls erlaubnispflichtigen Waffen im sogenannten „**Kleinstkaliber**" 4 mm M20, die einen noch geringeren Geschossdurchmesser aufweisen, zudem aber auch eine sehr viel geringere Mündungsenergie besitzen.

Die geringen Abmessungen und der geringe Rückstoß dieser Patrone dürfen aber keinesfalls über ihre Gefährlichkeit hinwegtäuschen – Kleinkaliber-Waffen stehen in dem Ruf, im Bereich der Geheimdienste durch die Möglichkeit des fast geräuschlosen und unauffälligen Einsatzes für Attentate eingesetzt zu werden.

Als Übungsmunition für Großkaliberschützen ist diese Patrone nur für das Scheibenschießen zu empfehlen. Im Bereich des Verteidigungsschießens fehlt dem Schützen dagegen die Aufgabe, das durch den Rückstoß und das Hochschlagen der Waffe verlorene Ziel schnell wieder anzuvisieren.

9.6 Munition für Kurzwaffen

Im Folgenden werden Sie, wie schon im Kapitel „Zielballistik“ (ab Seite 250), mehrfach den Begriff „Mannstopwirkung“ finden – er sollte Sie immer daran erinnern, dass Schusswaffen eine Gefahrenquelle darstellen und eine Waffe immer als geladen zu betrachten und zu behandeln ist.

Neben den nun vorgestellten Kalibern gibt es zahlreiche weitere, teilweise auch unterschiedliche Ausführungen eines Kalibers. Insbesondere die Geschosstypen und verschieden starken Ladungen machen das Ausprobieren einer neuen Munitionssorte immer wieder zu einem Experiment.

Alle hier gemachten Angaben sind Beispiele und beziehen sich auf die angegebenen Geschossarten und –gewichte sowie den verwendeten Lauf.

Zunächst eine Übersicht im direkten **Maßstabsvergleich**:

cal. 7,65 mm

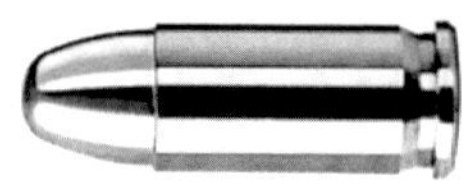

cal. 9 mm x 19

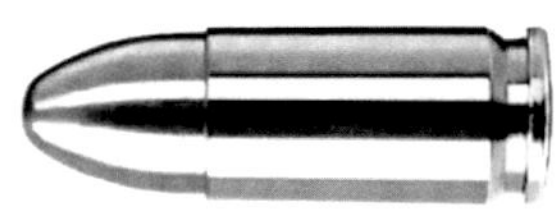

cal. .45 ACP

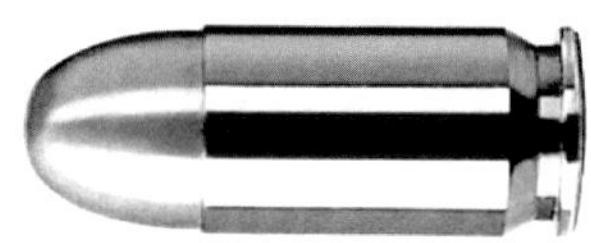

cal. .40 S&W

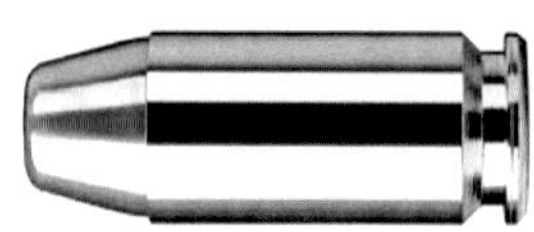

cal. .38 Spec.

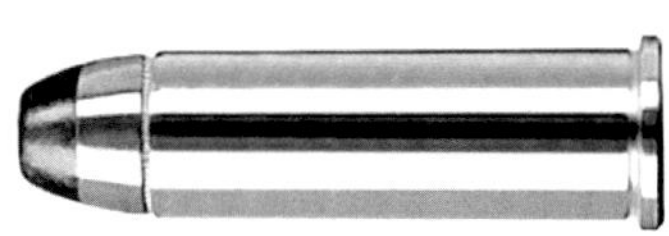

cal. .357 Mag.

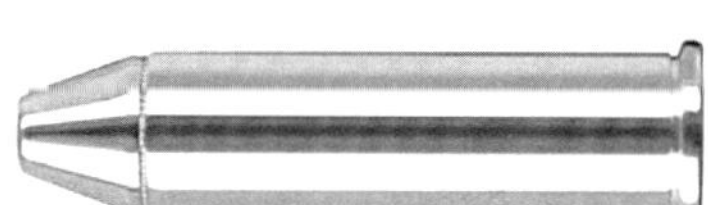

9.6.1 9 mm Luger (9 mm x 19) (auch: 9 mm Parabellum)

Das in Deutschland meistgenutzte Kaliber für Pistolen ist die „9 Millimeter“. Aufgrund der unterschiedlichen Laborierungen muss die optimale Patronensorte für ein Pistolenmodell meist im Praxisbetrieb ermittelt werden.

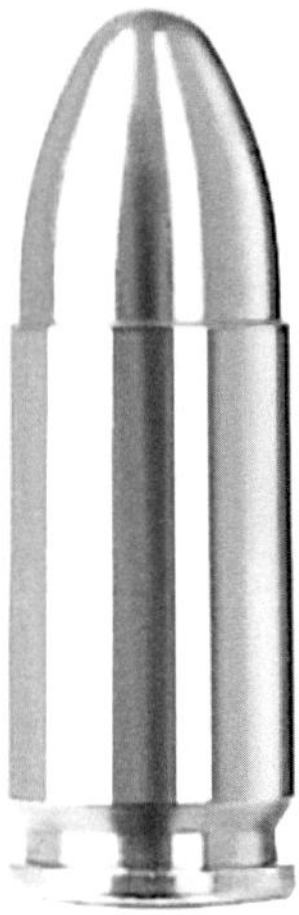

Geschossmasse / Art / Lauflänge

8,0 g / VM / 125 mm

v_0	360 m/s
v_{25}	337 m/s
E_0	518 J
E_{25}	454 J

Diese Patrone wurde 1902 entwickelt. Namensgeber war der österreichische Erfinder Georg von Luger (1849-1923), der nach Abschluss seiner Militärzeit und einer Anstellung bei einer Bank in Wien als Handelsvertreter in die Dienste der DWM Loewe („**D**eutsche **W**affen- und **M**unitionsfabrik Loewe“) in Berlin eintrat. Die von Luger weiterentwickelte „Pistole 08“ mit dem berühmten „Kniegelenkverschluss“ war für diese Patrone eingerichtet.

Die 9 mm Luger ist die weltweit meistverwendete Patrone für Pistolen und ältere Maschinenpistolen, insbesondere im militärischen Bereich. Der Maximaldruck in der Patrone liegt bei 2.600 bar.

9.6.2 .38 Special

Seit Anfang des 20. Jahrhunderts gebräuchliche Patrone für Revolver, die auch aus Waffen des Kalibers .357 Magnum verschossen werden kann.

Geschossmasse / Art / Lauflänge

10,2 g / VM / 150 mm

v_0	320 m/s
v_{25}	309 m/s
E_0	522 J
E_{25}	487 J

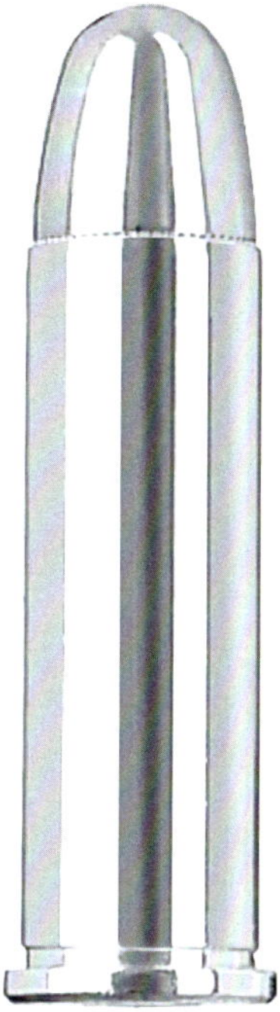

Ursprünglich für das US-Militär entwickelt, wurde diese Patrone 1902 von „Smith & Wesson" in den zivilen und polizeilichen Markt eingeführt. Die nach Aussage von Fachleuten „beliebteste Revolverpatrone der Welt" lässt sich auch aus Waffen des Kalibers .357 Magnum verschießen, erzeugt aber im Vergleich zu diesem Kaliber einen deutlich geringeren Rückstoß.

9.6.3 .357 Magnum

Weiterentwicklung der Patrone .38 Special und mit Teilmantelgeschoss (gute Mannstopwirkung) besonders im Sicherheitsbereich verbreitet.

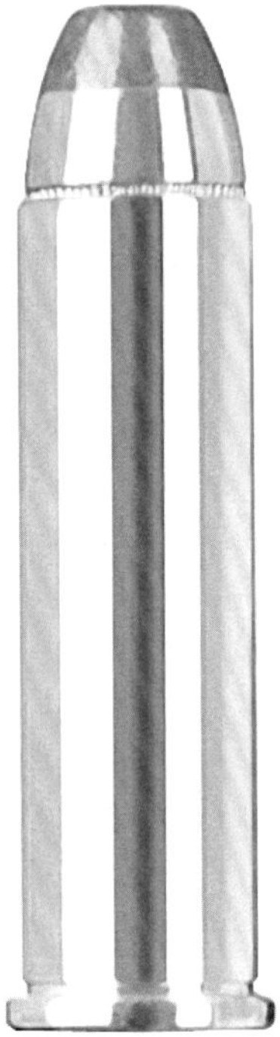

Geschossmasse / Art / Lauflänge

10,2 g / TM / 210 mm

v_0	422 m/s
v_{25}	394 m/s
E_0	908 J
E_{25}	792 J

Anders als die Patrone .38 Special gibt die Patrone .357 Magnum in ihrem Namen das genaue Maß des Geschossdurchmessers wieder. 1935 kam diese Patrone, entwickelt von Elmer Keith (1899-1984), auf den Markt und bediente den Wunsch nach mehr Energie und Durchschlagskraft, insbesondere im Bereich der Sicherheitskräfte.

Die Hülse der im Außendurchmesser mit der .38 Special identischen Patrone wurde um ca. 3,4 mm verlängert, um zu verhindern, dass diese starke Patrone in einem .38-Special-Revolver geladen wird – dessen Trommel kann mit eingeführter .357-Magnum-Patrone nicht eingeschwenkt werden, da die längere .357-Magnum-Patrone nicht vollständig in der Trommel „verschwindet“.

9.6.4 .44 (Remington-) Magnum

Es handelt sich um eines der schwersten Kaliber für Kurzwaffen mit sehr hoher Mannstopwirkung (als Teilmantel).

Bitte beachten: Die Angaben für Distanzen 0 m und 50 m basieren auf Daten der Fa. MagTech.

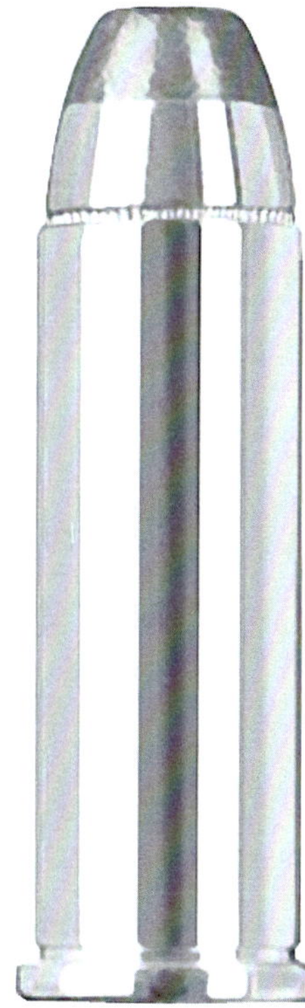

Geschossmasse / Art / Lauflänge

15,5 g / TM / 125 mm

v_0	360 m/s
v_{50}	326 m/s
E_0	1010 J
E_{50}	828 J

Diese Patrone, eine der stärksten Kurzwaffenpatronen, kam 1955 zusammen mit dem Revolvermodell „Smith & Wesson Modell 29" auf den Markt. S&W hatte die neue Patrone gemeinsam mit Remington und Elmer Keith entwickelt.

Wie die .357-Magnum-Patrone ist auch die .44-Magnum-Patrone länger (etwa 3,2 mm) als die kalibergleiche, aber schwächere Patrone .44 Special, die seit 1907 auf dem Markt war.

9.6.5 .40 S&W

Seit Anfang der 1990er Jahre setzt sich dieses Kaliber immer mehr durch. Gefühlt eine deutlich stärkere Patrone als die 9 mm Luger, aber trotzdem noch gut beherrschbar – durch den höheren Preis konnte sie bislang der Patrone 9 mm Luger nicht den Rang ablaufen.

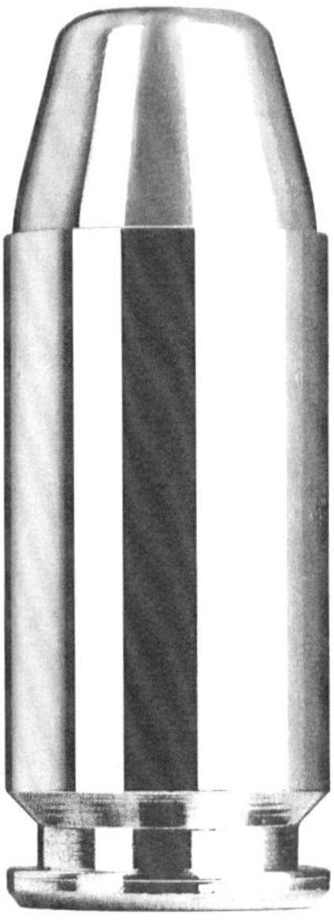

Geschossmasse / Art / Lauflänge

11,0 g / VM-Kegelstumpf / 125 mm

v_0	355 m/s
v_{25}	330 m/s
E_0	693 J
E_{25}	599 J

Die Einführung dieser Patrone fand insbesondere in Kreisen der amerikanischen Polizei große Beachtung. Die im Vergleich zur 9 mm Luger stärkere Patrone bietet eine gute „Mannstopwirkung", ohne dabei den Schützen durch einen übermäßigen Rückstoß zu belasten.

In Deutschland setzen insbesondere IPSC-Schützen gern diese Patrone ein. Aufgrund des höheren Preises nutzen viele Anwender dabei die Möglichkeit, mittels eines Wechsellaufs die günstigere Patrone 9 mm Luger im Übungsbetrieb zu verwenden, die sich bezüglich der Daten nicht wesentlich unterscheidet (siehe Daten).

9.6.6 .45 ACP

ACP steht für **A**utomatic **C**olt **P**istol. Die wohl bekannteste Waffe dieses Kalibers ist der Colt Government 1911.

Geschossmasse / Art / Lauflänge

14,9 g / VM / 125 mm

v_0 262 m/s

v_{25} 256 m/s

E_0 511 J

E_{25} 488 J

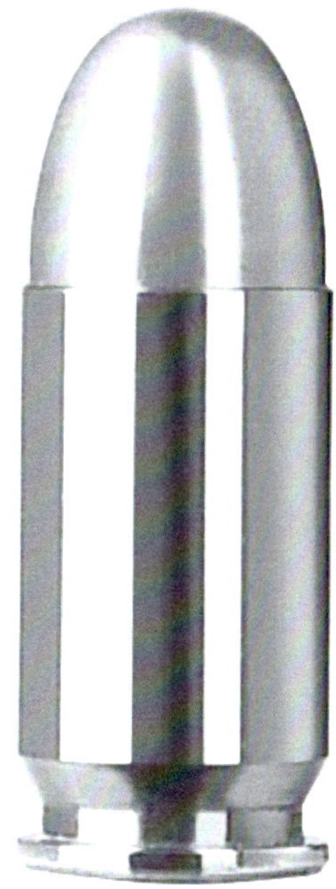

John Moses Browning (1855-1926), der zuvor die Patrone .32 ACP (7,65 Browning, nicht zu verwechseln mit 7,65 Para) entwickelt hatte, stellte im Jahre 1905 mit der .45 ACP eine überaus beeindruckende Patrone aus Sicht des Zieles vor – die Mündung einer Kurzwaffe in diesem Kaliber ist nachgewiesenermaßen ein überzeugendes Argument zur Aufgabe (Stichwort: Drohwirkung).

Seit 1911 setzt die US-Armee diese Patrone ein, insbesondere durch den Colt Government wurde sie in der ganzen Welt bekannt. Die große Masse des Geschosses gleicht seine geringe Geschwindigkeit (Unterschall) aus.

10 Ballistik

10.1 Grundlagen

Der Begriff „**Ballistik**" leitet sich vom griechischen Wort für „werfen" ab und steht für die **Lehre von den geworfenen Körpern**.

Somit lassen sich alle physikalischen Gesetze, die wir im Schulunterricht lernen mussten, auch auf die Ballistik der Schusswaffen anwenden. Denn auch hier erhalten Körper Bewegungsenergie, sind während des Fluges dem Luftwiderstand ausgesetzt und unterliegen der Erdanziehungskraft.

Ein Beispiel: Wenn Sie einen Minigolfball in die Luft werfen, und zwar möglichst senkrecht nach oben, wird er nach kurzer Zeit wieder herunterfallen. Je nachdem, wie stark Sie den Ball nach oben geworfen haben, verlässt er ihre Hand mit einer gewissen Geschwindigkeit (**Mündungsgeschwindigkeit** v_0, sprich: „v-Null") und steigt bis zu einer maximalen Höhe, von wo aus er wieder herabfällt. Der Abstand zwischen dem Abwurfpunkt und dem höchsten Punkt des senkrechten Aufstiegs wird als **maximale Steighöhe** bezeichnet.

Wenn Sie den Ball jetzt nicht senkrecht nach oben werfen, sondern damit eine Dose umwerfen wollen, die in einigen Metern Entfernung steht, ändern Sie die Richtung des Wurfes. Wieder verlässt der Minigolfball Ihre Hand mit einer v_0 und er wird nicht auf einer Geraden sein Ziel erreichen, sondern Sie werden die Dose aus Erfahrung etwas höher anvisieren.

Der Grund: Sie wissen, dass auf den Minigolfball (den Luftwiderstand können wir hier vernachlässigen) immer die Schwerkraft der Erde einwirkt und dadurch von der theoretisch geraden Flugbahn abgelenkt wird.

Gleiches gilt in anderem Maßstab auch für ein Geschoss, das den Lauf der Waffe mit einer bestimmten v_0 verlassen hat und im Flug der natürlichen Schwerkraft ausgesetzt ist. Je länger die Flugbahn des Geschosses ist, desto deutlicher ist der Höhenverlust. Darum muss der Schütze bei einem Schuss auf ein Ziel auch immer die ungefähre Entfernung ermitteln, um die Visiereinrichtung entsprechend zu justieren.

Die Ballistik gliedert sich in die Bereiche Innenballistik, Abgangsballistik, Außenballistik und Zielballistik.

Gegenstand der **Innenballistik** sind die **Vorgänge im Lauf** einer Waffe nach Betätigung des Abzugs, zum Beispiel der Gasdruckverlauf.

Die **Abgangsballistik** oder **Mündungsballistik** befasst sich mit den **Vorgängen im Bereich der Laufmündung** – ein interessantes Gebiet, das im Rahmen der grundlegenden Ausbildung allerdings meist nicht behandelt wird und darum auch hier übergangen wird.

Die **Außenballistik** beschreibt die Vorgänge **während des Fluges** am Projektil.

Die **Zielballistik** beschreibt die **Wirkung des Geschosses im Ziel** sowie die Vorgänge am Projektil selbst.

Für Ihre Sachkundeprüfung müssen Sie Grundkenntnisse der Innen- und Außenballistik nachweisen, ebenso der Zielballistik – Stichwort Trefferwirkung. **Insbesondere die Gefahrenbereiche der gängigsten Waffen- und Munitionstypen müssen Sie sich einprägen.**

Bei den nun folgenden Beschreibungen sollen Sie verstehen, welche grundsätzlichen Vorgänge ablaufen werden, wenn Sie die Waffe auf ein Ziel richten und den Abzug Ihrer Waffe betätigen. Dieses Verstehen dient auch Ihrer Sicherheit – schließlich kann man mit einer Maschine sicherer umgehen, wenn man ihre Arbeitsweise kennt. Und letztendlich ist auch eine Schusswaffe nur eine Maschine.

10.2 Innenballistik

Das Geschoss, das Sie aus Ihrer Waffe verschießen wollen, muss dem Kaliber der Waffe entsprechen. So simpel dies klingt, so grundlegend ist diese Aussage. Denn alle Vorgänge rund um die Abgabe des scharfen Schusses beruhen auf dem exakten Zusammenwirken verschiedener, sehr genau gearbeiteter Bauteile.

Das Geschoss ist heute meist Teil der Patrone und steckt fest in der Hülse. Die Kraft, die erforderlich ist, um das Geschoss aus der Hülse zu ziehen, ist je nach Patronensorte verschieden, aber sollte pro Sorte immer annähernd gleich sein. Sie wird **Ausziehkraft** genannt.

Wenn das Pulver, das in der Hülse vor dem Anzündhütchen liegt, gezündet wird, baut sich in der Hülse ein enormer Gasdruck auf. Das aus dem Pulver entstehende Gas will sich auszudehnen und wählt, wie immer in der Natur, den einfachsten Weg – es breitet sich dorthin aus, wo das einengende Material nachgibt. Und das ist in diesem Fall der Boden des Geschosses. Von dem sich ausdehnenden Gas angetrieben, wird das Geschoss aus der Hülse in den **Lauf** gedrückt und so der Raum zwischen Hülsenboden und Geschossboden kontinuierlich größer.

Vier Bedingungen sind also Voraussetzung für die Abgabe eines Schusses:

1. Der **Lauf**, der aus einem **ausreichend festen Material** besteht.

2. Der **Verschluss**, der dem Druck im Patronenlager widersteht.

3. Das **Geschoss** – ein Körper, der groß genug ist, um den Lauf nach vorn abzudichten, aber gleichzeitig klein genug, um noch durch den Lauf getrieben werden zu können.

4. Der **Gasdruck** – erzeugt durch Umsetzung der Treibladung.

Die Punkte 1 bis 3 sind unabdingbar für die Funktionsfähigkeit einer Schusswaffe. Gäbe das Material von Lauf oder Verschluss nach, wäre eine Waffensprengung mit erheblichen Verletzungen für die Umstehenden die Folge. Wäre das Geschoss zu klein oder auch zu weich, könnte der Druck ungehindert und nutzlos nach vorn durch den Lauf entweichen.

Der **Gasdruck** im Lauf ist **nicht konstant**. Zwei Faktoren beeinflussen ihn – zum einen der **zeitliche Verlauf**, da das Pulver erst allmählich umgesetzt wird („Umsetzung" könnte auch als „Verbrennung" beschrieben werden), zum anderen der sich **vergrößernde Raum**, der sich aus der Vorwärtsbewegung des Geschossbodens durch den Lauf ergibt.

Maximale Gasdrücke gängiger Kaliber für Kurz- und Langwaffen:

.22 lfB.	2.050 bar	.223 Rem.	4.300 bar
9 mm x 19	2.350 bar	.300 Win. Mag.	4.300 bar
10 mm Auto	2.300 bar	.300 Lapua Mag.	4.700 bar
.32 ACP	1.600 bar	.30-06 Springfield	4.050 bar
.357 Mag.	3.000 bar	.308 Win.	4.150 bar
.357 SIG	3.050 bar	8 x 57 IS	3.900 bar
.38 Spec.	1.500 bar	8 mm Rem. Mag.	4.600 bar
.40 S&W	2.250 bar	9,3 x 64	4.400 bar
.44 Rem. Mag.	2.800 bar	9,3 x 72 R	2.000 bar
.45 ACP	1.300 bar	cal. 12/70 (Schrot)	740 bar
.454 Casull	3.900 bar	cal. 20/70 (Schrot)	830 bar

Das Ideal des geschlossenen Raumes zwischen Geschoss und Hülsenboden wird beim Revolver konstruktionsbedingt nicht erreicht. Um die Drehung der Trommel zu ermöglichen, befindet sich zwischen Lauf und Trommel der meisten Revolver ein schmaler Spalt, der „**Trommelspalt**". Die

Spaltbreite liegt bei hochwertigen, in engen Toleranzen hergestellten Waffen zwischen 0,1 und 0,25 mm. Hält man einen Revolver seitlich gegen das Licht, ist der Spalt mit bloßem Auge oft nicht zu sehen. Mit der Zeit kann sich die Spaltbreite allerdings vergrößern und damit der Druckverlust, der bei Abgabe eines Schusses auftritt. Denn hat das Geschoss die Trommel verlassen und den Trommelspalt überwunden, kann der Gasdruck den „bequemeren Weg" wählen und, statt das Geschoss durch den Lauf zu treiben, durch den Trommelspalt entweichen. Der Energieverlust beläuft sich auf bis zu 20 Prozent im Vergleich zu Pistolenläufen. Dieser Wert steigt mit zunehmender Spaltbreite – regelmäßiges Überprüfen durch einen Büchsenmacher ist daher bei Waffen mit hohen Schussleistungen angeraten.

Grundsätzlich sind zu unterscheiden **glatte** und **nicht-glatte Läufe**, letztere unterteilen sich in **gezogene Läufe** und **Polygonläufe**. Den optisch erkennbaren Unterschied zwischen diesen nicht-glatten Läufen zeigen die folgenden Beispiele (links gezogen, rechts polygonal) einer HK USP.

Wenn es sich um einen **gezogenen Lauf** handelt, ist die Laufinnenseite nicht glatt, sondern enthält **Felder** und **Züge** (daher der Begriff „gezogen"). Sie werden durch Hämmern, Drücken oder Ziehen (spanabhebend) hergestellt. Die Felder sind gegenüber den Zügen erhaben und so bemessen, dass das Geschoss nicht ohne weiteres durch den Lauf gleiten kann – es muss hindurchgepresst werden, weil der **Feld-Durchmesser** des Laufes geringer ist als der Querdurchmesser des Geschosses. Den Zusammenhang verdeutlicht nachstehende Grafik (Erläuterung auf der folgenden Seite).

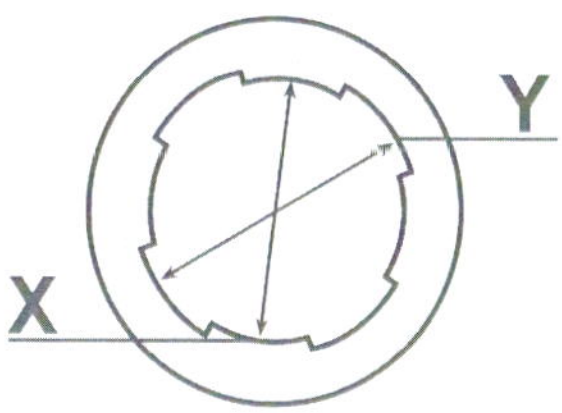

Die Grafik zeigt den Querschnitt eines gezogenen Laufes mit **vier Zügen**. Der Abstand zwischen zwei gegenüberliegenden Zügen wird **Zugdurchmesser (Y)** genannt, jener zwischen gegenüberliegenden Feldern **Felddurchmesser (X)**. Die Dimensionen der Züge und Felder sind hier nicht maßstabsgetreu wiedergegeben, um das Prinzip zu verdeutlichen. Der Unterschied liegt zwischen 0,05 und 0,25 mm.

Ein gezogener Lauf im Kal. 9 mm x 19 kann diese Daten aufweisen:

Zugdurchmesser: 9,02 mm

Felddurchmesser: 8,82 mm

Der **Geschossquerdurchmesser** liegt zwischen diesen beiden Werten, in diesem Falle sind es 9,0 mm. Um zu erfassen, was nun geschehen muss, um das Geschoss durch den eigentlich zu engen Lauf zu bringen (schließlich ist der Felddurchmesser kleiner als der Geschossquerdurchmesser), müssen wir unsere Phantasie bemühen.

Stellen Sie sich vor, Sie haben einen Klumpen Knetmasse in der Hand. Sie formen ihn zu einer Kugel, die einen Durchmesser von 50 mm hat. Wenn Sie jetzt versuchen, diese Knetkugel in ein Metallrohr mit nur 45 mm Durchmesser zu schieben, müssen Sie die Knetkugel mit dem Daumen hineindrücken, also Druck auf die Kugel ausüben, um die Kugel zu verformen.

Im Prinzip geschieht mit dem Geschoss das Gleiche. Der Gasdruck presst das Geschoss in den etwas zu engen Lauf. Die Unterschiede der Durchmesser sind minimal, aber sie reichen aus, um das Geschoss etwas an die Züge und Felder im Lauf anzupassen. Der Druck treibt nun das Geschoss durch den Lauf, und die Felder, die sich in einer gestreckten Spiralform durch den Lauf ziehen, zwingen das Geschoss, um die eigene Achse zu rotieren.

Die Strecke, in deren Verlauf ein Geschoss durch Züge und Felder einmal um sich selbst gedreht wird, nennt man **Drall-Länge,** die Bewegung selbst den **Drall**.

Wird die Patrone gezündet, wird das Geschoss aus der Patronenhülse herausgetrieben, allerdings noch ohne Rotation, denn erst durch den Kontakt mit den Zügen des Laufes erhält das Geschoss die für den Drall notwendige Energie.

Vor der Hülsenöffnung befindet sich der **Übergangskegel** (Übergangskonus), hier mit „ÜK" bezeichnet. Er ist Teil des Laufes und der sich verjüngende Übergang zwischen Patronenlager und gezogenem Teil des Laufes.

Das Geschoss ist in den Hülsenmund eingesetzt. Die **Einsetztiefe** (ET) ist die Strecke, auf der sich das Geschoss nach Zündung der Patrone mit Kontakt zur Hülse nach vorn bewegt.

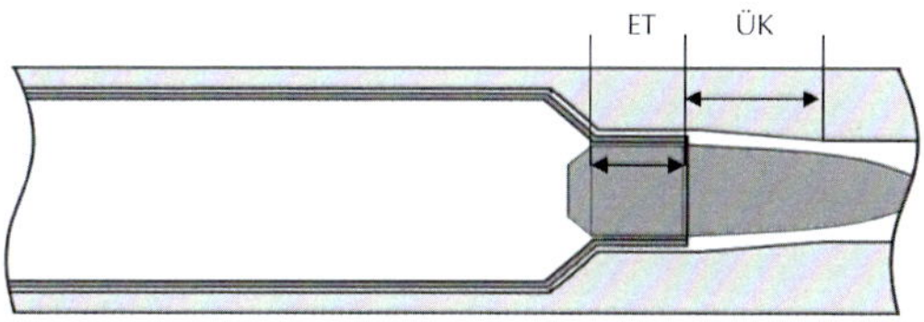

Die Strecke, die das Geschoss bis zum ersten Kontakt mit den Zügen zurücklegt, der das Geschoss zu einer Drehung um die Achse seiner Bewegungsrichtung zwingt, ist der **rotationslose Geschossweg**. Der **Freiflug** beginnt, sobald das Geschoss nicht mehr durch die Patronenhülse geführt wird. Sobald das Geschoss die Züge berührt, ist der Freiflug beendet.

Wenn das Geschoss schließlich den Lauf verlassen hat, hat es nicht nur Bewegungsenergie gespeichert, die es geradeaus fliegen lässt, sondern rotiert auch um die eigene Achse. Denken Sie nun wieder an die Ballistik – neben der eigenen Bewegungsenergie und der Eigenrotation wirkt auch die Schwerkraft auf das Geschoss.

Die **Rotation** stabilisiert die Flugbahn des Geschosses und verhindert ein Überschlagen, wenn das Geschoss ausreichend lang ist. Ohne Rotation wäre kein gezielter Schuss über weite Entfernungen möglich.

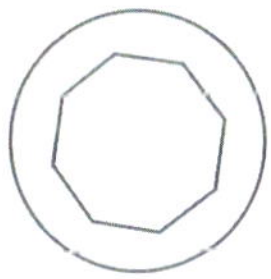

Eine andere Art des nicht-glatten Laufes ist der **Polygonlauf**. Für Drall und Drall-Länge gelten die Aussagen für den gezogenen Lauf. Das Geschoss wird allerdings nicht durch Feldkanten, sondern Führungsbänder zur Drehung gezwungen, wobei weniger Gasdruck nach vorn entweicht. Dadurch steigt aber auch der Gasdruck bei einigen Kalibern im Vergleich zum konventionellen Zug-Feld-Profil, ebenso die Mündungsgeschwindigkeit.

Polygonläufe sind haltbarer, ihre Sprengsicherheit ist größer und sie sind leichter zu reinigen. Geschosse, die aus einem Polygonlauf verschossen wurden, weisen keine Riefen auf (Hinweis auf Lauf mit Zügen und Feldern), sondern regelmäßige Abflachungen. **Waffenrechtlich** zählen Polygonläufe zu den **gezogenen Läufen**.

Der **glatte Lauf** ist im Prinzip nur ein Rohr, das einem Geschoss oder, im Falle einer Schrotgarbe, mehreren Geschossen zugleich eine gewisse Führung gibt. Da **keine Züge oder Felder** vorhanden sind, erhält ein sich im Lauf nach vorn bewegendes Geschoss keinen Drall – es wird aus dem Lauf herausgestoßen und verfügt nur über Bewegungsenergie in Laufrichtung.

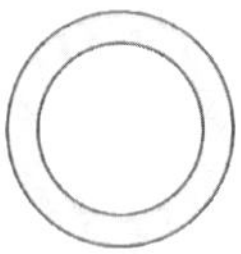

Glatte Läufe werden zum Verschießen von Schroten oder Flintenlaufgeschossen verwendet. Um die Streuung der Schrotgarbe einzuschränken, können **Chokes** (Würgebohrungen) als wechselbare Einsätze in den Lauf eingeführt werden – sie engen den Lauf ein und verändern so das Trefferbild. Ein Lauf kann mit einem festen Choke versehen sein.

Auch das Auslösen des Schusses zählt zur Innenballistik. Hier ist insbesondere der Begriff der **Kadenz** bei vollautomatischen Waffen zu nennen – er gibt die **Feuergeschwindigkeit** in **Schuss pro Minute** an.

10.3 Außenballistik

Die Außenballistik beschreibt die Vorgänge am Projektil während des freien Fluges. Der Moment, in dem das Geschoss den Lauf verlässt, ist der Übergang von der Innen- zur Außenballistik. Das Geschoss hat eine Masse m (Maßeinheit: Kilogramm, kg), aus der sich in Verbindung mit der Geschwindigkeit v (Maßeinheit: Meter pro Sekunde, m/s) die Energie E (Maßeinheit: Joule, J) des Geschosses errechnen lässt. E und v können um Angaben zur Entfernung des Messpunkts von der Laufmündung ergänzt werden.

Die **Mündungsgeschwindigkeit** wird als $\mathbf{v_0}$ (in „Meter pro Sekunde“, m/s) und die **Mündungsenergie** als $\mathbf{E_0}$ (angegeben in „Joule“, J) bezeichnet. Um die Geschwindigkeit oder Energie nach einer bestimmten Flugstrecke anzugeben, gibt die nachgesetzte Zahl an, in welcher Entfernung (in Metern) von der Laufmündung die Messung erfolgt (zB E_{100} für Energie nach **100** m).

Gängige Kurzwaffenkaliber erreichen in der Regel Mündungsgeschwindigkeiten von 280 bis 400 m/s, mittlere Büchsenkaliber (Großkaliber-Langwaffen) dagegen 700 bis 1000 m/s.

Die **kinetische Energie** E ist das Produkt aus der halben Masse und dem Quadrat der Geschwindigkeit, mathematisch ausgedrückt:

$$\mathbf{E = \tfrac{1}{2} \cdot m \cdot v^2}$$

Die Energie nimmt mit dem Quadrat der Geschwindigkeit zu. Verdoppelt sich also die Geschwindigkeit, vervierfacht sich gleichzeitig die Energie.

Eine **Beispielrechnung** für eine Patrone 9 mm x 19 mit einem Geschossgewicht von **8 g** und einer Mündungsgeschwindigkeit von **360 Metern pro Sekunde**. Als Quadrat der Geschwindigkeit ergibt sich der Wert „129600“. Wichtig für die Berechnung: Die **Masse** wird **in Kilogramm** gerechnet – folglich wird nicht mit 8 g, sondern mit 0,008 kg gerechnet. Es ergibt sich (und rechnen Sie es zur Übung einmal mit Taschenrechner oder App nach):

$$\mathbf{0{,}5 * 0{,}008\ kg * 129600\ m^2/s^2 = 518{,}4\ J}$$

Wind und Regen, sogar Fluginsekten können die Flugbahn beeinflussen. Wie sich ein Kontakt auf die Flugbahn auswirkt, ist abhängig von Geschossmasse und Geschwindigkeit, aber auch von dem berührten Objekt.

Während des Fluges wirkt die Erdanziehungskraft auf das Geschoss. Das Geschoss beschreibt auf seiner Flugbahn eine **ungleichförmige Kurve**, die mit zunehmender Entfernung von der Mündung immer steiler abfällt.

(Höchst-) **Reichweite** ist die Distanz von der Laufmündung bis zum weitest erreichbaren Punkt, dem Auftreffpunkt bei perfektem Abschusswinkel. Der Begriff **Rasanz** beschreibt die Krümmung der Schussbahn. Je geringer die Flugbahn gekrümmt ist, desto besser ist die Rasanz eines Geschosses.

Im Flug taumelt die Spitze des rotierenden Geschosses um dessen Schwerpunkt, genauer um die theoretische Flugbahn. Das Ausmaß dieses Taumelns beschreibt die **Präzession**.

Bei einer erheblichen Änderung der Zielentfernung ist die Visierung neu einzustellen. Bei einem Wechsel von 25 auf 50 Meter ist das meist nicht nötig - es ist allerdings zu beachten, dass sich, bei Waffen mit einem großen Abstand zwischen Kornspitze und Laufseele, die **Visierlinie** der Waffe und die **Fluglinie** des Geschosses, die bei kurzen Distanzen und hohen Geschwindigkeiten nahezu gerade ist, zwischen Mündung und Ziel zweimal kreuzen können. Die Grafik überzeichnet den Effekt – der Kreuzungspunkt der Linien ist die ideale Entfernung zum Ziel, somit die **Einschussentfernung**; liegt das Ziel weiter entfernt, kann ein Hochschuss die Folge sein.

Ist eine Waffe auf 25 m „Fleck eingeschossen" (Fleckschussweite), etwa bei Benutzung eines Leuchtpunktvisiers, würde bei 50 m der rote Punkt deutlich unter dem tatsächlichen Treffpunkt leuchten. Hier müsste entweder bei längerfristiger Änderung der Schussdistanz die Waffe neu eingeschossen werden oder durch Probeschüsse ein neuer Haltepunkt ermittelt werden.

10.4 Zielballistik

Wenn das Geschoss auf das Ziel trifft, wandelt sich die Bewegungsenergie in die sogenannte „**Auftreffenergie**" um – allerdings nur rechnerisch. Auf dem Flug hat das Geschoss Bewegungsenergie verloren, und zwar durch den Luftwiderstand. Wie viel Energie an den getroffenen Körper abgegeben wird, hängt von der **Deformation des Geschosses** ab. Vollmantelgeschosse geben kaum Energie an den Körper ab, sie gehen oftmals unverändert und nur leicht abgebremst durch ihn hindurch, können sich aber nach einer kurzen Strecke innerhalb des Zielkörpers überschlagen. Anders Deformations- oder Ganzbleigeschosse – sie verformen sich (wofür auch ein Teil der Energie verbraucht wird) und geben durch die größere Oberfläche oder Splitter mehr Energie an den Zielkörper ab. Machen Sie doch einfach in Gedanken folgenden Versuch: Sie springen vom 3-Meter-Brett ins Schwimmbecken – mit den Händen nach vorn und „stromlinienförmig gestreckt" tauchen sie schmerzfrei und ohne größere Fontäne ins Becken. Bei einem „Bauchklatscher" haben Sie mehr Oberfläche, es wird sicherlich kein Vergnügen und die Fontäne wird kolossal sein.

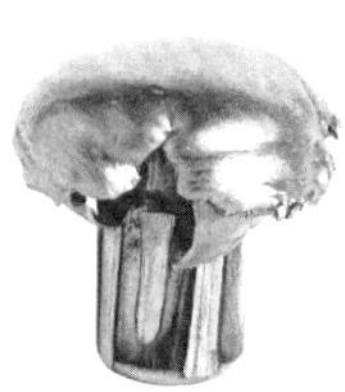

Je nach Verformung des Geschosses beim Aufprall wird ein bestimmtes Maß an Wirkung erzielt – in diesem Zusammenhang wird von der ***Aufhaltekraft*** oder auch ***Mannstopwirkung*** gesprochen. Mit Hilfe der **Hatcher-Formel**, entwickelt von dem Ballistik-Experten und US-Offizier Julian Hatcher 1934, kann die Mannstopwirkung berechnet werden, um Geschossarten rechnerisch einfacher vergleichen zu können.

Grundsätzlich gilt: Je mehr Energie ein Geschoss hat und je mehr Energie es an das Ziel abgeben kann, desto größer ist die Aufhaltekraft.

Unterschieden werden Mantelgeschosse (Vollmantel, Teilmantel) und Vollgeschosse wie Ganzbleigeschosse oder Solids (zB aus Kupfer).

Die Stufen des sogenannten „**Aufpilzens**" im getroffenen Körper zeigt die nachstehende Bildfolge.

Deformationsstadien eines Projektils (Jagdgeschoss „RWS Evolution")

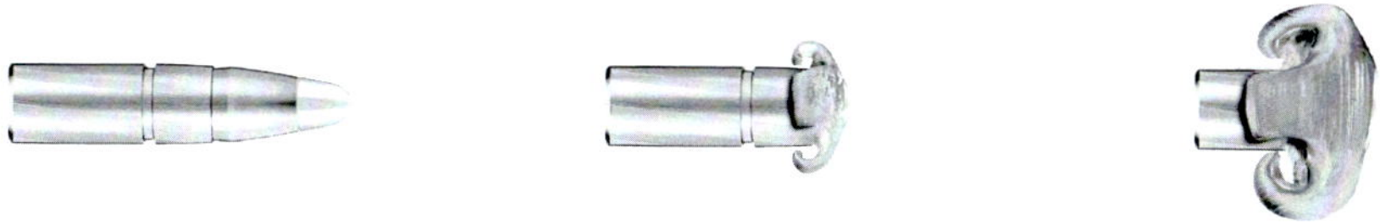

Für die Berechnung der Auftreffenergie gilt die Formel aus dem Kapitel zur Außenballistik auf Seite 248.

Hier sehen Sie in der direkten Gegenüberstellung zwei Geschosse gleichen Kalibers, die ein Ziel getroffen haben, sogenannte „**Restkörper**", links Teilmantel, rechts Vollmantel – gleiches Kaliber, aber deutlich unterschiedliche Deformation und Energieabgabe.

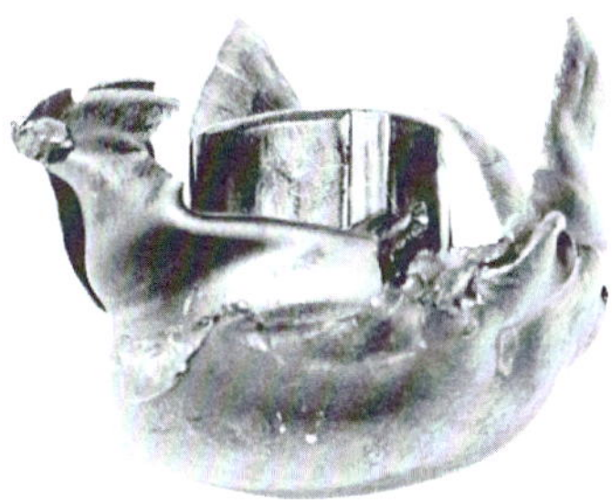

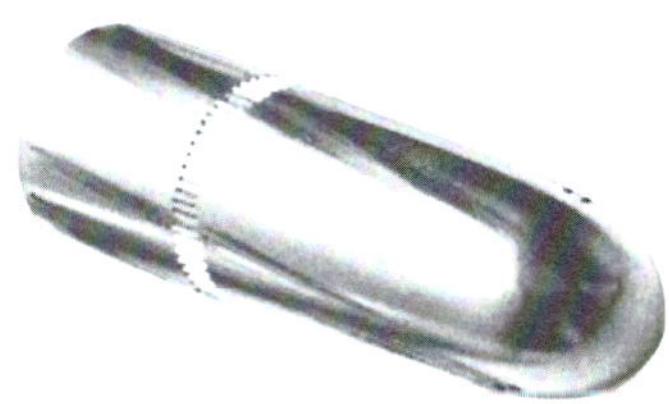

10.5 Gefahrenbereich

Geschosse in Bewegung sind gefährlich. Daraus leitet sich die Grundregel für den **Gefahrenbereich** ab, die Sie immer beherzigen sollten: Die höchste Reichweite einer Waffe oder die Flugweite eines Geschosses ist immer der Gefahrenbereich.

Die größten Schussweiten (**Maximalschussweiten**) werden bei einem Abschusswinkel um 30 Grad erzielt. In der Praxis wird man diese Distanz selten erreichen, doch um jede Gefährdung auszuschließen, müssen Sie immer von der maximal möglichen **Reichweite** ausgehen. Aus Gründen der Vereinfachung sind in der Tabelle die Maximalschussweiten auf volle 500-m-Schritte (Langwaffen: 1000-m-Schritte) aufgerundet worden.

Hinweis: Die im Fragenkatalog des BVA angegebenen Daten, die Gegenstand der Prüfung sein können, sind in der zweiten Spalte angegeben.

Kaliber	***BVA-Katalog***	**Maximalschussweite und Gefahrenbereich**			
„Luftgewehr“ 7,5 J		175 m			
4 mm M20	300 m	500 m			
.22 kurz		1.000 m			
.32 S&W long NP	1.200 m		1.500 m		
.22 lfB/lr	1.500 m		1.500 m		
7,65 mm			1.500 m		
.38 Spec.	1.500 m		1.500 m		
9 mm Luger	2.000 m			2.000 m	
.357 Mag.				2.000 m	
.44 Rem. Mag.	2.000 m			2.000 m	
.45 ACP				2.000 m	
.223 Rem.	4.300 m				5.000 m
.300 Win. Mag.	5.000 m				5.000 m
.308 Win.	5.000 m				5.000 m

Als Gefahrenbereich von **Schrotpatronen** gilt **in Schussrichtung** das Hundertfache des Millimeter-Durchmessers der Einzelschrotkugeln in Metern – für 4-mm-Jagdschrote ergibt sich etwa ein Gefahrenbereich von 400 m.

Zu beachten ist dabei auch die **Breitenstreuung** der Schrote, da hier, anders als beim Kugelschuss, nicht nur die Flugbahn eines Geschosses, sondern der von den Schrotkörnern einer Garbe durchflogene trichterförmige Bereich ebenfalls Gefahrenbereich ist. Die nachfolgenden Werte verdeutlichen lediglich den Einfluss der Schrotgröße auf die Breitenstreuung – die Art des verwendeten Chokes ist ein weitere wichtiger Einflussfaktor.

Distanz	**Schrotgröße 2,5 mm**	**Schrotgröße 3,5 mm**
40 m	4 m	3 m
80 m	11 m	8 m
150 m	46 m	35 m

Als **Schützenstreuung** bezeichnet man dagegen die **Streuung**, die durch den Schützen selbst erzeugt wird – der Begriff beschreibt die **Abweichung einer Reihe von Treffern zueinander bei gleichem Haltepunkt**.

Flintenlaufgeschosse, die aus **glatten Läufen** verschossen werden, haben durch ein anderes Verhältnis von Masse und Oberfläche eine deutlich höhere Maximalschussweite als Schrote - sie liegt bei 1.200 m. Aus **gezogenen Läufen** verschossen erhöht sich dieser Wert aufgrund der Stabilisierung durch die wirksame Eigenrotation, den Drall, deutlich.

11 Seenotsignalmittel

11.1 Rechtliche Grundlagen

Signalpistolen, landläufig auch als *Leuchtpistolen* bezeichnet, unterliegen dem Waffengesetz. Sie sind als tragbare Gegenstände den Schusswaffen mindestens gleichgestellt (§ 1 Abs. 2 Nr. 1 zweite Alternative WaffG), weil sie zum Verschießen von pyrotechnischer Munition zur Signalgebung oder zum Sport bestimmt sind. Wird bei ihrer Verwendung ein Geschoss durch einen Lauf getrieben, sind Signalwaffen gemäß Definition in Anlage 1 A1 UA1 Nr. 1.1 WaffG sogar Schusswaffen im Sinne des WaffG.

Das **Bedürfnis** nach § 8 WaffG für **Bootsführer** zum Erwerb einer Signalpistole setzt voraus, dass eine **besondere Gefährdungslage** glaubhaft gemacht wird, der nicht allein durch erlaubnisfreie Signalmittel begegnet werden kann. Auch für Boote, die nach ihrer Bauart nur für Fahrten in küstennahen Gewässern und Binnengewässern ausgelegt sind, ist das gegeben – denn durch Wetterwechsel oder starke Strömungen kann schnell ein Notfall eintreten, der Leib und Leben der Bootsinsassen gefährdet.[112] Ein Bedürfnis ist dagegen nicht gegeben beim **Charterer** eines seegehenden Schiffes, wenn der **Schiffseigner** eine Signalpistole für die Reise zur Verfügung stellt.[113]

Der Begriff **„pyrotechnische Seenotsignale"** bezeichnet Seenotsignale, die mit Hilfe **explosionsgefährlicher Stoffe** ausgelöst werden. Als **explosionsgefährlich** gelten solche festen oder flüssigen Stoffe oder Zubereitungen, die durch eine **nicht außergewöhnliche Einwirkung** von außen, etwa durch Temperatur und Druck, zur Explosion gebracht werden können.

Pyrotechnische Munition enthält explosionsgefährliche Stoffe oder Stoffgemische, die einen Licht-, Schall-, Rauch- oder ähnlichen Effekt erzeugen und keine zweckbestimmte Durchschlagskraft im Ziel entfalten. Sie unterliegt dem **Sprengstoffgesetz** und darf nicht in **öffentlichen Verkehrsmitteln** befördert werden. **Waffenrechtlich** handelt es sich bei pyrotechnischer Patronenmunition im Sinne des WaffG um Munition[114], deren Erwerb unter Erlaubnisvorbehalt steht (Munitionserwerbserlaubnis notwendig) – ausgenommen davon ist pyrotechnische Munition der Klasse **PM I**, nicht aber der Klasse **PM II**.[115] Die **Klasseneinteilung** erfolgt nach Anlage I Nr. 5.2 BeschussV.

Der **Einsatz** pyrotechnischer Notsignale ist **nur im Notfall** erlaubt. Eine Verwendung als Feuerwerk ist dagegen verboten und wird streng bestraft, da Dritte bei Sichtung des Notsignals davon ausgehen müssen, dass Menschen in Not sind, also Gefahr für Leib und Leben besteht und

Rettungsmaßnahmen eingeleitet werden müssen. Als Notfall gilt allerdings auch eine konkrete Gefahr für bedeutende Sachwerte.

Zulässig für die pyrotechnische Signalgebung sind **Signalwaffen** im **Kaliber 4** sowie **SRS-Waffen**, die das **PTB-Zeichen** oder eine gleichwertige Kennzeichnung tragen. Gleiches gilt für die verwendete Munition. Ebenfalls zulässig sind **andere Notsignale**, die eine Zulassung der **BAM** (Bundesanstalt für Materialforschung und –prüfung) erhalten haben. Im Notfall dürfen gemäß § 34 StGB die erforderlichen Mittel eingesetzt werden, durch die Menschen aus konkreter Gefahr für Leib und Leben gerettet werden können.

Sofern es sich um Schreckschuss-, Reizstoff- und Signal- (SRS-) Waffen oder Signalgeräte **mit Zulassungszeichen „PTB im Kreis"** handelt, gilt für Waffe und Munition lediglich das Alterserfordernis von 18 Jahren für Erwerb und Besitz. Für das Führen ist der „Kleine Waffenschein" erforderlich. Für die sichere Verwahrung ist ein Schutz gegen einfache Wegnahme ausreichend.

Signalwaffen und Geräte **ohne das erforderliche Zulassungszeichen** unterliegen den Vorschriften des WaffG in der Regel wie Kurzwaffen. Grundsätzlich gilt, dass für Erwerb und Besitz dieser Gegenstände eine WBK und für das Führen ein Waffenschein erforderlich sind.

Die **Vorschriften zur Aufbewahrung und zum Transport** der Signalwaffe **entsprechen den gesetzlichen Forderungen für Schusswaffen** (mind. WG 0, bei Altbesitz Stufe B), **gleiches gilt für die Munition**. Für die **vorübergehende Lagerung** an Bord ist allerdings in der Regel auch der „**Hamburger Kasten**" zulässig. Diese Ausnahmeregelung wurde in Absprache zwischen der Hamburger Innenbehörde, der Landespolizei der Hansestadt und den Interessenverbänden entwickelt und wird derzeit von den Behörden der deutschen Küstenländer als sichere Aufbewahrung im Sinne des § 36 akzeptiert. Für die **vorübergehende Aufbewahrung** einer erlaubnispflichtigen Signalpistole **an Bord** einer See gehenden Segel- oder Motoryacht ist ein **nicht zertifiziertes Behältnis** als **ausreichend für die Aufbewahrung** anzuerkennen, wenn es die nachstehenden Anforderungen erfüllt:

- Behältnis aus **Stahlblech**, möglichst rostfrei, gearbeitet
- **Stahlblech-Tür** oder -**Klappe** mit einer **Stärke von mindestens 4 mm**
- **Verankerung** des Behältnisses mit dem Aufbau des Schiffes
- Behältnis **verschließbar** (elektronisch codiertes Zahlenschloss, Zahlenschloss oder Riegelschloss).

Während der Fahrt müssen Signalmittel für jeden an Bord erreichbar sein – so ist im Notfall jedem eine Alarmierung von Rettungskräften möglich.

Der Bootsführer sollte vor dem Auslaufen die Mitfahrenden auf die Signalmittel hinweisen, dabei aber auch über die Gefahren des Missbrauchs aufklären – die Handhabung der Signalmittel sollte allen Personen an Bord bekannt sein. Die Signalmittel müssen trotz erleichterter Zugriffsmöglichkeit vor dem Einfluss von **Hitze oder Feuchtigkeit geschützt** werden, beispielsweise in einem geeigneten Behältnis, etwa einer weithalsigen Tonne.

Ausnahmen von der Waffenscheinpflicht gelten für das Führen der Leucht- und Signalpistole beim Bergsteigen, als **verantwortlicher Führer eines Wasserfahrzeuges auf dem Fahrzeug** oder bei Not- und Rettungsübungen (§ 12 Abs. 3 Nr. 4 WaffG) oder als Signalgeber bei Sportveranstaltungen (§ 12 Abs. 3 Nr. 5 WaffG). Für das Schießen ist eine Erlaubnis notwendig, es sei denn, es handelt sich um einen Notfall, eine Übung einer anerkannten Rettungsorganisation oder den Einsatz bei einer Sportveranstaltung, bei der optische oder akustische Signalgebung erforderlich ist und der „Starter" durch den Veranstalter oder Sportverband als zuverlässig eingestuft wird.

11.2 Technische Grundlagen

An Bord werden in der Regel **Signalraketen**, **Fallschirmsignalraketen**, **Handfackeln** oder **Leuchtsignale** verwendet. **Rauchsignale** kommen nur am Tag zum Einsatz und in der Regel dann, wenn Hilfe gesichtet worden ist.

Leucht- oder Rauchsignale in der **Farbe rot** sind der Verwendung als **Notsignal** vorbehalten. Die aus sogenannten „Leuchtpistolen" verschossenen pyrotechnischen Sätze („**Leuchtkugeln**") im Kaliber 4, dem gängigsten Kaliber (ca. 26,5 mm), steigen auf Höhen um 100 m, die Leuchtdauer liegt bei 7 s (Sekunden). Zur Verlängerung der Schwebezeit können die Leuchtsätze mit **Fallschirmen** ausgerüstet sein, die Leuchtzeit liegt bei bis zu 20 s, die Sinkgeschwindigkeit bei 5 m/s. Je nach Ausrüstung der Patrone sind größere Steighöhen ebenso möglich wie längere Leuchtzeiten. **Signalraketen** steigen bis auf 300 m bei einer Brenndauer bis zu 30 s.

Die **Sichtweite** von Fallschirmsignalpatronen und –raketen bei Tag wird mit 4 sm (Seemeilen) angegeben, bei Nacht sind es 20 sm.

In der Patrone wird nach dem Zünden der Ausstoßladung das Zünden des Leuchtsatzes zeitlich verzögert – so kann der Leuchtkörper den Lauf der Pistole verlassen und aufsteigen, bevor der Leuchtsatz zündet.

Handfackeln zünden erst mit Verzögerung – das dient der Sicherheit des Anwenders. Sie haben eine Sichtweite von 2,5 sm am Tage und 12,5 sm bei Nacht, die Leuchtdauer liegt bei 60 s.

11.3 Handhabung der Signalpistole

Die **Schussabgabe** muss über Kopfhöhe senkrecht nach oben erfolgen. Dabei sind Windrichtung und -stärke ebenso zu beachten wie Personen oder entflammbare Objekte im Gefahrenbereich. Das Schussfeld muss frei sein.

Signalpistole öffnen mit **abwärts gerichtetem** Lauf (1) – Lauf **auf Hindernis prüfen**. Der **Finger** liegt **nicht am Abzug**! Nach dem Einführen der Patrone (2) die Waffe schließen (3) und **über Kopfhöhe** heben (4). Schlaghebel (Hahn) mit dem Daumen der zweiten Hand spannen (5). Die Schussabgabe erfolgt über Kopf, erst jetzt legt sich der Finger an den Abzug (6).

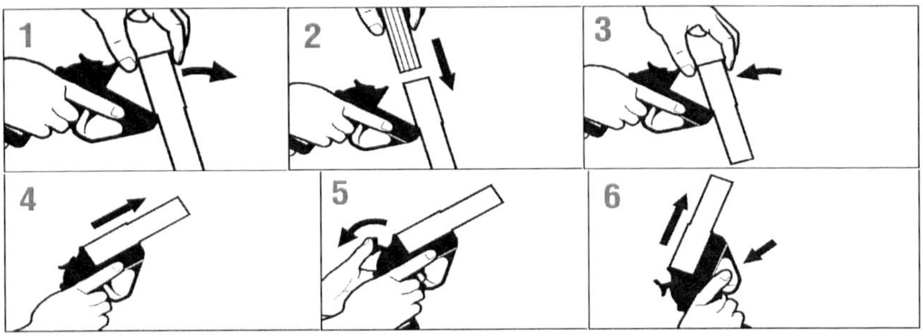

Im Falle eines wiederholten **Zündversagers** muss die Waffe in eine sichere Richtung gehalten werden, so dass ein plötzliches Zünden folgenlos wäre. Die Abzugshand betätigt den Öffnungsmechanismus der Pistole, während die freie Hand den Lauf umfasst, ohne die Mündung zu verschließen. Nun wird mit der Abzugshand die Pistole geöffnet – oft sorgt ein Ejektor für den Auswurf der Patrone. Der Lauf ist dabei so zu halten, dass sich nach Öffnung der Waffe weder vor dem Lauf noch in der entgegengesetzten Richtung Personen aufhalten, damit im Falle einer verzögerten Zündung niemand durch den nach vorn austretenden pyrotechnischen Satz verletzt wird oder durch die Hülse, die nun geschossartig die Waffe nach hinten verlässt.

Signalpatronen im Kaliber 4 sind, damit eine sichere Auswahl der Farben auch bei Dunkelheit erfolgen kann, am Patronenboden mit einer **Rändelung** versehen. **Rote Signalpatronen** haben eine **volle Rändelung** (untere Patrone), das heißt, der gesamte Rand des Patronenbodens ist gerändelt. **Weiße und gelbe Signalpatronen** (obere Patrone) haben eine **halbe Rändelung, grüne und Blitz-/Knallpatronen (braun) keine Rändelung**.

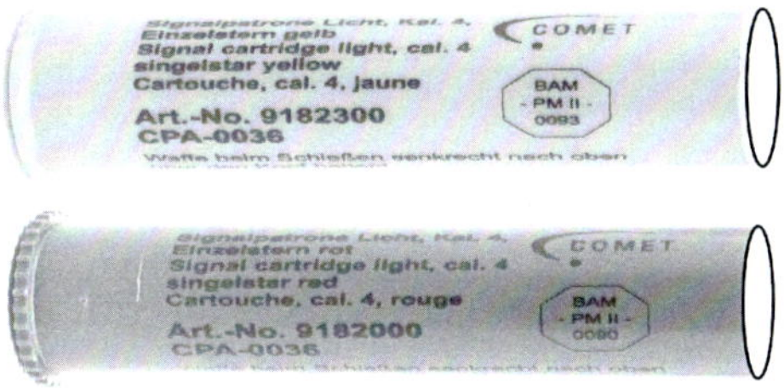

Abbildungen in diesem Kapitel mit freundlicher Unterstützung der Chemring Defence Germany GmbH, Bremerhaven (www.chemringdefence.com)

11.4 Lagerung der Munition

Pyrotechnische Munition hat auch bei sachgemäßer Lagerung nur eine **begrenzte Verbrauchsdauer** (in der Regel drei Jahre). Vorgeschrieben sind die Angabe des Verbrauchszeitraums auf dem Signalmittel sowie Hinweise zur Handhabung.

Die angegebene Verbrauchsdauer kann bei **unsachgemäßer Lagerung** deutlich unterschritten werden – Feuchtigkeit, Korrosion oder auch hohe Temperaturen sowie mechanische Beschädigungen können die Munition beschädigen oder unbrauchbar machen. In diesem Falle ist die Munition über eine fachkundige Stelle zu entsorgen – gleiches gilt für überlagerte Munition.

12 Sicherer Umgang mit Schusswaffen

12.1 Sicherheitsregeln

Beim Umgang mit Waffen und Munition dürfen Sie nie die Gefahren vergessen, die für Sie und andere entstehen, wenn allgemeine Regeln der Sicherheit missachtet werden. Diese allgemeinen Regeln „sind mit Blut geschrieben", beruhen also auf bereits gemachten Fehlern anderer.

Lesen Sie die nachfolgenden Hinweise aufmerksam – Sie werden bemerken, dass diese nachvollziehbaren Regeln leicht befolgt werden können.

1. Zielen Sie niemals mit einer Waffe auf einen Menschen, nur in Notwehr.

2. Gehen Sie immer davon aus, dass die Waffe geladen ist. Überzeugen Sie sich <u>selbst</u> vom Ladezustand, vertrauen Sie nicht auf Worte.

3. Waffen sind kein Spielzeug – sie gehören darum nicht in Kinderhände und dürfen auch nicht zum Spiel unter Erwachsenen verwendet werden.

4. Der Lauf der Waffe muss <u>immer in eine sichere Richtung</u> zeigen.

5. Der Finger gehört erst unmittelbar vor dem Schuss in den Abzugsbügel.

6. Beherrschen Sie Ihre Waffe – machen Sie sich mit Sicherung, Entspannvorrichtung und Verfahren zum sicheren Entladen vertraut.

7. Waffen dürfen nie unbeaufsichtigt sein – treffen Sie auch auf dem Schießstand Vorkehrungen für eine vorübergehende sichere Aufbewahrung.

8. Waffen dürfen nur in technisch einwandfreiem Zustand benutzt werden – eine regelmäßige Pflege der vielen beweglichen Teile mit hochwertigen Ölen beugt Ladehemmungen und Waffenstörungen vor. Prüfen Sie den Zustand mindestens durch eine Sichtprüfung vor dem Schießen, dazu gehört auch die Kontrolle, ob der Lauf frei ist.

9. Waffen und Alkohol passen nicht zusammen.

10. Beachten Sie immer die Anweisungen der Schießaufsicht.

Auf der Internetseite **www.busche-lernsystem.de** sind verschiedene Videos verfügbar, die den sicheren Umgang mit den unterschiedlichen Arten von Schusswaffen leicht nachvollziehbar vermitteln. Schriftliche Darstellungen des sicheren Umgangs und viele Lernhilfen enthält auch das „Ergänzungsheft Waffensachkunde" des Autors, das im Buchhandel erhältlich ist.

12.2 Sicherheit herstellen – Waffe entladen

Überzeugen Sie sich bei Übernahme **sofort selbst** vom Zustand nach dem folgenden Schema, das allgemein für den Umgang mit Schusswaffen gilt.

Sind Sie mit der Waffe nicht vertraut, lassen Sie sich die Waffe erklären und insbesondere die Sicherung und die Magazinlösung vorführen. Auch für einen „alten Hasen" ist es dabei keine Schande nachzufragen.

1. Der Lauf einer Schusswaffe darf **niemals auf einen Menschen** gerichtet sein, außer in einer Notwehrsituation – der Lauf ist insbesondere beim **Entladen** immer in **Richtung eines sicheren Geschossfanges** zu halten.

2. Der Abzugsfinger, in der Regel der Zeigefinger der Hand, die die Waffe hält, wird bewusst gestreckt und darf auf keinen Fall den Abzug berühren.

3. Aktivieren Sie die **Sicherung**, dann **entladen** Sie die Waffe! Ist mit aktivierter Sicherung kein Öffnen möglich (zB Colt 1911), erfolgt das Entladen ohne Sicherung.

Das sichere Entladen bei den verschiedenen Waffenarten und Abzugszuständen ist nachfolgend beschrieben.

3.1. Bei einer **halbautomatischen Pistole** oder **Langwaffe mit Wechselmagazin** wird zunächst das **Magazin entnommen** und danach der **Verschluss mehrfach zurückgezogen**, um eine eventuell im Patronenlager befindliche Patrone herauszuziehen. Danach ist durch einen **Blick in das Patronenlager und in den Verschlussweg** zu prüfen, dass sich keine Munition mehr in der Waffe befindet. Anschließend kann der Schlagbolzen entspannt werden, es sei denn, die Waffe soll mit offenem Verschluss abgelegt werden.

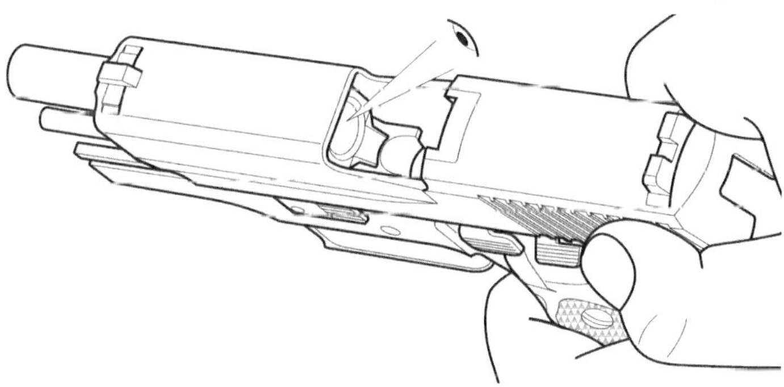

Eine Videosequenz mit der Darstellung der sicheren Überprüfung einer halbautomatischen Pistole bietet ein Lehrvideo, abrufbar durch Scan des QR-Codes oder unter https://www.e-busy.de/34501pis.mp4

3.2. Bei einem **Revolver mit entspanntem Hahn** ist die Trommel auszuschwenken, dann werden Patronen und Hülsen entnommen. Ist der **Hahn gespannt**, wird er mit einem, wenn erforderlich auch mit beiden Daumen gehalten und erst dann der Abzug betätigt. Sobald sich der Hahn bewegt, wird der Finger sofort vom Abzug entfernt und der Hahn langsam nach vorn geführt, die Trommel ausgeschwenkt und geleert.

3.3. Bei **Waffen mit fest eingebautem Magazin** ist der Patronenvorrat nach Aktivierung einer vorhandenen Sicherung durch Repetieren zu entfernen. Danach ist durch einen Blick in das Patronenlager und in den Verschlussweg zu prüfen, dass sich keine Munition mehr in der Waffe befindet. Anschließend kann der Schlagbolzen entspannt werden. Insbesondere in dunklen Umgebungen sollte dabei auch das Magazin durch leichtes Eindrücken und Fühlen mit dem Finger geprüft werden.

3.4. **Einzellader-Langwaffen** wie Jagdbüchsen, Doppelflinten oder Drillinge sind vor dem Öffnen der Waffe oder des Verschlusses zu **sichern**.

3.5. Hat die Waffe einen **Stecherabzug**, etwa einen **Deutschen Stecher** (erkennbar am Doppelzüngel bei einläufigen Jagdbüchsen) oder **Französischen Stecher** (Rückstecher, ein Abzug), und ist der Abzug eingestochen, wird die Waffe zunächst geöffnet, erst danach erfolgt das Entstechen. Das Öffnen einer Kipplaufwaffe wird als „brechen“ bezeichnet, darum lautet der eingängige Merksatz: „**Erst brechen, dann entstechen!**“ Um die Folgen einer ungewollten Schussauslösung zu mindern, ist bei einem Drilling mit eingestochenem Abzug vor dem Brechen auf Schrot umzustellen.

Wollen Sie die Waffe **auf dem Schießstand ablegen** oder der Schießaufsicht den Zustand der Waffe anzeigen, sollte der **Verschluss geöffnet** sein (bei Revolver die **Trommel ausgeschwenkt**). Je nach Wettkampf- oder Standordnung wird auch das Einlegen eines **Sicherheitsfähnchens** gefordert, um den sicheren Zustand der Waffe deutlich sichtbar zu machen.

Beim Umgang mit **Flinten** auf dem Schießstand, insbesondere auf Wurftaubenständen, ist die Waffe in geöffnetem Zustand („**gebrochen**“) in der dafür vorgesehenen Ablagevorrichtung aufzubewahren. **Repetierflinten** und **Halbautomaten** sind mit geöffnetem Verschluss abzustellen.

Die wichtigste Regel beim Umgang mit Schusswaffen: Bei Übernahme und Übergabe gilt die Waffe **immer** als geladen, entsichert und gespannt, bis Sie es **selbst überprüft** haben. Und Sie können nur so lange davon ausgehen, dass Ihnen der Ladezustand bekannt ist, bis Sie die Waffe ablegen oder abgeben – danach müssen Sie die Zustandskontrolle wiederholen!

12.3 Ladehemmung

Wird bei einer Schusswaffe die Patrone durch den Lademechanismus nicht ordnungsgemäß in das Patronenlager eingeführt, spricht man von einer „Ladehemmung". Dabei ist es unerheblich, ob es sich um eine zunächst manuelle Zuführung nach Freigabe des Verschlusses bei einer Pistole, eine automatische Zuführung nach dem Schuss oder den manuellen Repetiervorgang handelt. Auch das etwaige Blockieren der Revolvertrommel kann als Ladehemmung bezeichnet werden.

Optisch ist die Ladehemmung daran zu erkennen, dass bei einer Pistole oder einer automatischen Waffe der **Verschluss** nach Zuführung der Patrone nicht normal geschlossen ist. In diesem Falle sollte auf keinen Fall versucht werden, durch Nachdrücken den Verschluss doch noch zu schließen. Ursache einer Ladehemmung kann nicht-maßhaltige Munition sein, in der Regel ist aber eine Verschmutzung des Patronenlagers oder ein Defekt des Magazins der Auslöser der Ladehemmung. Ebenfalls ein häufiger Grund für Zuführungsprobleme ist die zu vorsichtige Bedienung des Verschlusses durch den Schützen – der Verschluss sollte darum durch Betätigung des Schlittenfanghebels freigegeben werden oder in hinterster Rückzugsstellung losgelassen werden, niemals aber „vorsichtig" vorgeschoben werden.

Bevor Sie die Ursache der Ladehemmung beseitigen oder untersuchen, müssen Sie die Waffe **entladen**. Beachten Sie dazu die Hinweise zu dem **Verfahren bei den verschiedenen Waffenarten** im vorigen Kapitel.

12.4 Versager

Zündet eine Patrone trotz ordnungsgemäßer Position im Patronenlager nicht, spricht man von einem „Versager". Die Ursache kann sowohl im **Auslösemechanismus** der Waffe liegen als auch in der **Patrone** selbst.

Bricht der Schuss nach Betätigen des Abzuges nicht, muss die Waffe auf der Schießstätte auf das Ziel gerichtet bleiben, da es sich auch nur um eine **Verzögerung des Anzündsatzes** handeln könnte. Bis zu einer Minute danach besteht noch die Möglichkeit des Zündens, darum sollte die Waffe zuvor auf keinen Fall geöffnet werden. Der Aufsicht ist das Problem deutlich zu signalisieren, in der Regel durch Handzeichen – in diesem Moment sollten Sie ganz bewusst darauf achten, dass auch jetzt die Waffe auf den Kugelfang ausgerichtet bleibt.

Im Rahmen des normalen Gebrauchs von Schusswaffen, etwa im **sportlichen oder jagdlichen Bereich**, ist die Waffe nach Ablauf der vorgenannten

Wartezeit zu entladen. Verfügt die Waffe über ein Magazin, ist dieses zuvor zu entnehmen. Während des Entladens bleibt die Waffe weiter auf den sicheren Kugelfang ausgerichtet. Prüfen Sie den Lauf der entladenen Waffe darauf, ob er frei von Hindernissen ist, etwa einem steckenden Geschoss.

Anders verhält es sich im Falle der **Verteidigung mit einer Schusswaffe** – hier muss das **Risiko** einer noch erfolgenden Zündung **gegen** die **Gefahr** abgewogen werden, die dem Waffenträger durch einen Angreifer droht. Eine halbautomatische **Pistole** wird in einer konkreten Gefahrensituation bei einem Versager umgehend manuell repetiert, um erneut schießen zu können. Bei **Revolvern mit DA- oder DAO-Abzug** ist **ein erneutes Betätigen des Abzuges** notwendig, um die nächste Patrone zu verschießen, womit solche Waffen in Sachen Selbstschutz meist die bessere Wahl sind. Allerdings kann es bei einem Revolver im Falle eines verzögerten Zündens der Patrone, die in diesem Falle nicht mehr vor dem Lauf positioniert ist, zu einer Waffensprengung kommen, was schwere Verletzungen für den Schützen und Dritte nach sich ziehen kann.

12.5 Sicherheitsmaßnahmen

Schusswaffen können sowohl durch ballistische wie auch durch akustische Wirkung die Gesundheit schädigen. Gleiches gilt für die beim Schießen entstehenden Gase und Dämpfe. Und nicht allein das Geschoss, sondern auch kleine Splitter aus der Wand des Standes oder vom Geschossmantel bzw. der Waffe können im Auge des Schützen oder von Dritten schwere Verletzungen verursachen, die bis zum Verlust des Augenlichts reichen.

Nachfolgend werden grundlegende Maßnahmen zum Schutz vor Verletzungen dargestellt. Die Grundregel lautet: Die Benutzung einer zugelassenen und von einem qualifizierten Sachverständigen regelmäßig überprüften Schießstätte ist die Voraussetzung, damit Maßnahmen zum persönlichen Schutz greifen. Beachten Sie daher stets die folgenden **Sicherheitsregeln**:

- **Energiegrenzen** und **Beschränkungen** gemäß Zulassung beachten
- **Lüftungsanlage** verwenden
- **Gehörschutz** und **Schutzbrille** verwenden
- Waffen vor dem Schießen **auf Schäden prüfen** (auf Sicht)
- Waffen immer **geöffnet ablegen** und nur **nach Anweisung** aufnehmen
- Lauf der geladenen Waffe immer auf den **Geschossfang** ausrichten
- **Schäden** an der Anlage unverzüglich dem Betreiber **melden**

Bei Schießübungen von **Berufswaffenträgern** sollte die Aufsicht nicht davon ausgehen, dass sich jeder Teilnehmer so intensiv und regelmäßig mit dem Thema „Sicherer Umgang mit der Schusswaffe“ befasst wie etwa ein Sportschütze, der Woche für Woche trainiert. Hier kommt einer disziplinierten Führung der Aufsicht und einer einleitenden Einweisung aller Teilnehmer durch die Standaufsicht eine grundlegende Bedeutung zu. Das gilt für statisches Schießen auf 25 m wie auch für komplexere, dynamische Übungen im Verteidigungsschießen.

12.6 Videos zur sicheren Handhabung

Zur Vorbereitung des praktischen Unterrichts stehen Ihnen verschiedene Videos zur Verfügung, mit denen Sie die Inhalte Ihrer Waffensachkundeausbildung noch intensiver erlernen werden, insbesondere die sichere Handhabung der verschiedenen Arten von Schusswaffen. Die Zahl dieser Videos wird kontinuierlich erhöht, um möglichst alle Bereiche der Ausbildung, die im Buch behandelt werden, in Ton und Bild zu vertiefen.

Ein Beispielvideo können Sie durch Scannen des QR-Codes in diesem Bild gleich jetzt sehen – probieren Sie es doch einfach mal aus.

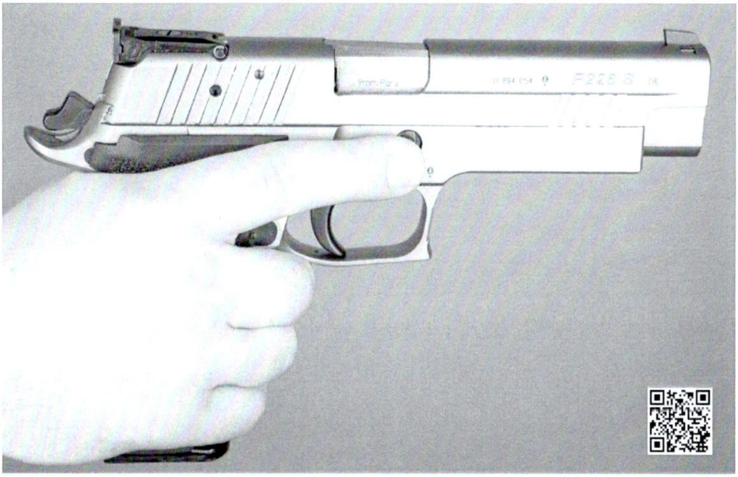

Diese Videos beziehen sich dabei immer auf die Inhalte des von Ihnen genutzten Lehrbuches und stehen Ihnen auf der Website

www.busche-lernsystem.de

zur Verfügung.

13 Lernerfolgskontrolle

In diesem Kapitel haben Sie die Gelegenheit, den Inhalt des Buches noch einmal effektiv aufzuarbeiten. Notieren Sie dazu die Antworten auf die Fragen auf einem Zettel und schlagen Sie die entsprechenden Abschnitte des Buches auf, um Ihre Antwort zu bewerten. Dieses Verfahren ist zwar unbequemer als ein Nachschlagen von vorgegebenen Antworten, aber durch die erneute Lektüre lässt sich der Lehrstoff noch besser im Gedächtnis behalten. Und noch ein Hinweis: Manche Fragen lassen sich nur dadurch beantworten, dass Sie Ihr gesamtes Wissen kombiniert anwenden. Viel Erfolg!

13.1 Fragen zu waffenrechtlichen Definitionen

- Was ist eine Schusswaffe im Sinne des Waffengesetzes?
- Was sind den Schusswaffen gleichgestellte Gegenstände?
- Wie werden Schusswaffen im Sinne des Waffengesetzes definiert?
- Wann ist eine Schusswaffe dauerhaft unbrauchbar gemacht?
- Was versteht man unter halbautomatischen Schusswaffen?
- Wie unterscheidet das Waffengesetz Langwaffen und Kurzwaffen?
- Was versteht man unter einer „verbotenen Waffe“?
- Was sind „wesentliche Teile“ von Schusswaffen? Nennen Sie drei Beispiele.
- Was ist ein Drilling?
- Was versteht man unter einem Einstecklauf?
- Was bedeutet „Erwerben“ einer Schusswaffe im Sinne des Waffengesetzes?
- Setzt der Erwerb einer Schusswaffe eine Erlaubnis voraus?
- Was bedeutet „Überlassen“ einer Schusswaffe im Sinne des Waffengesetzes?
- Ist der Verkauf einer Schusswaffe dem „Überlassen“ gleichzusetzen?
- Was bedeutet „Führen“ einer Schusswaffe im Sinne des Waffengesetzes?
- Welche Erlaubnis ist zum „Führen“ in der Öffentlichkeit erforderlich?
- Was müssen Sie unternehmen, wenn Sie eine erlaubnispflichtige Schusswaffe gefunden haben?

- Sie sind gesetzlicher Erbe einer Schusswaffe. Was müssen sie tun?
- Dürfen Sie während ihres Urlaubs erlaubnispflichtige Schusswaffen zur Aufbewahrung einem anderen überlassen?
- Durch wen und wie wird die Zuverlässigkeit einer Person festgestellt?
- Wer hat Umgang mit einer Waffe oder Munition?
- Wann ist eine Schusswaffe „zugriffsbereit" im Sinne des Waffengesetzes?
- Wann ist eine Waffe „schussbereit" im Sinne des Waffengesetzes?
- Wer benötigt als Sportschütze ein amts- oder fachärztliches oder fachpsychologisches Gutachten?

13.2 Fragen zum Beschuss und zur Kennzeichnung

- Welche Kennzeichnung muss eine erlaubnispflichtige Feuerwaffe mindestens aufweisen?
- Welche Bedeutung hat ein Beschusszeichen auf einer Feuerwaffe?
- Darf mit einer amerikanischen Schusswaffe mit französischem Beschusszeichen in der Bundesrepublik geschossen werden?
- Was besagt die Überstempelung eines Beschusszeichens mit „X"?
- Wann ist eine Schusswaffe erneut zum Beschuss vorzulegen?

13.3 Fragen zum praktischen Umgang mit Schusswaffen

- Dürfen Schalldämpfer erworben werden? Wenn ja, unter welchen Voraussetzungen?
- Was bezeichnet die Zahl „12" bei dem entsprechenden Flintenkaliber?
- Woran können Sie erkennen, welche Munition aus einer Ihnen vorliegenden Waffe verschossen werden darf?
- Warum ist die Munitionsbezeichnung „9 mm" nicht ausreichend?
- Wie soll eine halbautomatische Pistole auf der Schießstätte an eine andere Person übergeben werden?
- Was versteht man unter Double-Action-Only-Pistolen?
- Was sollte als erstes geschehen, wenn man eine Schusswaffe übergeben bekommt?

- Sie erhalten durch Voreintrag die Erlaubnis zum Erwerb einer Kurzwaffe. Wie lange gilt die Erwerbsberechtigung?
- Sie haben in Ihrer WBK einen Voreintrag für einen Revolver .357 Magnum. Ihr Waffenhändler bietet Ihnen zu einem sehr günstigen Preis ein Sondermodell .38 Special an. Dürfen Sie diesen Revolver erwerben?
- Wann wird in der Regel eine waffenrechtliche Erlaubnis von der Erlaubnisbehörde widerrufen?
- Was muss ein Sportschütze nach dem dauerhaften Erwerb einer Waffe von einem anderen Sportschützen veranlassen?
- Was ist zu veranlassen, wenn eine Privatperson einer anderen berechtigten Privatperson eine erlaubnispflichtige Schusswaffe dauerhaft überlässt?
- Wie darf eine erlaubnispflichtige Kurzwaffe gelagert werden?
- Sie wollen 6 erlaubnispflichtige Kurzwaffen aufbewahren. Welches Sicherheitsbehältnis ist notwendig?
- Darf die Erlaubnisbehörde Zutritt zur Wohnung verlangen, um die ordnungsgemäße Waffenaufbewahrung zu überprüfen?
- Wann berechtigt die grüne Waffenbesitzkarte zum Munitionserwerb?
- Welche Teile erlaubnispflichtiger Schusswaffen dürfen einzeln nur mit einer Waffenbesitzkarte erworben werden?
- Welches sind die Voraussetzungen zur Erlangung einer Waffenbesitzkarte?

13.4 Fragen zum Transport und Mitführen von Schusswaffen

- Wie ist eine Schusswaffe von der Wohnung zu der Schießstätte zu transportieren, wenn kein Waffenschein erteilt wurde?
- Benötigen Jäger zur befugten Jagdausübung einen Waffenschein?
- Unter welchen Voraussetzungen darf Ihnen ein Waffenhändler eine erlaubnispflichtige Schusswaffe zum Ausprobieren ohne vorherige Erlaubnis der zuständigen Behörde überlassen?
- Welche Legitimationspapiere sind beim Transport einer erlaubnispflichtigen Schusswaffe durch einen Sportschützen mitzuführen?
- Sie wollen den defekten Verschluss ihrer Pistole zum Waffenhändler bringen. Wie nehmen Sie ihn waffenrechtlich einwandfrei mit?

- Wie alt müssen Sie als Sportschütze mindestens sein, um eine Büchse (.308 Win.) ohne amts- oder fachärztliches oder fachpsychologisches Zeugnis dauerhaft erwerben zu können?
- Wie viele Schusswaffen dürfen Sie als Sportschütze in der Regel innerhalb von 6 Monaten bei entsprechendem Bedürfnis erwerben?
- Wie kann ein 19-jähriger Sportschütze seine persönliche Eignung für den dauerhaften Erwerb einer halbautomatischen Pistole .45 ACP gegenüber der Behörde nachweisen?

13.5 Fragen zum Schießen und zu Schießstätten

- Darf eine verantwortliche Aufsichtsperson am Schützenstand dem Schützen im Rahmen der Ausbildung eine geladene Waffe übergeben?
- Wie ist eine Kipplaufflinte auf einer Schießstätte zu tragen?
- Darf auf der Schießstätte einem Gastschützen, der nicht im Besitz einer waffenrechtlichen Erlaubnis ist, eine erlaubnispflichtige Schusswaffe überlassen werden?
- Was ist beim Schießen mit einer halbautomatischen Pistole hinsichtlich der Schussbereitschaft zu beachten?
- Ist ein Drilling für das Schießen auf dem Wurfscheibenstand zugelassen?
- Wann darf im befriedeten Besitztum außerhalb von Schießstätten ohne Schießerlaubnis geschossen werden?

13.6 Fragen zum nichtgewerblichen Herstellen und Bearbeiten

- Benötigen Sie eine behördliche Erlaubnis für Änderungsarbeiten an der Visiereinrichtung?
- Berechtigt die abgelegte Sachkundeprüfung zum nichtgewerblichen Wiederladen von Hülsen?
- Ist das Anbringen von Bohrungen am Lauf generell zulässig?
- Was ist beim Verkürzen des Laufes einer erlaubnispflichtigen Schusswaffe zu beachten?

13.7 Fragen zur Aufbewahrung von Schusswaffen und Munition

- Wie sind erlaubnispflichtige Waffen und Munition aufzubewahren?

- o Ist die gemeinschaftliche Aufbewahrung von Waffen oder Munition durch berechtigte Personen, die in einer häuslichen Gemeinschaft leben, zulässig?
- o Wie sind erlaubnispflichtige Kurzwaffen aufzubewahren?
- o Wie ist erlaubnispflichtige Munition aufzubewahren?
- o Welche und wie viele erlaubnispflichtigen Schusswaffen dürfen Sie in einem Schrank der Sicherheitsstufe A nach VDMA 24992 (Stand Mai 1995) dauerhaft aufbewahren?
- o Welche und wie viele erlaubnispflichtigen Schusswaffen dürfen Sie in einem Schrank des Widerstandsgrades I nach DIN EN 1143-1 (Stand Mai 1997) dauerhaft aufbewahren?

13.8 Fragen zur Not- und Seenotsignalmitteln

- o Was versteht man unter pyrotechnischer Munition?
- o Wann dürfen pyrotechnische Notsignale verwendet werden?
- o Wie ist die Signalpistole im Notfall zu handhaben?
- o Welche Farbe ist international als Notsignal zu verwenden?
- o Wie ist eine Signalpistole an Bord eines seegehenden Wassersportfahrzeuges im Hafen aufzubewahren?
- o Wie ist an Land eine Signalpistole im Kaliber 4 (26,5 mm) aufzubewahren?
- o Welche Signalwaffen können frei erworben und an Bord mitgeführt werden?
- o Wie hoch steigen Seenotsignalraketen bei senkrechtem Abschusswinkel?
- o Wie verhalten Sie sich bei einem Munitionsversager in der Signalpistole?
- o Wer darf in Seenotfällen mit einer Signalwaffe schießen?
- o Wie ist die Signalwaffe während der Fahrt aufzubewahren?
- o Sie wollen nach einem Segelwochenende die Signalpistole nach Hause transportieren. Wie müssen Sie den Transport durchführen?

13.9 Fragen zur Notwehr

- o Soll im Notwehrfall vor dem Einsatz der Schusswaffe gewarnt werden?

- Muss der Schusswaffengebrauch in solchen Notwehrlagen unterbleiben, in denen der Angegriffene den Angriff mit milderen Mitteln sicher abwehren kann?
- Kann in Notwehrfällen, in denen von der Schusswaffe Gebrauch gemacht werden darf, die Abgabe eines möglicherweise tödlich wirkenden Schusses zulässig sein?
- Wie lange besteht die Notwehrsituation fort?
- Was versteht man unter „Putativnotwehr“?
- Was bedeutet „entschuldigender Notstand“?
- Was versteht man unter Nothilfe?

13.10 Fragen zur Waffenkunde

- Welche Läufe weisen Züge und Felder auf?
- Was ist eine Flinte?
- Was versteht man unter Kaliber?
- Was versteht man unter dem Gefahrenbereich einer Schusswaffe?
- Wozu dient der Verschluss?
- Was ist ein Einstecklauf und welchen Zweck hat er?
- Was ist ein Choke und was bewirkt er?
- Was unterscheidet einen Revolver von einer Pistole?
- Welche Aufgabe hat der Schalldämpfer?

13.11 Fragen zur Ballistik

- Wie lautet die Faustregel für die Reichweite von Schroten?
- Was versteht man unter der Höchstreichweite eines Geschosses?
- Wie groß ist die Höchstreichweite eines Geschosses .22 l.r. ?
    - Zusatzaufgabe: Schlagen Sie in Ihrem Lehrbuch auch die Gefahrenreichweiten anderer Kaliber nach.
- Was versteht man unter dem Begriff „Außenballistik“?
- Was versteht man unter der „Streuung“ der Geschosse?
- Was bedeutet der ballistische Begriff „Steighöhe eines Geschosses“?
- Was ist und was bewirkt der Drall?

Sach- und Stichwortverzeichnis

Endnoten

[1] *so in BVerwG 1 C 5/99, Urteil vom 13. Juli 1999*

[2] *„tragbar" im Sinne von: Von einer Person aus der Hand bedienbar*

[3] *Anlage 1 A1 UA1 Nr. 2.1 WaffG*

[4] *§ 2 Abs. 1 BeschG*

[5] *somit keine Schusswaffe, nur Waffe; Anlage 1 A1 UA1 Nr. 1.2.1 WaffG*

[6] *§ 12 Abs. 4 Nr. 1 Buchstabe a WaffG*

[7] *BayVGH München 21 B 98.2184, Urteil vom 27. Juni 2000*

[8] *OVG Lüneburg 1 LC 244/07, Urteil vom 18.02.2010 (entgegen BayVGH München 21 B 98.2184)*

[9] *Rechtsprechung zum Begriff des „gewerblichen Händlers" auf Internet-Auktionsplattform in: BGH I ZR 3/06, Urteil vom 04. Dezember 2008*

[10] *Anlage 1 A1 UA1 Nr. 1.2.3 WaffG; keine Schusswaffe, lediglich Waffe.*

[11] *BVerwG 6 C 30.08, Urteil vom 01. September 2009*

[12] *§ 5 Abs. 1 Nr. 2 Buchstabe b WaffG*

[13] *OVG Lüneburg 11 LA 389/09, Beschluss vom 19. April 2010*

[14] *BayVGH Mün. 21 CS 10.164, 21 C 10.731, Urteil vom 24. März 2010*

[15] *OVG Rh.-Pfalz 7 A 10410/10.OVG, Beschluss vom 29. April 2010*

[16] *BayVGH München 21 CS 10.392, Urteil vom 30. März 2010*

[17] *VG Oldenburg 11 B 4175/06, Beschluss vom 26. Sept. 2006*

[18] *Zu beachten ist, dass im Falle einer Erbschaft zugunsten der Person, die bislang mit dem Erblasser Waffen gemeinschaftlich aufbewahrt hat, das Behältnis durch diesen Erben weiterhin verwendet werden darf, im Falle des Ablebens der Erben eine erneute Berufung auf die Besitzstandsregelung mit einer weiteren Vererbung aber nicht mehr möglich ist.*

[19] *§ 34 Abs. 1 WaffG sowie Anlage 2 A2 UA1 WaffG*

[20] *Ein unmittelbar auf den Leihzeitraum folgendes erneutes Leihen ist gesetzlich untersagt und unerlaubter Waffenbesitz; siehe zur Unzulässigkeit der „Kettenleihe" BayVGH 24 ZB 25.1424, Beschluss 18. Dez. 2025*

[21] § 38 Abs. 1 Buchstabe g WaffG

[22] siehe Fischer „Strafgesetzbuch und Nebengesetze", 63. Auflage 2016, Rn. 6 zu § 123 StGB, Rn. 14 zu § 243 StGB

[23] AG Kiel 597 Js-OWi 27781/09, Urteil vom 07. August 2009

[24] OVG Berlin-Brandenburg 11 N 1.06, Beschluss vom 27. April 2006

[25] VG Darmstadt 5 E 1211/06, Urteil vom 1. Oktober 2007

[26] § 38 WaffG; zu beachten ist Nr. 1 Buchstabe g, der die Fälle der Leihe, der Verwahrung und des Führens durch Bewachungskräfte regelt

[27] § 12 Abs. 3 Nr. 2 WaffG (Empfehlung: Koffer mit Zahlenschloss)

[28] § 12 Abs. 4 WaffG, weiterführende Informationen auf Seite 48

[29] Anlage 1 A2 WaffG

[30] § 6 AWaffV

[31] § 9 AWaffV

[32] Kriegswaffen unterliegen ausschließlich dem Kriegswaffenkontrollgesetz; nur durch Streichung der Waffengattung aus der Kriegswaffenliste verlieren sie die Kriegswaffeneigenschaft im Sinne der Anlage 2; der Verlust der Kriegswaffeneigenschaft durch Unbrauchbarmachung ist hier nicht erfasst.

[33] Ausgenommen von dem Verbot für Nachtsichtvorsatz- und -aufsatzgeräte sind Jäger und Inhaber einer Handels- oder Herstellungserlaubnis.

[34] Zu den Ausnahmen siehe Bildtafel; bei Federdefekt liegt die verbotsbegründende Eigenschaft nicht vor, somit kein Verbot (BGH 1 StR 35/17)

[35] Berechtigte Altbesitzer und Inhaber von Ausnahmegenehmigungen dürfen diese Magazine verwenden, das Verbot wird gegen sie nicht wirksam.

[36] § 42 Abs. 1 Satz 2 WaffG

[37] BT-Drs. 20/12805, S. 37, zur Begründung des § 42b WaffG

[38] HINWEIS: Vor Änderung der AWaffV 2020 Mindestlauflänge 42 cm.

[39] Vor Änderung WaffG 2020: nur Griffstücke von Kurzwaffen wesentliche Teile und der Schusswaffe gleichgestellt, für die sie bestimmt sind.

[40] Vor Änderung WaffG 2020: nur das Bauelement, das unmittelbar das Patronenlager abschloss, wesentliches Teil, bei teilbaren Verschlüssen also nur der Verschlusskopf, nicht aber der Verschlussträger.

[41] *Zur Definition siehe Anlage 1 A1 UA1 Nr. 1.3.1 WaffG*

[42] *BVerwG 6 C 21/08, Urteil vom 24. Juni 2013*

[43] *BKA-Feststellungsbescheid SO11 – 5164.01-Z-382*

[44] *Die abweichenden Definitionen von „Feuerwaffe" in Anl. 1 WaffG und § 2 BeschG nebst den unterschiedlichen Bestimmungen für den Begriff „Munition" in diesen Gesetzen sind zu beachten; Bolzensetzgeräte sind zwar als Feuerwaffen nach BeschG der Bauartprüfung unterworfen, aber keine Schusswaffen nach WaffG. So unterfallen Bolzensetzgeräte dem Begriff des Schussapparates nach Anlage 2 A2 UA2 Nr. 1.11 WaffG, der auf § 7 BeschG Bezug nimmt; eine Erweiterung des Munitionsbegriffs nach WaffG, der eine Erlaubnispflicht gemäß § 21 WaffG begründen würde, ist dadurch aber nicht abzuleiten.*

[45] *§ 10 Abs. 3 Satz 1 WaffG*

[46] *Ausnahme: Beantragung von cal. .22 lfB bzw. cal. 12 oder kleiner*

[47] *Bis Ende 2025 darf die Bescheinigung für das Bedürfnis zum Besitz auch durch den Verein ausgestellt werden, dem der Erlaubnisinhaber angehört.*

[48] *Zum Begriff siehe Abschnitt 5.10*

[49] *§ 13 Abs. 2 S. 2 WaffG*

[50] *§ 13 Abs. 3 WaffG*

[51] *§ 13 Abs. 4 WaffG*

[52] *Die vor Änderung des Bundesjagdgesetzes am 10. November 2016 intensive Diskussion zur Auslegung der Verbotsnorm in § 19 BJagdG fand ihren Höhepunkt in dem Urteil 6 C 59.14 des BVerwG vom März 2016, das nicht nur das Einführen eines Magazins mit mehr als zwei Schuss Kapazität in eine halbautomatische Langwaffe als Verstoß gegen das WaffG ansah (was ebenfalls nicht unumstritten war), sondern schon die bloße Möglichkeit dazu bei Waffen mit Wechselmagazin als Verbotsmerkmal auslegte, wodurch über Monate Jägern das Führen von solchen Waffen in ihrem Bestand zur Jagd unmöglich war, ebenso der Erwerb dieser Waffen.*

[53] *Zu beachten ist, dass im Falle einer Kontrolle des Waidmanns im Revier eine Waffe, die mit mehr als drei Patronen geladen ist, leicht zu einem Ermittlungsverfahren führen kann, wenn unterstellt wird, dass aus dieser Waffe in diesem Ladezustand ein Schuss auf Wild abgegeben worden ist.*

[54] *OVG Lüneburg 13 L 1856/95, Urteil vom 19. Februar 1997*

[95] § 9 Abs. 1 BeschussV

[96] § 3 Abs. 1 Satz 3 BeschG

[97] § 9 Abs. 5 BeschussV

[98] Der Umfang der erforderlichen Arbeiten an den betroffenen Teilen der jeweiligen Waffe unterscheidet sich nach Waffenarten.

[99] § 17 Abs. 2 Satz 1 BeschussV

[100] § 28 Abs. 2 BeschussV

[101] § 11 Abs. 2 Nr. 2 BeschG, § 37 Abs. 1 Nr. 4 BeschussV

[102] § 37 Abs. 1 BeschussV

[103] § 29 iVm § 37 Abs. 2 BeschussV

[104] Nach „Bekanntmachung, betreffend die Ausführung des Gesetzes über die Prüfung der Läufe und Verschlüsse der Handfeuerwaffen vom 19. Mai 1891", veröffentlicht am 29. Juni 1892

[105] HINWEIS: Vor Änderung der AWaffV 2020 Mindestlauflänge 42 cm.

[106] Zum Begriff siehe Ausführungen zum Verschluss auf Seite 187

[107] Die vereinfachte Bezeichnung „Zündhütchen" ist technisch wie sprengstoffrechtlich fehlerhaft und sollte nicht verwendet werden

[108] Die erleichternden Regelungen für Jäger für den Umgang mit Schalldämpfern nach § 13 Abs. 9 WaffG gelten nur für Zentralfeuer-Langwaffen.

[109] Siehe auch Seite 248; nach $m=2*E/v^2$ wäre für eine E_{100} von 2.000 J bei einer v_0 von 320 m/s und v_{100} von 288 m/s (10% Geschwindigkeitsverlust auf 100 m) eine Masse m von 48 Gramm erforderlich, schwere Jagdgeschosse erreichen meist weniger als die Hälfte dieses Gewichts.

[110] Anlage 1 A2 UA3 WaffG

[111] Siehe dazu auch Ausführungen ab Seite 183

[112] OVG Berlin-Brandenburg 11 B 26.08, Urteil vom 28. September 2010

[113] BR-Drs. 596/01, S. 114 Abs. 4 zu § 12 Abs. 1 Nr. 3 c) WaffG

[114] Anlage 1 A1 UA3 Nr. 1.4 WaffG

[115] Anlage 2 A2 UA2 Nr. 1.12 WaffG, erlaubnisfreier Erwerb und Besitz